Monika Barz/Christiane Schmieder (Hg.):
Spielräume gestalten
Soziale Arbeit im Rampenlicht

D1665651

Schriften der Evangelischen Hochschule
Ludwigsburg
im Verlag der Evangelischen Gesellschaft

Monika Barz/
Christiane Schmieder (Hg.)

Spielräume gestalten

Soziale Arbeit im Rampenlicht

Bibliografische Information der Deutschen Bibliothek:
Die Deutsche Bibliothek verzeichnet diese Publikation in der
Deutschen Nationalbibliografie; detaillierte bibliografische Daten sind
im Internet über http://dnb.ddb.de abrufbar

© 2014 Verlag und Buchhandlung der Evangelischen Gesellschaft GmbH,
Stuttgart. Augustenstr. 124, 70197 Stuttgart, Telefon 0711 60100 0,
Fax 60 100 76
www.verlag-eva.de

ISBN 978-3-7918-8045-7

Inhaltsverzeichnis

Vorwort

Sie halten eine wertvolle Sammlung in Ihren Händen: Expertinnen und Experten aus den unterschiedlichen Disziplinen haben Gestaltungsmöglichkeiten von Handlungs-Spielräumen in der Sozialen Arbeit analysiert und dargestellt. Die Rahmenbedingungen sozialer Hilfesysteme werden zunehmend enger und die Spielräume zwangsläufig kleiner. Umso zentraler sind Kenntnisse, Strategien und kreative Ideen, um den Belangen sozial Benachteiligter Gehör zu verschaffen und unterstützend zur Seite zu stehen.

Im vorliegenden Band werden die unterschiedlichen Ebenen und Perspektiven ausgeleuchtet, die in der Ausbildung sozialer Fachkräfte Berücksichtigung finden. Sie reichen von der intensiven Auseinandersetzung mit den (Menschen)Rechten ausgegrenzter Personengruppen, über die Analyse sozialpädagogischen und diakonischen Handelns in Armutsfragen, Pflege, Jugendhilfe, Schule, Migration und Früher Kindheit, bis hin zu juristischen, politischen und kulturwissenschaftlichen Analysen von Geschlechterverhältnissen.

Anlass dieser aktuellen Zusammenstellung ist der generative Umbruch an vielen Hochschulen der Sozialen Arbeit, der aktuell auch an der Evangelischen Hochschule Ludwigsburg geschieht. Vier langjährige und geschätzte KollegInnen verlassen zur gleichen Zeit die Hochschule, um in Ruhestand zu gehen. Ein bedeutsamer Moment in der Geschichte der Einrichtung. Das Kollegium hat zu Ehren der vier KollegInnen den folgenden Sammelband konzipiert.

Die drei Kollegen haben die Hochschule seit Anfang der 1980er Jahre, die Kollegin seit den 1990er Jahren mitgestaltet. Sie haben das Geschehen an den Standorten in Reutlingen und Ludwigsburg wesentlich geprägt und zum Diskurs über die Standards Sozialer Arbeit mit Engagement und Kompetenz beigetragen. In den 1970er Jahren fanden die Gründungen von Fachhochschulen der Sozialen Arbeit statt. Als erste Nachfolgende auf diese Gründungszeit hatten sie bedeutenden Einfluss auf die Professionsentwicklung und das Studium der Sozialen Arbeit.

Richard Edtbauer, Volljurist, hat als Experte für Existenzsicherung, Verwaltungs- und Arbeitsrecht seine praktischen juristischen

Erfahrungen unter anderem als Assistent im CVJM München einfließen lassen. Er war langjähriger Leiter des Prüfungsamtes der Hochschule und bis zu seinem Ausscheiden Vorsitzender des Wahlausschusses. Hannelore Häbel, Volljuristin und Pädagogin, Expertin auf dem Gebiet der Jugendhilfe hat mit hohem Engagement die Rechte und Partizipationsmöglichkeiten von Mädchen und Jungen ins Zentrum der erzieherischen Hilfen gestellt und ihre praktischen Berufserfahrungen als Referentin im baden-württembergischen Sozialministerium in vielfältiger Weise an der Hochschule eingebracht. Reinhard Schubert, Theologe und Pädagoge, brachte seine vielfältigen Erfahrungen in der Jugendarbeit, Altenarbeit und der Arbeit mit Menschen mit geistiger Behinderung in die Lehre ein. Er entdeckte und entfaltete als Theaterpädagoge die kreativen Potenziale der Studierenden und ermöglichte ihnen auf spielerische Weise tiefe Lernprozesse und Einsichten. Hans Ulrich Weth, Volljurist, kam nach einer mehrjährigen Tätigkeit als wissenschaftlicher Referent im Deutschen Verein für öffentliche und private Fürsorge an die Hochschule. Er vertrat die Lehre in den Bereichen Recht und Politikwissenschaft und unterstützte zahlreiche Praxisfelder mit seiner Expertise auf dem Gebiet der Existenzsicherung bei zunehmender Armutsgefährdung zahlreicher Bevölkerungsgruppen.

Es wird die Aufgabe der gegenwärtigen und der folgenden Generationen sein, aufbauend auf den Errungenschaften der 1980er und 1990er Jahre die Soziale Arbeit noch vehementer ins Rampenlicht der Gesellschaft zu stellen und die kleiner werdenden Spielräume kreativ zu gestalten. Der vorliegende Band enthält hierzu motivierende Anregungen.

Beate Aschenbrenner-Wellmann

Diversität und Menschenrechte in der Postmoderne – Überlegungen aus sozial(arbeits)wissenschaftlicher Perspektive

1. Einleitung

Vielfalt, Diversitätsmanagement, ambivalente Postmoderne und Menschenrechtsfragen sind Schlagworte, die in den letzten Jahren Einzug in die bundesrepublikanische Diskussion über Gleichstellungspolitik, Chancengerechtigkeit und Antidiskriminierungsarbeit sowie in Praxisansätze zur Überwindung von Ausgrenzung, Benachteiligung und Rassismus von Minderheiten gehalten haben. In den sozialen Berufen erfordert die Wertschätzung von Diversität, die Umsetzung des Inklusionsgedankens und die Verwirklichung der Menschenrechte einen Paradigmenwechsel: Anderssein bedeutet nicht mehr Defizite zugeschrieben zu bekommen, Vielfalt stellt keine Bedrohung der Funktionsfähigkeit und Effektivität einer Organisation dar, sondern wird als Potenzial und Ressource wahrgenommen und anerkannt. »Überlegungen zum Umgang mit Differenz und Andersheit (Othernes) markieren eine ebenso grundlegende wie fachlich und politisch hochaktuelle Aufgabenstellung Sozialer Arbeit. Die Thematik ist grundlegend, weil die Thematisierung von Differenz(en) – in Form von Armut, Desintegration oder abweichendem Verhalten – überhaupt erst den Katalysator bereitgestellt hat für die institutionelle Etablierung Sozialer Arbeit seit dem 19. Jahrhundert (vgl. Maurer 2001/Rommelspacher 2003/Peukert 2008/Dollinger 2006). Im Rahmen einer notwendigen theoretischen wie methodischen Neuorientierung der Profession und Disziplin werden seit den 1980er Jahren zunehmend bislang »anerkannte«, binäre Differenzordnungen (Behindert-Nichtbehindert, Frau-Mann, Alt-Jung etc.) durch dekonstruktivistische und intersektionale oder multisektionale Ansätze in Frage gestellt. In diesem Zusammenhang fanden Diversitätsorientierung oder Diversitätssensibilität Eingang in den sozialarbeiterischen Theorie-Praxis-Diskurs.

Zeitgleich etablierte sich – ausgehend von Staub-Bernasconis Veröffentlichung zur Sozialen Arbeit als Handlungswissenschaft (vgl. Staub-Bernasconi 1995), ihrer Weiterentwicklung des sog. Doppelmandats (Hilfe und Kontrolle) zum Tripel-Mandat mit einer erforderlichen ethischen Grundhaltung (vgl. Staub-Bernasconi 2003) sowie durch die Definitionen der internationalen und nationalen Berufsverbände der Sozialen Arbeit – eine Diskussion zum Thema »Soziale Arbeit als Menschenrechtsprofession«. Beide Argumentationsstränge verlaufen jedoch häufig miteinander unverbunden und verlieren dadurch an Aussagekraft durch gegenseitige Impulsgabe. In diesem Beitrag werden daher zunächst wesentliche Entwicklungslinien beider Perspektiven vergleichend dargestellt, um nach einer kritischen Bewertung, im Sinne einer Weiterentwicklung, wechselseitige Ergänzungsmöglichkeiten in Richtung einer partizipatorisch-reflexiven Diversität als eine der Schlüsselqualifikationen der soziale Berufe in Zeiten der Postmoderne aufzeigen zu können.

2. Diversität – Definitionen, Zugangswege und Erklärungsmodelle

Der Begriff Diversität, allgemein mit Verschiedenheit, Unterschiedlichkeit oder Vielfalt übersetzt, bewegt sich – wie die nachfolgenden Beispiele zeigen – in einem breit gefächerten Definitionsrahmen:

»Diversity umfasst all das, worin sich Menschen unterscheiden können (...) und dabei sowohl äußerlich wahrnehmbare als auch subjektive Unterschiede. Rasse, Geschlecht, Alter oder körperliche Behinderungen zählen zur ersten Kategorie; Erziehung, Religion und Lebensstil zur zweiten.« (Wagner/Sepehri 2000).

»Die Diversity einer Organisation ist als kontextabhängige Ressource zu verstehen, die die Heterogenität und Homogenität von Organisationsmitgliedern beschreibt und ein Potenzial zur Generierung nachhaltiger Wettbewerbsvorteile impliziert« (Harms/Müller 2004).

»Diversity ist eine unschätzbare Quelle für Talent, Kreativität und Erfahrung. Sie umfasst die Vielfalt der unterschiedlichen Kulturen, Religionen, Nationalitäten, Hautfarben, ethnischen und gesellschaftlichen Gruppen, der Geschlechter und der Altersgruppen – also alles, was jeden von uns innerhalb der Gesellschaft einzigartig und unverwechselbar macht« (Siemens AG).

»Diversity ist not only the right thing to do, it`s the smart thing to do (Zetsche, Daimler AG). Diversity bezeichnet die Gemeinsamkeiten und Unterschiede zwischen uns. Vielfalt bringt nicht den Erfolg. Erst die Wertschätzung der Unterschiede ist der Schlüssel zum Erfolg« (Schwarzenbart, Daimler Global Diversity Office 2007).

»Diversität meint Vielfalt und bezeichnet aktuelle Bestrebungen, sich von Identitätspolitik und -denken zu entfernen ... (Es) wird nicht mehr in Kategorien von Identitäten gedacht, sondern auf einer stufenlosen Skala können stereotypisierende Effekte (wie die Homogenisierung von Gruppen, die Konstruktion von Identitäten) verhindert werden. (...) Binarismen, wie männlich/weiblich oder natürlich/kulturell werden als diskursiv erzeugt, entlarvt. Methodisch heißt das, die Vielfalt in die Fragestellungen zu integrieren, und dadurch differenzierte Ergebnisse gewinnen zu können« (Frey Steffen 2006).

Diversität einheitlich zu bestimmen oder zu verstehen ist in vielerlei Hinsicht weder möglich noch wünschenswert, denn »...people define diversity in different even conflicting ways. Consequently, an increasing diverse workforce is variously viewed as opportunity, threat, problem, fad, or even nonissue« (Dass/Parker 1999).

Rosenzweig stellt hierzu fest, dass »... as several writers have observed, diversity can be viewed through lenses other than legal or ethical, and diversity has been defined, studied, an approached in quite different ways« (Rosenzweig 1999). Mit welchen Vorannahmen, Blickwinkeln, Betrachtungsweisen und Bewertungen AkteurInnen mit dem Diversitätsbegriff jonglieren, hängt dabei von ihrer kulturellen Prägung, dem sozio-ökonomischen Status, ihrem Bildungsstand oder der beruflichen Tätigkeit ab. Wichtig ist allerdings festzuhalten, dass Diversitätskonzepte diskursiv erzeugt werden, d.h. durch Fachartikel, Vorträge von ExpertInnen aus Wissenschaft und Praxis, wobei unterschiedliches und oft auch widersprüchliches Wissen über Diversität vermittelt wird (vgl. Krell u.a. 2011). Dies gilt gleichermaßen für Diversität als Konstrukt insgesamt wie für die bekannten Dimensionen Alter, Geschlecht oder Ethnizität.

Häufig werden mit dem Begriff Diversität alle wahrgenommenen bzw. konstruierten Identitäten oder Charakteristika, durch die sich ein Mensch von anderen unterscheidet, bezeichnet. Um die sich daraus ergebende Komplexität bearbeitbar und Diversität als Ressource gestaltbar zu machen, werden einerseits erklärende Dimensionen, wie z.B.

ethnische Zugehörigkeit, Geschlecht, Alter, sexuelle Orientierung, andererseits Kontexte der Wirksamkeit, wie Gender Mainstreaming oder Interkulturelle Öffnung von Organisationen, gewählt. Um unzulässige Verallgemeinerungen, Stereotypenbildungen und Kulturalisierung zu vermeiden, sind jedoch im Sinne des intersektionalen Ansatzes Überschneidungen zwischen den einzelnen Diversitätsdimensionen zu beachten, da gesellschaftliche Dominanzverhältnisse nicht durch einzeln und voneinander getrennt gedachte Kategorien reflektiert und verändert werden können. Zudem ist es im Diversitätsdiskurs wesentlich, neben der Fokussierung auf Unterschiedlichkeit, auch Gemeinsamkeiten und Verbindendes zwischen Menschen zu berücksichtigen, denn »diversity refers to any mixture of item characterized by differences and similarities« (Thomas 1996).

Diversität bezeichnet zunächst – im Sinne einer Beschreibung – alle Merkmale, in denen sich Menschen oder Gruppen unterscheiden und ähnlich sind, darüber hinaus auch eine Haltung, die mit der bewussten Wertschätzung und Akzeptanz von Verschiedenheit einhergeht.[1] Diversität als Phänomen oder Konstrukt wird dabei sowohl im Hinblick auf gruppenbildende Kategorisierungen wie Geschlecht oder Alter wie auf individuelle Attribute bzw. Attributionen wie Werte, Einstellungen oder Interessen verwendet. Eine Grundidee von Diversitätskonzepten ist es, die mit Vielfalt verbundenen Probleme zu reduzieren und vorhandene Chancen zu realisieren. Hierzu erforderlich ist es, Diversität als Konzept des Managements eines Umgangs mit Verschiedenheit (Managing Diversity) innerhalb von Organisationen zu etablieren und Diversitätskompetenz bei MitarbeiterInnen im Sinne einer Schlüsselqualifikation in Zeiten der Globalisierung zu stärken.

Diversität kann als Bezeichnung für sehr verschiedene Phänomene verwendet werden:
- Eine Tatsachenbeschreibung: Menschen unterscheiden sich in vielerlei Hinsicht und gleichen sich aber auch
- Einen Leitgedanken: Das Bewusstsein für Vielfalt und die eigene Einstellung zu Unterschiedlichkeit bestimmt den jeweiligen Umgang mit anderen Menschen

---

1   Im angloamerikanischen Sprachgebrauch wird für erstere Lesart diversity (mit kleinem d) für letztere Diversity im Sinne von Vielfalt richtig managen (DIM) verwendet.

- Ein Management-Instrument: eine gezielte Berücksichtigung und bewusste Nutzung und Förderung von Vielfalt als Mittel der Erfolgssteigerung einer Organisation
- Ein Konzept: Eine grundlegende, positive Ausrichtung von Organisationen oder Sozialräumen Richtung Vielfalt und Individualität (vgl. Brose/Ellermann/Reichenbach 2006).

Die Wurzeln des Diversitätskonzepts liegen einerseits in der US-amerikanischen Menschen- und Bürgerrechtsbewegung und sind dadurch mit Antidiskriminierungsgesetzen und einer rechtlich orientierten Equity-Perspektive verbunden, andererseits werden sie mit dem Bestreben von Organisationen, Vielfalt als Ressource für ihren Unternehmenserfolg zu verwenden, in Bezug gesetzt. So wurden in den 1960er Jahren Gesetze erlassen, die insbesondere die Benachteiligung ethnischer Minderheiten in Unternehmen abbauen helfen sollten (equal employment opportunity). Durch die in den 1970er Jahren entwickelten Affirmative Action-Programme erfolgte eine Umsetzung in zielgerichtete Maßnahmen, um benachteiligten Personengruppen bessere Beschäftigungschancen zu gewährleisten. Affirmative Action-Programme beinhalten sowohl Trainings- und Sensibilisierungsworkshops für die Angehörigen der Mehrheitsgesellschaft als auch gezielte Förderprogramme für sog. benachteiligte Zielgruppen. Besonders kontrovers wird bis heute die vorgenommene Quotierung bei Stellenbesetzungen diskutiert. In einer Weiterentwicklung entstanden »Valuing Diversity«-Programme, die einen respektvollen Umgang mit Unterschieden im Unternehmenskontext ermöglichen sollten. Ihre Grundannahme lautet, dass diskriminierendes Verhalten gegenüber Frauen oder ethnischen Minderheiten durch persönliche Veränderung und entsprechende Lernprozesse modifiziert werden kann (vgl. Thomas 1992).

In der Folge entstand der Ansatz des Managing Diversity, der ausschließlich die Interessen der Organisation im Blickfeld hat und auf eine Maximierung der Produktivität durch eine optimale Nutzung der Humanressourcen zielt. Verschiedenheit der MitarbeiterInnen wird zum Wettbewerbsvorteil der Unternehmen in einem globalen Markt. Die Organisation als Gesamtsystem gerät nun ins Blickfeld; sie muss ihre Kultur so verändern, dass sich alle MitarbeiterInnen mit ihren Talenten einbringen können. Gardenswartz und Rowe (2003) verwenden ein Schichtenmodell (s. nachfolgende Abbildung) mit einer strukturierenden Einteilung in die vier Bereiche: Persönlichkeit, innere, äußere und organisationale Dimension zur Beschreibung dieser Unterschiede. Persönlichkeit stellt dabei eine zentrale Größe dar, die für die individuellen Aspekte einer Person steht, also für Einstellungen, Haltungen und Verhaltensmuster. Diese werden ergänzt durch als unveränderbar gedachte Merkmale wie Alter, Geschlecht oder Hautfarbe. Mit der äußeren Dimension werden Aspekte beschrieben, welche sich im Laufe des Lebens häufiger verändern und die von den Personen selber beeinflusst werden können: Ausbildung, Einkommen oder Freizeitverhalten. Die organisationale Dimension berücksichtigt insbesondere das berufliche Umfeld und dafür relevante Faktoren, wie die Funktion oder die Dauer der Zugehörigkeit zu einer Institution. Wichtig ist dabei zu beachten, dass es sich bei den Dimensionen um Zuschreibungen und Kategorisierungen, die von außen vorgegeben werden, handelt. Angemessener wäre, von »fluiden, multiplen Identifikationen und Desidentifikationen«, wie dies Koall und Bruchhagen formuliert haben, zu sprechen (Vgl. Koall/Bruchhagen 2007).

Der Managing Diversity-Ansatz basiert auf wenigen Grundannahmen, die in der englischsprachigen Fachliteratur kaum theoretisch oder empirisch begründet werden. Eine der Argumente für die Einführung von Managing Diversity lautet, dass die Wertschätzung von Vielfalt im Unternehmen zu einer größeren Kreativität und einer Erhöhung der Innovations- und Wettbewerbsfähigkeit führe. Als ebenso erforderlich wird die Weiterentwicklung der Organisation nach dem Leitbild der »multikulturellen Organisation« (vgl. Cox 1993), ausgehend von einer ausführlichen Unternehmensanalyse in Form eines »Culture Audits«, betrachtet. Wie auch bei anderen Prozessen der Organisationsentwicklung gehören zu den Umsetzungsstrategien die Zielvereinbarungen und die Evaluation der Maßnahmen zur Implementierung der angestrebten Veränderungen. Um Managing Diversity-Konzepte aus dem angloamerikanischen Raum, die häufig im Bereich der Profit-Unternehmen eingesetzt werden, auf den sozialen Bereich oder in Non-Profit-Organisationen zur Anwendung kommen zu lassen, ist eine doppelte Übersetzungsarbeit notwendig. Hierbei heißt es zu klären, wie eine Entpolitisierung der Fragen nach Chancengleichheit und sozialer Gerechtigkeit vermieden werden kann oder wie die Berücksichtigung von Unterschieden, ohne essentialistische Zuschreibungen zu (re)produzieren (vgl. Kubisch 03.01.2013), möglich ist.

In jüngster Zeit wird das Thema »Differenz in Deutschland« auch im Nonprofit-Bereich unter verschiedenen Überschriften diskutiert. Bezeichnungen wie »Pädagogik der Vielfalt«, »Diversity Education«, »Differenzsensibilität«, »Diversitätsbewusstsein« oder »Diversity Management« markieren eine programmatische Relevanz von Differenz in den Erziehungskontexten (vgl. Hormel 2008). Trotz aller Verschiedenheit der Konzepte geht es immer um die Anerkennung der individuellen Lebensentwürfe von Menschen. Soziale Arbeit zielt dabei vor allem auf die Schaffung von Zugangsgerechtigkeit. Für Böhnisch/Schröer/Thiersch (2005) bedeutet dies »die Schaffung gerechter Zugänge zu Ressourcen der Lebensgestaltung wie zur Erreichung gesellschaftlich anerkannter Ziele und Integrationswege«. Hier werden explizit die zwei Dimensionen von Gerechtigkeit, die Verteilungs- und die Anerkennungsgerechtigkeit, angesprochen. Unter Verteilungsgerechtigkeit wird verstanden, dass allen Menschen ausreichend psychische und physische Grundlagen für ihre Lebensgestaltung garantiert werden. Bei der Anerkennungsgerechtigkeit steht die Gewährleistung von ausreichenden Partizipationsmöglichkeiten für die Mitglieder einer Gesellschaft, um strukturelle, kulturelle und individuelle Diskriminierungen zu verhindern, im Vordergrund. Beide Dimensionen sollten in einer gerechtigkeitsfundierten Sozialen Arbeit – in Anlehnung an N. Fraser (in Beerhorst et al. 2004) – nicht voneinander getrennt betrachtet werden. Differenz- bzw. Diversitätssensibilität stellt somit eine Haltung dar, die einen selbstreflexiven Blick ermöglicht und die Heterogenität in der eigenen Identität erkennt und anerkennt, um auf dieser Grundlage für bzw. mit den AdressatInnen der Sozialen Arbeit maßgeschneiderte biografie- und zielgruppenorientierte Angebote zu entwickeln.»Die Differenzsensibilität ist dabei eine wertvolle Ergänzung, nicht als Ersatz für sozialpädagogische, genderpädagogische oder interkulturelle Wissensbestände zu sehen. Vielmehr gilt es, eine Balance zu entwickeln, die sowohl das Spezialwissen berücksichtigt, als auch eine Perspektive einzunehmen, die die verschiedenen Achsen der Differenz in ihren vielschichtigen Wirkungen auf das Individuum integrativ einbezieht.« (Lamp 2007: 205). Wichtig ist es, auf bestehende Interdependenzen zwischen den einzelnen Dimensionen von Diversität, die unter den Stichworten Intersektionalität und Transsektionalität diskutiert werden, hinzuweisen. In dieser Betrachtungsweise werden z.B. Geschlecht, Alter, Sexualität als gesellschaftlich vorgegebene Ordnungsmöglichkeiten verstanden, die eine sich gegenseitig verstärkende, ungleichheitshervorbringende Wirkung besitzen können. Differenzkategorien gelten als sozial hergestellt und dienen eindeutig dazu, existierende Macht- und Herrschaftsverhältnisse, wie beispielsweise die geschlechterhierarchische Arbeitsteilung, aufrechtzuerhalten. Auffallend ist bei den aktuellen Diskussionslinien – und nicht nur in der Betriebswirtschaft und im Managementbereich – meiner Meinung nach, dass in der Vielfalt der verwendeten Begriffe der Terminus »Ungleichheit« oft fehlt; stattdessen werden die positiv oder zumindest neutral besetzten Bezeichnungen Vielfalt oder Verschiedenheit herangezogen. Statt von der Überwindung von Ungleichheit und Ungerechtigkeit wird von anerkennungswerter Diversität oder Differenz gesprochen, um weniger auf strukturelle Benachteiligungen und Diskriminierungen, sondern auf wertzuschätzende gruppenspezifische oder individuelle Diversität verweisen zu können.

Anforderungen an den Diversitätsdiskurs

»Die Aufmerksamkeit, die bei diversitätsbewussten Ansätzen gefordert ist, ist also voraussetzungsvoll und muss theoretisch reflektiert und zugleich offen gegenüber empirischen Phänomenen sein. Es handelt sich um eine untersuchende Haltung, die es ermöglicht, »mehr« zu sehen und zu hören, angemessene Fragen zu stellen und – gemeinsam mit anderen – zu einer verändernden Praxis zu kommen« (Leiprecht 2011). Hierbei ist eine anspruchsvolle Balance herzustellen, die berücksichtigt, dass

- Differenzlinien zwar wahrgenommen, aber Personen nicht auf Unterschiede oder getroffene Unterscheidungen reduziert werden; nur durch diese Haltung kann Gerechtigkeit und Inklusion als Zielsetzung verfolgt werden;
- bei einer Berücksichtigung von Unterschieden und Unterscheidungen Menschen nicht in gruppenbezogene Gussformen einsortiert werden dürfen; individuelle Unterschiedlichkeiten und Gemeinsamkeiten gleichermaßen Berücksichtigung finden sollen;
- SozialarbeiterInnen die Bedeutungen von Unterschieden für die beteiligten Personen und Kontexte erfassen und im Hinblick auf soziale Benachteiligungen überprüfen, denn nicht alle Differenzlinien führen zu hinterfragbaren Dominanz- und Machtverhältnissen (vgl. ebd.).

Durch den erweiterten »egalitären« Differenzbegriff (Prengel 1995), der die Kategorien Geschlecht, Alter, Ethnizität etc. einbezieht, besteht die Gefahr, die spezifische gesellschaftliche Relevanz, beispielsweise des Unterscheidungsmerkmals »Ethnizität«, abzuschwächen bzw. durch eine hierarchiefreie Vorstellung pluraler Differenzen zu relativieren. Denn nur durch die Konzentration auf ethnisch-kulturelle Unterschiede als Lernziel interkultureller Lernprozesse in einer Migrationsgesellschaft kann der besonderen Bedeutung dahinterstehender In- und Exklusions-Mechanismen umfassend Rechnung getragen werden (vgl. Auernheimer 2003). Hier könnte der Modebegriff »Diversity« als zu unspezifisch im Hinblick auf eine Analyse und Bearbeitung von Ungleichheitsverhältnissen gelten. »Diversität in den noch populären Zugriffen wird in den meisten Fällen einfach mit Differenz gleichgesetzt. Die Relevanz diversitätsbezogener Gleichheitsdimensionen wird wenig, – oftmals gar nicht – herausgearbeitet. So verstanden trägt Diversität dazu bei, Differenzvorstellungen zu fixieren. Differenz wird mit Heterogenitätsvorstellungen verknüpft und soll so, positiv aufgeladen, mit dem Ziel der Akzeptanz »gestaltet« werden. Solche Zugriffe lassen ›die Norm' und ihr Verhältnis zur Homogenisierung von Normalität weitgehend unberührt« (Eggers 24.10.2012).

3. Soziale Arbeit – eine Menschenrechtsprofession?!

Gegenstand der Sozialen Arbeit ist immer auch der Umgang mit Verschiedenheit und Ungleichheit, wobei je nach historischem Zusammenhang unterschiedliche Differenzlinien in den Vordergrund treten. Da individuelle Problemlagen sowie Chancen und Grenzen von Gemeinwesen und Sozialräumen zunehmend in einer globalen Perspektive betrachtet und analysiert werden müssen, bieten sich Anknüpfungspunkte mit der Menschenrechtsdebatte an, die zudem den Kampf um soziale Gerechtigkeit und Emanzipation sowie die eigene Rolle bei der Reproduktion sozialer Ungleichheit kritisch zu hinterfragen hilft. (vgl. Birgit Rommelspacher 2003).

Menschenrechte stellen ein System von Rechten dar, das unter dem Eindruck der nationalsozialistischen Verbrechen gegen die Menschlichkeit sowie der Erfahrungen von Diktatur und Gewalt entwickelt worden ist.»Als Menschenrechte lassen sich allgemein jene Rechte definieren, die unserer Natur eigen sind und ohne die wir als menschliche Wesen nicht existieren können. Die Menschenrechte und die grundlegenden Freiheiten erlauben uns, unsere menschlichen Eigenschaften, unsere Intelligenz, unsere Begabung und unser moralisches Bewusstsein voll zu entwickeln und zu gebrauchen und unsere geistigen und sonstigen Bedürfnisse zu befriedigen. Sie gründen im zunehmenden Verlangen der Menschheit nach einem Leben, in dem die unveräußerliche Würde und der Wert jedes einzelnen Menschen Anerkennung und Schutz findet« (IFSW/IASSW/Vereinte Nationen – Zentrum für Menschenrechte 2002).

Als Merkmale der Menschenrechte werden folgende Aspekte genannt:
- Menschenrechte sind angeboren und unveräußerlich
- Menschenrechte gelten als egalitär; sie stehen allen Menschen gleichermaßen zu
- Menschenrechte sind unteilbar

- Menschenrechte werden als universell betrachtet; sie gelten ihrem Anspruch nach für alle Menschen weltweit (vgl. Wildfang 2010).

Hierbei stellt sich jedoch die Frage, ob hinter der formulierten Allgemeingültigkeit nicht immer auch spezifische Sichtweisen und Teil- bzw. Machtinteressen stehen:»Die Geschichte der Formulierung universaler Menschenrechte ist also sowohl eine Geschichte der Durchsetzung von Dominanzansprüchen wie auch ein Ansporn für Emanzipations- und Befreiungsbewegungen der dadurch ausgeschlossenen Gruppen. Insofern ist der Universalismusanspruch in diesem Zusammenhang immer ambivalent einzuschätzen und zwar sowohl in seiner Funktion, Dominanz zu rechtfertigen, wie auch in der, ein Korrektiv für geltendes Unrecht zu sein, das Ziele für eine gerechtere Gesellschaft formuliert und deren Anspruch aufrecht erhält« (Rommelspacher 2003: 80). Menschenrechte stellen demzufolge keinen festgefügten Kodex ethischer Standards dar, sondern sind Ausdruck einer permanenten Auseinandersetzung.

Auf der Suche nach einer grundlegenden Orientierung der Disziplin und Profession der Sozialen Arbeit wurden die Menschenrechte zur Bezugsgröße sozialarbeiterischen Handelns und der dahinterstehenden sozialethischen Fundierung (vgl. Vahsen/Mane 2010). Staub-Bernasconi (2008) hat diese Bezüge entscheidend mit ausformuliert und die Soziale Arbeit als Menschenrechtsprofession bezeichnet. Als ihre spezifischen Zugangsmöglichkeiten gelten folgende drei Bereiche:
- im Sinne der Menschenrechtsbildung informiert sie über Menschenrechte und ihre Umsetzung und sensibilisiert Menschen für diese Thematik;
- in der Arbeit mit den AdressatInnen und innerhalb der Einrichtungen und Organisationen soll sie ein reales Feld für gelebte Menschenrechte darstellen;
- als lokal und überregional tätige sozialpolitische Akteurin kann sie die Umsetzung von Menschenrechten einfordern und vertreten (vgl. Spatschek 2008).

Die besondere Bedeutung der Menschenrechte kommt auch in der international anerkannten Definition Sozialer Arbeit zum Ausdruck:»Die Profession Soziale Arbeit fördert sozialen Wandel, Problemlösungen in menschlichen Beziehungen und die Stärkung und Befreiung von Menschen, um das Wohlergehen zu stärken. Gestützt auf Theorien über menschliches Verhalten und sozialer Systeme greift Sozialarbeit an den Stellen ein, wo Menschen in ihrer Umwelt in Wechselwirkung stehen. Die Grundlagen von Menschenrechten und sozialer Gerechtigkeit sind für die Soziale Arbeit wesentlich« (IFSW/IASSW/Vereinte Nationen - Zentrum für Menschenrechte 2002).

Menschenrechte und Menschenwürde sowie soziale Gerechtigkeit stellen wichtige ethische Prinzipien der Profession dar. Soziale Arbeit basiert auf der Achtung vor dem besonderen Wert und der Würde aller Menschen, d.h.

- sie achtet das Recht auf Selbstbestimmung,
- sie fördert das Recht auf Beteiligung,
- sie»behandelt« jede Person ganzheitlich,
- Stärken werden erkannt und entwickelt.

SozialarbeiterInnen haben die Verpflichtung, soziale Gerechtigkeit zu fördern und negativer Diskriminierung entgegenzutreten, indem sie Verschiedenheit anerkennen, Mittel für eine gerechte Verteilung der Ressourcen besorgen, ungerechte politische Entscheidungen und Praktiken zurückweisen, Solidarität fördern und sozialen Ausschluss, Stigmatisierung und Unterdrückung verhindern (vgl. ebd.).

Obrecht und Staub-Bernasconi gelten als wichtige ImpulsgeberInnen für den Theoriediskurs zur Verankerung der Menschenrechtsidee in der Sozialen Arbeit. Obrecht (2001) geht in seiner Bedürfnistheorie von gemeinsamen, in der Struktur des Organismus verankerten Grundbedürfnissen (physische, psychische, soziale, kulturelle etc.) aller Menschen aus, die einen rechtlichen Schutz benötigen; der konkrete Umgang mit den Bedürfnissen wird als kulturell unterschiedlich gestaltet betrachtet. Eine Gesellschaft muss so konstruiert sein, dass alle Menschen ihre grundlegenden Bedürfnisse befriedigen können und an Aushandlungsprozessen darüber beteiligt sind.

Diese Überlegungen greift Staub-Bernasconi (2008) in ihrer Argumentation für eine Soziale Arbeit als Menschenrechtsprofession auf, in der sie die Menschenrechte als Antwort auf fundamentale und universale menschliche Grundbedürfnisse bezeichnet. Wichtig ist für die Autorin hierbei der Verweis auf die Notwendigkeit einer internationalen Ausrichtung Sozialer Arbeit mit einem weltweiten Engagement und

Problembewusstsein sowie eine radikale Orientierung an den Grundbedürfnissen der Menschen mit Priorität auf Menschenrechten der 2. Dimension, d.h. auf den wirtschaftlichen, sozialen und kulturellen Rechten, wie z.B. auf Sicherheit, Arbeit, Ernährung, Wohnen, Gesundheit und Bildung.[2]

In einer systemtheoretischen Begründung Sozialer Arbeit erweitert Staub-Bernasconi das bestehende »Doppelmandat« (Spannungsfeld zwischen Hilfe und Kontrolle) in Richtung Tripel-Mandat, das in einer schützenden Menschenwürde und den Menschenrechten gesehen wird. Menschenwürde bildet die ethische Grundlage und die Menschenrechte die rechtliche Basis und ein handlungsleitendes Gerüst für die Einlösung unterschiedlicher Rechte. Soziale Arbeit kann auf dieser Grundlage selbstbestimmt Aufträge definieren und ausführen, muss sich allerdings für den interkulturellen und interdisziplinären Diskurs öffnen und Fragen der Einheit und Differenz ins Blickfeld nehmen sowie die zentrale Stellung der Menschenrechte in der Ausbildung der SozialarbeiterInnen berücksichtigen.

»Die Menschenrechte geben der Profession die Möglichkeit, zu klären, was ihre langfristigen Ziele sind. Sie werden den Sozialarbeiter verstören, der sich zur Ruhe gesetzt hat und mit den gerade herrschenden Theorien des lokalen Gemeinwesens Frieden geschlossen hat – und zwar vor allem dann, wenn diese lokalen Werte und Normen mit den Werten und Normen der Profession in Konflikt stehen. Menschenrechte werden von der organisierten Profession fordern, ja sie zwingen, zu sozialen Fragen klar Stellung zu nehmen. Angesichts der Pluralität, die auch in der sozialen Arbeit herrscht, sind die Menschenrechte ein notwendiger Maßstab und eine Orientierung für konstruktive Aktion« (Gore zitiert nach Staub-Bernasconi 2008: 13).

Das dritte Mandat wird als eigenes Referenzsystem, das wissenschaftlich und ethisch begründet ist, definiert. Es ermöglicht eine kritisch-reflexive Distanz gegenüber AdressatInnen, Politik, Trägern und FinanzgeberInnen und eine Legitimationsbasis für die Entscheidung über eine Annahme oder die Verweigerung von Arbeitsafträ-

---

2   Zur 1. Dimension gehören bürgerliche und politische Freiheits- und Beteiligungsrechte sowie Abwehrrechte gegenüber dem Staat (z.B. Diskriminierungsverbot, Verbot von Folter, Religions- und Meinungsfreiheit); zur 3. Dimension gehören die kollektiven Rechte oder die Rechte der Völker z.B. auf Entwicklung, Frieden, saubere Umwelt.

gen sowie die Möglichkeit zur Formulierung eigenbestimmter Aufträge (vgl. ebd.).

Der Anspruch Sozialer Arbeit als Menschenrechtsprofession hat zahlreiche kritische Stimmen auf den Plan gerufen, die hierbei unterschiedliche Argumentationsstränge verfolgen.

4. Kritik am Menschenrechtsparadigma der Sozialen Arbeit:

Bielefeld (2004) betrachtet eine bedürfnisorientierte Begründung der Menschenrechte als problematisch, da nicht für jedes Bedürfnis ein Rechtsanspruch bestehe. Er spricht sich deshalb für eine Begründung der Menschenrechte über den Begriff der Gerechtigkeit aus. Menschenrechte stellen für ihn die politisch-rechtlichen Standards menschenwürdigen Lebens dar; sie sind jedoch keine Philosophie oder Religion aus der sich allgemein verbindliche Werte ableiten lassen. Die Würde des Menschen ist seiner Meinung nach als zentraler Wert dagegen weltweit anerkannt. Menschenrechte haben nach Bielefeld immer eine kulturkritische Komponente, da sie auf Lernprozessen beruhen, mit Aufklärung zu tun haben und dadurch auf Distanz zur traditionellen Kultur gehen. Sie beruhen auf Pluralisierungserfahrungen moderner Gesellschaften. »Die Geschichte der Verwirklichung der Menschenrechte ist somit von Anfang an nicht nur ein Prozess sukzessiver Verrechtlichung von Freiheits-, Gleichheits- und Partizipationsforderungen, sondern immer auch eine Geschichte des Protestes gegen Einseitigkeit in der Positivierung von Menschenrechtsnormen, die mit neuem Recht oft auch neues Unrecht geschaffen oder altes Unrecht festgeschrieben haben«(a.a.O. 1998: 81).

Eine ganze Reihe von Einwänden richtet sich gegen die Universalisierung der Menschenrechte denn:

- Menschenrechte sind von ihrem Ursprung her westlich bzw. westlich geprägt,
- Menschenrechte sind individualistisch,
- sie konzentrieren sich auf den Aspekt der Freiheit vom Staat (negieren positive Funktionen des Staatswesens),-beinhalten nur Rechte und keine Pflichten (vgl. Eide 2000 zitiert nach Vahsen/ Mane 2010 a.a.O.).

»Deshalb erscheinen allumfassende Ableitungen der Aufgaben und Orientierung einer Profession und Disziplin aus den Menschenrechten als problematisch. Allzu leicht verliert sich der gut gemeinte Ansatz in einer fundamentalen Paradoxie« (Vahsen/Mane 2010: 111).

Zudem werden Menschenrechte erst durch ihre Verletzung und die entsprechende Empörung darüber in den Mittelpunkt gesetzt. Für die Soziale Arbeit wären vielmehr interzivilisatorische Ansätze erforderlich, denn stellen wir Differenzaspekte und kulturelle Abhängigkeiten in den Focus, fällt die eurozentrische Zuordnung der Menschenrechte besonders in den Blick.

Aus der bisherigen Argumentation lässt sich eine hohe Bedeutsamkeit menschenrechtspolitischer Grundlagen und Instrumente für die Profession und Disziplin der Sozialen Arbeit ableiten. Allerdings müssen die Menschenrechte als prozesshaft, weiterentwickelbar sein und in den jeweiligen Regionen und Kulturen (ggf. unterschiedlich) umgesetzt werden. Menschenrechte sind auch im Westen nicht unumstritten; es besteht die Notwenigkeit eines permanenten Kampfes um die konkrete Verwirklichung und Ausgestaltung. Auch die theoretische Fundierung des Menschenrechtsparadigmas scheint nicht ausreichend. Soziale Arbeit in der Postmoderne und als eine Menschenrechtsprofession muss meinem Verständnis nach eng verknüpft werden mit einer international/interkulturell und diversitätsorientierten Sozialen Arbeit, Interdependenzen, auf die im Kapitel 5 eingegangen wird.

4. Postmoderne – Schlaglichter aus sozial(arbeits)wissenschaftlicher Perspektive

Die gegenwärtigen gesellschaftlichen Wandlungsprozesse umfassen soziale, gesellschaftliche, politische, ökonomische und technologische Veränderungen. Stichworte hierfür sind: Globalisierung, Flexibilisierung oder Deregulierung. Aufgabe der Sozialwissenschaften ist es dabei, den beobachtbaren Wandel zu erfassen, zu analysieren und zu interpretieren. Häufig werden die wahrnehmbaren Change-Prozesse unter dem Stichwort » Postmoderne« beschrieben, die allerdings nicht nur den realen gesellschaftlichen Wandel umfasst, sondern auch als ein philosophisch-theoretisches Konzept betrachtet werden kann.

»Allgemein bezeichnet Postmoderne in der Soziologie die Gesamtheit gegenwärtiger soziokultureller Prozesse, die auf eine zunehmende

Differenzierung und Pluralisierung von weltanschaulichen Orientierungen, Wertsystemen, Einstellungen, Lebensstilen, Verhaltensweisen und Formen sozialer Beziehungen hinauslaufen, verbunden mit einer Zunahme von Orientierungsschwierigkeiten, Gegensätzen, Widersprüchen und Konflikten, aber auch von Möglichkeiten autonom-individueller Lebensgestaltung« (Hillmann 2004). Kennzeichen dieser Postmoderne ist die Ambivalenz von Chancen und Grenzen, die Vergrößerung der Möglichkeitsräume der Beteiligten wie auch die Gefahr von Destabilisierung und Entfremdungstendenzen (vgl. Frankenberger 2007).

Eine Vielzahl von Theorien versucht, die komplexen Wandlungsprozesse zu erfassen: Moderne, postmoderne Gesellschaft (Etzioni), postindustrielle Gesellschaft (Bells), Postmoderne (Welsch), reflexive Moderne (Giddens/Beck), flüchtige Moderne (Bauman) stellen unterschiedliche gesellschaftstheoretische Konzepte dar, die die Lebenssituation der Menschen beschreiben (vgl. Vahsen/Mane 2010). Bei einer Analyse der Lebensbedingungen wird dabei zunehmend eine staatenübergreifende transnationale und transkulturelle Perspektive notwendig (vgl. Pries 1997).

Die Postmoderne wäre ohne die Moderne des 20. Jahrhunderts nicht denkbar. Deshalb zeige ich zunächst in Anlehnung an Beck und Giddens (vgl. Beck/Giddens/Lash 1996) wesentliche Merkmale der Moderne auf:

- Durch Säkularisierung, Demokratisierung und Industrialisierung erfolgt eine funktionale Ausdifferenzierung gesellschaftlicher Teilbereiche (Wissenschaft, Kultur, Politik, Religion etc.).
- Eine neue gesellschaftliche Ordnung entsteht auf der Grundlage von Klassen, Schichten und Milieus.
- Die moderne Gesellschaft ist geschlechterspezifisch differenziert und eine kapitalistische Erwerbsgesellschaft.
- Normen und Werte werden universalisiert, insbesondere in Form der Menschenrechte; es entwickelt sich ein demokratischer Rechts-, National- und Wohlfahrtsstaat.
- Bürokratisierung des Staats und Durchdringung der Gesellschaft und der Wirtschaft durch die Verwaltung.

Die Grenzen zwischen Moderne und Postmoderne verlaufen fließend. Der Begriff Postmoderne wird ab den 1960er Jahren vor allem in der Kunst, Architektur und Literatur verwendet und bedeutet in diesem

Kontext vor allem die Vielfalt von Konzeptionen und die sich daraus ableitenden Kombinationsmöglichkeiten. Im Anschluss daran entwickeln sich die philosophisch-wissenschaftstheoretischen und die gesellschaftstheoretischen Diskurse der Postmoderne. In diesen Denkbewegungen werden diskriminierende Macht und Herrschaftsprozesse, Fortschrittsgläubigkeit und Machbarkeitsvorstellungen infrage gestellt. Postmoderne umfasst hier einen Prozess und ein (vorläufiges) Ergebnis der Veränderung der oben geschilderten wissenschaftlichen, philosophischen und gesellschaftlichen Grundannahmen und Aussagen der Moderne (vgl. Frankenberger 2007).

Stellvertretend für die Diskurse in der Philosophie kann die poststrukturalistische Machtanalyse und Vernunftkritik von Foucault (vgl. Foucault/Martin 1993) genannt werden; der hier etwas genauer zu beschreibende Aspekt der Postmoderne als gesellschaftliches Phänomen wird mit den Autoren Bell (1975), Sennett (2002) oder Beck (vgl. Beck/Bonss 2001) in Verbindung gebracht.

Kennzeichen der postmodernen Gesellschaft sind demnach:

- Enttraditionalisierung, Auflösung überkommener Sozialstrukturen, Werte-, Normen- und Verhaltensmuster
- Pluralisierung von Werten, Normen, Lebensformen, Kulturen
- Emanzipation, Infragestellung geschlechterspezifischer Aufgaben- und Rollenverteilung
- Globalisierung von Wirtschaft, Politik, Kultur
- Zunahme der Kommunikationsmöglichkeiten, Technisierung, Digitalisierung etc.
- Krise von Erwerbsarbeit und Wohlfahrtsstaatlichkeit
- Flexibilisierung, Mobilisierung von Arbeit, sozialen Beziehungen und Lebensorten
- Neue Formen der Spiritualität und Religiosität
- Neofundamentalismus, vernetzter Rechtsextremismus und globalisierter Terrorismus

Das Verhältnis zwischen Moderne und Postmoderne gestaltet sich je nach Sichtweise der AutorInnen recht unterschiedlich. Während Habermas (vgl. Habermas 1985), postmoderne DenkerInnen als BezwingerInnen der Moderne mit ihrem aus der Gültigkeit der Vernunft abgeleiteten Standards betrachtet, betont Welsch in seinem Werk »Unsere postmoderne Moderne« (vgl. Welsch 1987/2008) die Verwirklichung der

Moderne in der Postmoderne: »Die Postmoderne ist keineswegs, was ihr Name suggeriert und ihr geläufigstes Missverständnis unterstellt: eine Trans- und Anti-Moderne. Ihr Grundinhalt – Pluralität – ist von der Moderne des 20. Jahrhunderts selbst schon propagiert worden (a.a.O.: 6). Erst in der Postmoderne wird das Desiderat der Moderne in der Breite der Wirklichkeit eingelöst. Postmoderne bezeichnet den Prozess und das (vorläufige) Ergebnis der Transformation gesellschaftlicher, philosophischer und wissenschaftlicher Grundmuster der Moderne. Eine »Kurzformel« dafür ist weder sinnvoll noch möglich (vgl. Frankenberger 2007). Für Welsch (1987/2008) ist neben intensiver und extensiver Pluralität vor allem Hybridität das Strukturmerkmal der Postmoderne und Irritation ihr wichtiges Ziel. Pluralität darf dabei jedoch nicht zu Beliebigkeit und Oberflächlichkeit führen; ein gleichmacherisches »anything goes« ist nicht mit einer ehrlichen und produktiven Praxis der Pluralität vereinbar.»Postmoderne« ist eine anspruchsvolle Konzeption, kein Relax-Szenario. Als solches wird sie allenfalls diskriminiert« (a.a.O.,:. 323).

Für Bauman wird in »Flüchtige Moderne« der postmoderne Standpunkt - bezogen auf unsere Wahrheitsansprüche - deutlich: »Wir Menschen sind mit allem ausgestattet, was jeder braucht, um den richtigen Weg zu finden, der, erst einmal entdeckt, der eine und einzige Weg für alle ist« (Bauman 2003). Kennzeichen der Postmoderne ist die Vielfalt; es gilt Abschied zu nehmen von den Eindeutigkeiten der Welt. Die Postmoderne passt nicht zu theoretischen Absolutheitsansprüchen. Ihr Theorieansatz liegt vielmehr in der »unaufhebbaren Heterogenität verschiedener Paradigmen« (vgl. Welsch 1987/2008); daher ist auch die Gesellschaft unaufhebbar plural.»Diese Forderung nach gesellschaftlicher Anerkennung der Pluralität von Formen der Lebenspraxis impliziert eine Kritik von Tendenzen der herrschaftlichen Vereinheitlichung und Uniformierung und setzt die Explikation von Bedingungen voraus, die die selbstbestimmte Entfaltung von Vielfältigkeiten verhindern und einschränken« (Scherr 1990).

Postmoderne und ihr Wahrheitsverständnis bewirken Konsequenzen für den Bereich der Ethik; da keine allgemeingültigen Werte bestehen, lassen sich auch kaum allgemeinverbindliche Regelungen für das menschliche Zusammenleben formulieren. Postmoderne Theorien sind in diesem Zusammenhang immer »relativistisch«. Dennoch hält auch nach Welsch das »Dogma der absoluten Heterogenität« einer näheren Prüfung nicht stand. Als Lösungsmöglichkeit bietet sich seiner Meinung nach die sog. »transversale Vernunft« an, die »... weder das Maß wirklicher Differenz ignoriert noch Kommunikationsansprüche unnötig preisgibt ...« (vgl. Welsch 1987/2008). Doch auch hier bleibt der Aspekt der Beliebigkeit in der Bewertung von Vernunft und Rationalität erhalten. Denn: »Wird Postmodern jedoch affirmativ verwendet, als Zustand deklariert, der sich durch eine völlige Auflösung übergreifender Strukturen auszeichnet und als theoretische Forderung nach dem Verzicht auf Begriffe formuliert, die allgemeine Strukturmerkmale gesellschaftlicher Lebensformen bestimmen, dann stellt sich die Postmoderne als Variante relativistischer Konzepte dar, die über keinerlei Möglichkeiten der kritischen Analyse mehr verfügen« (Scherr 1990: 11).

Postmoderne als empirisch fundierte Lebensweise, inkludiert neben den geschilderten theoretischen Diskurslinien, Herausforderungen für Einzelne, Organisationen und Sozialräume, die für ein gelingendes Leben bewältigt werden müssen. Zu nennen sind hierbei Verunsicherung und Desorientierung aufgrund pluraler und teilweise widersprüchlicher Lebenssituationen, die die Gefahr der Desintegration aufgrund von Individualisierung, Mobilität und Flexibilisierung beinhalten. Hier ist die Soziale Arbeit als Handlungswissenschaft gefragt, denn im Zuge der Globalisierung entstehen neue und alte Formen der sozialen Ungleichheit und Ungerechtigkeiten, deren Steuerung nur noch teilweise durch den Staat und seine Institutionen möglich ist. Als gedankliche wie umsetzungsorientierte Lösungsmöglichkeiten erscheinen in dieser komplexen Veränderungssituation die Wertschätzung von Vielfalt und Unterschiedlichkeit wie in der Diversitätskonzeption geschehen sowie strategisch eingesetztes Diversitätsmanagement kombiniert mit den Grundsätzen der Sozialen Arbeit als Menschenrechtsprofession.

Kleve bezeichnet die Soziale Arbeit als eine postmoderne Disziplin, die Konzepte zur Orientierung in ambivalenten und unübersichtlichen beruflichen Situationen benötigt. »Aber die postmoderne Perspektive ist nicht so sehr als festgeklopftes Lehrwissen zu verstehen, sondern eher als eine Suche nach Möglichkeiten, um in einem Feld konstruktiv zu agieren, das hinsichtlich seiner Praxis mit Ambivalenz und in Bezug auf seine Wissenschaft mit theoretischer Unübersichtlichkeit konfrontiert ist« (Kleve 2007). Professionelles Handeln in der Postmoderne ist gekennzeichnet durch Komplexität, Ambivalenz und Unbestimmtheit. So lassen sich auch die Aufgaben einer postmodernen Sozialen Arbeit wie folgt bestimmen: »Als Profession vermittelt sie zwischen unterschiedlichen psychologischen Notwendigkeiten und sozialen Erwartungen, die einhergehen mit unterschiedlichen Not-, Leidens- bzw. Exklusionslagen bezüglich der Teilnahme an gesellschaftlicher Kommunikation und hilft diesbezüglich, indem sie soziale Inklusionen, also Teilnahmechancen an gesellschaftlicher Kommunikation, zu reaktivieren versucht. Als Disziplin ist Sozialarbeit ebenfalls eine Vermittlungsinstanz, und zwar bezüglich unterschiedlicher disziplinärer Konzepte, die sie fokussiert auf ihren Gegenstandsbereich und dessen Reflexion« (a.a.O.: 65).

5. Zum Zusammenhang zwischen Diversität und Menschenrechten in der Postmoderne

Diversitätsorientierung oder -sensibilität ist eine häufig genannte Anforderung an Menschen und Institutionen in der Postmoderne. Damit persönliche, organisatorische und sozialräumliche Diversität als Ressourcen wirksam werden können, ist in Anlehnung an H.-U. Otto (Bundeskongress Soziale Arbeit 2005: »Eine gute Praxis braucht eine gute Theorie«) eine kurze theoretische Fundierung von Diversität für den sozialen Sektor zu leisten. Wie im nachfolgenden Schaubild zu sehen, werden dabei als ethisch-normative Quellen »Soziale Arbeit als Menschenrechtsprofession«, »Globale Soziale Arbeit« und »Soziale Teilhabe« herangezogen. Erstere beschreibt Menschenrechte gemeinhin als common sense einer sich bildenden Weltgesellschaft (hier werden Menschenrechte als Normenkatalog weitgehend global anerkannt), die zweite positioniert sich quer zu nationalen Grenzen und verknüpft strukturelle Analysen mit der Alltagswelt von Einzelnen auf lokaler Ebene, die dritte verweist auf Solidarität, Inklusion und die Herstellung sozialer Gerechtigkeit, ferner auf ein Recht auf Teilhabe und nicht nur auf eine Verpflichtung zur Teilnahme im Rahmen des sog. aktivierenden Sozialstaats. Diese drei Theorie-Ansätze lassen sich mit den Ausprägungsformen von Verschiedenheit zu den Kombinationspaaren »Ungleichheit – soziale Teilhabe«, Vielfalt – Menschenrechtsprofession« und » Unterschiedlichkeit – Globale Soziale Arbeit – verbinden (vgl. Aschenbrenner-Wellmann 2009).

Analytisch-theoretische Fundierung von Diversität in der Sozialen Arbeit

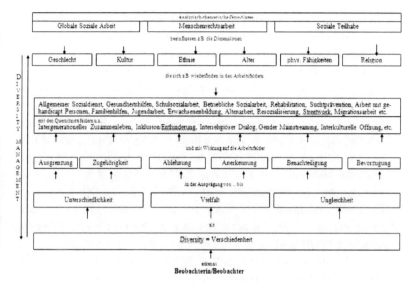

Um in den verschiedenen Handlungsfeldern wirksam werden zu können, darf Diversitätssensibilität als Wertschätzung von Vielfalt, Verschiedenheit, Unterschiedlichkeit unter ethisch- normativen Gesichtspunkten nicht im beliebigen Bereich verbleiben. Gut kombinierbare Orientierungen bieten hierbei meiner Meinung nach menschenrechtspolitische Grundlagen und Instrumente, die sich in den alltäglichen Dilemmata der Praxis der Sozialen Arbeit mit z.B. folgenden Fragestellungen zeigen:

- Was empfehlen Sie einer Lehrerin, die die Angst einer Schülerin vor weiblicher Genitalverstümmelung thematisiert?
- Wie agieren Sie, wenn Sie als Mitarbeiterin einer Familienberatungsstelle den Konflikt zwischen gesetzlichen und religiösen Normen bei der Frage nach einer möglichen Abtreibung erleben?
- Welche Position nehmen Sie gegenüber einem Jugendlichen ein, der sich beklagt, wegen seines ausländisch klingenden Namens keinen Termin für ein Bewerbungsgespräch zu erhalten?
- Wie unterstützen Sie einen älteren Menschen, der sich aufgrund seines Lebensalters vom Arbeitsmarkt und von gesellschaftlichen Teilhabeprozessen ausgeschlossen fühlt?

- Wie weit können/sollen/müssen Sie Diskriminierungen zurückweisen und bestehende Ungerechtigkeiten aufdecken?

Mit diesen Fragestellungen professionell umzugehen, bedeutet unterschiedliche Standpunkte einnehmen, Argumente abwägen und die eigene Haltung zu handlungsleitenden Werten reflektieren zu können. Hier ist interkulturelle Übersetzungs- und Vermittlungsarbeit gefragt. Dies gilt auch für die mittlerweile »klassisch« gewordene Kopftuchfrage. Es gilt zu klären, welche Bedeutung das Kopftuch im Kontext der Beteiligten hat und dies möglichst unvoreingenommen. Eine wesentliche Schwierigkeit kann darin liegen, »... dass der Widerstand gegen die eigenen Emanzipationsvorstellungen selbst emanzipatorisch sein kann. Solange die Mehrheitsgesellschaft glaubt, ein Monopol auf Emanzipation beanspruchen zu können, unterläuft sie ihre Forderungen nach Freiheit und Gleichheit selbst und wird insofern auch selbst repressiv« (Rommelspacher 2003). So wird deutlich, inwieweit die Formulierung allgemeiner Rechte, wie z.b. das Selbstbestimmungsrecht der Frauen, zum Kampf um Macht und Deutungshoheit werden kann. In der Formulierung der Menschenrechte sollten sich deshalb zunehmend die Perspektiven aller Menschen wiederfinden; dies hat einen ständigen Prozess der Dekonstruktion angenommener Allgemeingültigkeiten zur Folge. In dem damit entstehenden Feld der Auseinandersetzungen bieten die Menschenrechte einen normativen Rahmen, müssen aber fortlaufend selbstreflexiv und kritisch hinterfragt werden. Wichtige Impulse können hier aus dem anerkennungsgeleiteten Diskurs von Vielfalt und Verschiedenheit kommen.

Die Postmoderne gilt als » Apologetin der Differenzsensibilität« (vgl. Lamp 2007). In den Sozialwissenschaften wird Vielfalt, Unterschiedlichkeit und Heterogenität daher häufig im Kontext des Konzepts der Postmoderne diskutiert. Schlagworte hierfür sind »Dekonstruktion«, »Inklusive Erziehung«, »Cultural Studies«, »Postcolonial Studies«, »Managing Diversity« oder »Pädagogik der Vielfalt«. Das philosophische Konzept der Dekonstruktion geht auf Derrida zurück, der in einer grundsätzlichen Kritik am westlichen Verständnis der Moderne mit deren Auffassung von Funktion, Struktur und Totalität, eine Philosophie der Differenz (Poststrukturalismus) entwickelt hat. Im Mittelpunkt seiner Überlegungen steht das, «... was sich nicht in ein System einfügen lässt« (Lamp 2007), das Fragment. Dekonstruktion erweist sich in allen

30

Theorie- und Handlungsfeldern als gut anwendbar, in denen Binarismen (Mann - Frau; AusländerIn - InländerIn etc.), und die dahinterstehenden hierarchischen Strukturen und Machtunterschiede aufgelöst werden sollen. Insofern ist dieser Ansatz, bezugnehmend vor allem auf Butler (1991), in der Geschlechterforschung und in der Queer Theory stark verbreitet, da hier nicht nur die Ausblendung von Differenz oder Diskriminierung als Problem betrachtet wird, sondern die binäre Logik selbst, die auf einer grundlegenden Unterschiedlichkeit der Geschlechter und ihrer hierarchischen Anordnung beruht. Postkolonialer Theorie geht es darum, Rekolonialisierungsprozesse herauszufordern und aufzuzeigen, » ... wie das Normale und auch die Vorstellung des guten Lebens mit der kolonialen Beherrschung untrennbar verklammert ist« (Do Mar Castro Varela 2010). Das von Said (1978) formulierte Konzept des »othering« zeigt auf, dass die Anderen ständig neu erzeugt und auf die Position der Unterschiedlichkeit festgeschrieben werden müssen, um Identität zu erzeugen. In der Pädagogik der Vielfalt geht es um die Anerkennung der gleichberechtigt Verschiedenen auf der Grundlage eines demokratischen Differenzbegriffs, d.h. wahrgenommene Unterschiedlichkeit kann nicht als Legitimation für Hierarchien herangezogen werden (vgl. Prengel 1994). Ziel der pädagogischen Arbeit ist deshalb die Anerkennung der gleichberechtigt verschiedenen Subjekte, die sich zwar in vielerlei Hinsicht voneinander unterscheiden, aber auch Ähnlichkeiten und Gemeinsamkeiten aufweisen.

Mit dem amerikanischen Slogan »Celebrate Diversity« wird auf Gemeinsamkeiten der gerade geschilderten Diskurse in der Inklusiven Pädagogik, Diversity Education, Pädagogik der Vielfalt, Menschenrechtsbildung oder der Demokratischen Erziehung verwiesen, denn trotz unterschiedlicher Begrifflichkeiten und verschiedener Kontextbedingungen weisen die Ansätze gemeinsame Zielsetzungen auf (vgl. Prengel 05.10.2012).

Menschenrechte können in diesem Zusammenhang zur Klärung grundlegender Kategorien für diversitätssensibles Handeln, wie z.B. » Gleichheit« und »Verschiedenheit«, einbezogen werden. Dabei muss zunächst eine Definition erfolgen, um welche Gleichheit es sich handelt und in welcher Hinsicht von Gleichheit gesprochen werden kann, denn pauschale Gleichheitsaussagen führen schnell zu einer undifferenzierten Gleichsetzung. Auf der Grundlage gleicher Bedürfnisse und Rechte (wie z.B. in der UN Kinderrechtskonvention, in der Behindertenrechtskonvention) können dann Perspektiven für eine Soziale Arbeit, in der die Heterogenität von Menschen in den Focus gestellt wird, entwickelt werden.

Hierzu ist es notwendig, die eigenen kulturell geprägten Vorannahmen über Ethnizität, Geschlecht, Lebensweisen oder sexuelle Orientierung zu kennen und zu hinterfragen. Dies gilt gleichermaßen für die beteiligten Personen wie auch für die betroffenen Organisationen und deren Bereitschaft für interkulturelle und diversitätsbezogene Öffnungsprozesse. Hierbei müssen die menschenrechtsrelevanten Dimensionen, wie Gerechtigkeit und Teilhabe, zusammengedacht werden mit der Notwendigkeit einer Anerkennung von Vielfalt und Unterschiedlichkeit unter Berücksichtigung vorhandener Mechanismen der Diskriminierung, Ausgrenzung und sozialen Ungleichheit. Dies erfordert einen tiefgreifenden Lern- und Veränderungsprozess der beteiligten Menschen und Organisationen, der mit dem Aufbau und der Weiterentwicklung einer partizipatorisch-reflexiven Diversitätskompetenz verbunden ist.

6. Ausblick: Partizipatorisch-reflexive Diversitätskompetenz als Schlüsselqualifikation

Diversität und Postmoderne erfordern, dass sich alle Prozessbeteiligten auf Neues einstellen, Zwei- und Mehrdeutigkeiten wahrnehmen und respektieren sollen. Die hierfür notwendige Kompetenz kann als Schlüsselqualifikation für soziale Berufe im Zeitalter der Globalisierung gesehen werden.

Ähnlich wie die Interkulturelle Kompetenz setzt sich Diversitätskompetenz – eher statisch betrachtet – aus einer Kombination aus Wissen, Einstellungen und Haltungen sowie konkreten Fähigkeiten und Fertigkeiten zusammen, die eingesetzt in durch Vielfalt gekennzeichnete Interaktionssituationen deren Verlauf erfolgreich gestalten, Bestandteile und wesentliche Inhalte, wie z.B. Offenheit und Neugier, Ambiguitätstoleranz, Kommunikations- und Konfliktfähigkeit, werden häufig in Merkmalslisten (vgl. Aschenbrenner-Wellmann 2003) dargestellt.

Meiner Meinung nach lassen sich für den Zusammenhang zwischen Diversität, Menschenrechten und Postmoderne wichtige Bestandteile der Diversitätskompetenz anführen:

1. **Kognitive Dimension:**
- Kenntnis über Theorien sozialer Ungleichheit und Inklusion
- Instrumente und Grundlagen der Menschenrechts- und Antidiskriminierungsarbeit
- Kenntnis der Prinzipien des Empowerments, sozialer Teilhabe und Sozialraumorientierung
- Wissen über die Entstehung und Konstruktion von Verschiedenheit

2. **Affektive Dimension:**
- Bewusstheit gegenüber eigenen Werten, Einstellungen und Haltungen und deren Einfluss auf das eigene Verhalten
- differenzierte Wahrnehmung der eigenen Person, Kultur und Organisation
- Ambiguitätstoleranz
- Anerkennen des Verschiedenen als gleichberechtigt und wertvoll

3. **Verhaltensbezogene Dimension:**
- Fähigkeit zu situationsbezogenem Handeln und zur Steuerung von Change-Prozessen
- selbstreflexives Handeln im Kontext von Abhängigkeit, Empathie und Fürsorge
- Fähigkeit als ProzessbegleiterIn, die Empowerment als professionelle Haltung berücksichtigt

Wichtig ist eine über die Merkmalslisten hinausgehend prozesshafte und situationsbezogene Betrachtungsweise, die Diversitätskompetenz als Ergebnis eines Lern- und Veränderungsprozesses sieht, welche aber je nach Begegnungssituation und Prozessbeteiligten sowie Rahmenbedingungen (Macht, Strukturen der Organisation, rechtliche Konstellationen etc.) unterschiedlich ausgeprägt sein kann. Unabhängig davon soll Diversitätskompetenz immer mit den methodischen und haltungsmäßigen Bestandteilen: Reflexivität, Partizipation und Empowerment ausgestattet sein. Diese Betrachtungsweise wird im nachfolgenden Schaubild skizziert:

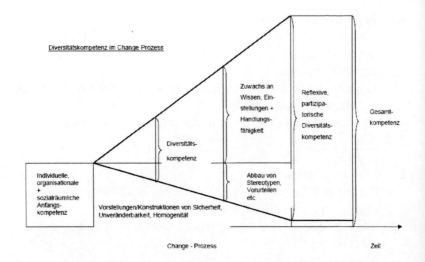

Diversitätskompetenz im Change Prozess

(vgl. Aschenbrenner-Wellmann 2012)

Diversitätskompetenz entsteht nicht aus sich selbst heraus, sondern erfordert eine gestaltungsoffene und heterogenverlaufende Bildungsprozesse ermöglichende Lernkultur sowie diversitätssensible und veränderungsbereite Organisationen. Als ethisch-normative Orientierungsgrößen können hierbei kritisch hinterfragte Menschenrechte dienen, denn Menschenrechtsperspektiven, interkulturelle und internationale sowie Diversitätsorientierung bzw. Öffnung von Menschen und Organisationen sind wesentliche Bausteine für die postmoderne Gesellschaft im 21. Jahrhundert. Ein Verständnis Sozialer Arbeit als Menschenrechtsprofession kann eine VorreiterInnen-Rolle für andere Berufe aus dem pädagogischen oder juristischen Bereich bewirken, wobei weder Menschenrechte noch Diversitätsdiskurse zum Zwecke der eigenen Professionsentstehung instrumentalisiert werden dürfen. Eine Reflexion bestehender Widersprüche, wie beispielsweise die »Unversöhnlichkeit« zwischen der Anerkennung der Differenz und der gleichzeitigen Notwendigkeit der Dekonstruktion von Unterschiedlichkeiten, erweist sich als ständig notwendige Auseinandersetzung mit dem professionellen Denken und Handeln im Sinne eines lebenslangen Lernprozesses.

34

Literatur

Aschenbrenner-Wellmann, Beate (Hrsg.) (2009): Mit der Vielfalt leben. Verantwortung und Respekt in der Diversity- und Antidiskriminierungsarbeit mit Personen, Organisationen und Sozialräumen. Stuttgart.

Aschenbrenner-Wellmann, Beate (2012): Vom interkulturellen Lernen zum Diversitätslernen in der Migrationsgesellschaft – Entwicklungslinien, Widersprüche und Perspektiven. In: Aschenbrenner-Wellmann, Beate/Groner, Birgit (Hrsg.): Kulturelle MittlerInnen in der Migrationsgesellschaft. Stuttgart, S. 155-189.

Auernheimer, Georg (Hrsg.) (2003): Interkulturelle Kompetenz. Opladen.

Bauman, Zygmund (2003): Flüchtige Moderne. Frankfurt am Main.

Beck, Ulrich/Giddens, Anthony/Lash Scott (1996): Reflexive Modernisierung, Eine Kontroverse. Frankfurt am Main.

Beck, Ulrich/Bonss, Wolfgang (Hrsg.) (2001): Die Modernisierung der Moderne. Frankfurt am Main.

Bell, Daniel (1975): Die nachindustrielle Gesellschaft. Frankfurt am Main/New York.

Bendl, Regine/Hanappi-Egger, Edeltraud/Hofmann, Roswitha (Hrsg.) (2006): Agenda Diversität: Gender- und Diversitätsmanagement in Wissenschaft und Praxis. München und Mering.

Böhnisch, Lothar/Schröer, Wolfgang/Thiersch, Hans (Hrsg.) (2005): Sozialpädagogisches Denken. Wege zu einer Neubestimmung. Weinheim/München, S. 251.

Butler, Judith (1991): Das Unbehagen der Geschlechter. Frankfurt am Main.

Brose, Nadine/Ellermann, Heike/Reichenbach, Daniel (2006): Vom Umgang mit Verschiedenheit(en) oder warum Diversity Management? Online unter http://www.best-off.org/de/. 05.03.2010.

Vgl. Roosevelt Thomas (1992), Beyond Race and Gender, Unleashing the Power of Your Total Work Force by Managing Diversity. New York.

Cox, Taylor (1993): Cultural Diversity in Organisations: Theory Research and Practice. San Francisco.

Dass, Parshotam/Parker, Barbara (1999): Strategies for Managing Human Resource Diversity, From Resistance to Learning, in: Academy of Management Executive, vol 13, Nr. 2, S. 68.

Do Mar Castro Varela, Maria (2010): Un-Sinn, Postkoloniale Theorie und Diversity. In : Kessl, Fabian/Plößer, Melanie (Hrsg.): Differenzierung, Normalisierung, Andersheit. Wiesbaden, S. 255.

Eggers, Martha: Inklusion und Differenz in der frühkindlichen Bildung – Was kann Diversität leisten? S. 2-3, Online unter http://www.migration-boell.de/web/diversity/48_3366.asp. 24.10.2012.

Foucault, Michel/Martin, Luther H. (Hrsg.) (1993): Technologien des Selbst. Frankfurt am Main.

Frankenberger, Rolf (2007): Gesellschaft – Individuum – Gouvernementalität, Theoretische und empirische Beiträge zur Analyse der Postmoderne. Berlin.

Fraser, Nancy: Feministische Politik im Zeitalter der Anerkennung, Ein zweidimensionaler Ansatz für Geschlechtergerechtigkeit. In: Beerhorst et al. (Hrsg.) (2004): Kritische Theorie im gesellschaftlichen Strukturwandel. Frankfurt am Main, S. 453-474.

Gardenswatz, Lee/Rowe, Anita (Hrsg.) (2003): Diverse Teams at Work, Capitalizing on the Power of Diversity, Society for Human Resource Management. Alexandria.

Habermas, Jürgen (1985): Der philosophische Diskurs der Moderne. Frankfurt am Main.

Harms, Martina/Müller, Patrick (2004): Diversity Management. In: Seebacher, Uwe/Klaus, Gabi (Hrsg.), Handbuch Führungskräfte Entwicklung, USP Publishing. Hannover.

Hillmann, Karl-Heinz (2004): Wörterbuch der Soziologie. Stuttgart.

IFSW/IASSW/Vereinte Nationen – Zentrum für Menschenrechte (Hrsg.) (2002): Menschenrechte und Soziale Arbeit.

Kessl, Fabian/Plößer, Melanie (Hrsg.) (2010): Differenzierung, Normalisierung, Andersheit. Soziale Arbeit als Arbeit mit den Anderen. Wiesbaden.

Kleve, Heiko/Koch, Gerd/Müller Matthias (Hrsg.) (2003): Differenz und Soziale Arbeit. Berlin/Milow/Straßburg.

Kleve, Heiko (2007): Postmoderne Sozialarbeit, Ein systemtheoretisch-konstruktivistischer Beitrag zur Sozialarbeitswissenschaft. Aachen.

Krell, Gertraude/Riedmüller, Barbara/Sieben, Barbara/Vinz, Dagmar (Hrsg.) (2007): Diversity Studies. Grundlagen und disziplinäre Ansätze. Frankfurt am Main/New York.

Krell, Gertrude u.a. (2011): Diversity Studies, Grundlagen und Disziplinäre Ansätze. Frankfurt am Main/New York, siehe auch Krell, Gertrude (2012) im Vortrag »Vielfältige Hochschulen – einfältige Hochschulpolitik«. Düsseldorf, Online unter http://www.cedin-consulting.de/vielfalt-gestalten-in-nrw/tagung-vielfalt-als-gewinn/. 03.01.2013.

Kubisch, Sonja: Wenn Unterschiede keinen Unterschied machen dürfen – Eine kritische Betrachtung von »Managing Diversity«, Online unter http://www.ashberlin.eu/fileadmin/user_upload/pdfs/ Profil/ Frauenb%C3%BCro/Quer/Wenn_Unterschiede_keinen_Unterschied_machen_d%C3%BCrfen_-_ Eine_krititsche_Betrachtung_von_Managing_Diversity.pdf. 03.01.2013.

Lamp, Fabian (2007): Soziale Arbeit zwischen Umverteilung und Anerkennung. Der Umgang mit Differenz in der sozialpädagogischen Theorie und Praxis. Bielefeld.

Leiprecht, Rudolf (Hrsg.) (2011): Diversitätsbewusste Soziale Arbeit. Schwalbach.

Obrecht, Werner (2001): Das systemtheoretische Paradigma der Sozialen Arbeit als Disziplin und als Profession, Eine transdisziplinäre Antwort auf die Situation der Sozialen Arbeit im deutschsprachigen Bereich und die Fragmentierung des professionellen Wissens, Zürcher Beiträge zur Theorie und Praxis Sozialer Arbeit, Bd. 4.

Obrecht, Werner (2009): Was braucht der Mensch? Grundlagen der biopsychosoziokulturellen Theorie menschlicher Bedürfnisse und ihre Bedeutung für eine erklärende Theorie sozialer Probleme. Ligue Médico-Sociale, Luxemburg.

Prengel, Annedore (1995): Pädagogik der Vielfalt. Opladen.

Prengel, Annedore: Wie viel Unterschiedlichkeit passt in eine Kita? Theoretische Grundlagen einer inklusiven Praxis in der Frühpädagogik, Online unter http://www.weiterbildungsinitiative.de/ uploads/media/WiFF_Fachforum_ Inklusion_Impulsreferat_Prof._Dr._Prengel.pdf. 29.06.2010. 05.10.2012.

Pries, Ludger (Hrsg.) (1997): Transnationale Migration, Soziale Welt, Sonderband 12. Baden-Baden.

Rommelspacher, Birgit (2003): Zum Umgang mit Differenz und Macht, Sozialarbeit als Menschenrechtsprofession. In: Kleve, Heiko/Koch, Gerd/Müller, Matthias (Hrsg.): Differenz und Soziale Arbeit. Berlin/Millow/Straßburg, S. 70-86.

Rosenzweig, Julie M. (1999): Strategies for Managing Diversity. In: Business Day, Financial Times, S. 2 ff., zitiert nach Sepehri, Paivand (2002), Diversity und Managing Diversity in internationalen Organisationen. München und Mehring, S. 75.

Said, Edward (1978): Orientalism. New York.

Scherr, Albert (1990): Postmoderne Soziologie – Soziologie der Postmoderne?. In: Zeitschrift für Soziologie, Jahrgang 19, Heft 1, S. 8.

Schwarzenbart, Ursula/Daimler Global Diversity Office (2007): Gender und Diversity in der Technikkultur, S. 2, Liesel Beckmann Symposium, Online unter http://www.tum-ias.de/fileadmin/material_ias/pdf/Schwarzenbart_Diversity_20Management.pdf. 03.01.2013.

Sennett, Richard (2002): Der flexible Mensch – Die Kultur des neuen Kapitalismus. Berlin.

Siemens AG (Hrsg.): Leitsätze für Promoting and Managing Diversity, S. 1, Online unter http://www. siemens.com/sustainability/pool/cr-framework/diversity_guidelines_d.pdf. 03.01.2013.

Spatschek, Christian (2008): Soziale Arbeit als Menschenrechtsprofession, Begründung und Umsetzung eines professionellen Konzepts. In: Sozial Extra, Jahrgang 5/6. Wiesbaden.

Staub-Bernasconi, Silvia (1995): Systemtheorie, soziale Probleme und soziale Arbeit, lokal, national, international oder: vom Ende der Bescheidenheit. Stuttgart.

Staub-Bernasconi, Silvia (2003): Soziale Arbeit als (eine) »Menschenrechtsprofession«. In: Sorg, Richard: Soziale Arbeit zwischen Politik und Wissenschaft. Münster.

Staub-Bernasconi, Silvia (2008): Menschenrechte in ihrer Relevanz für die Theorie und Praxis Sozialen Arbeit. In: Widersprüche Heft 107. Frankfurt am Main, S. 9 ff.Steffen, Therese Frey (2006): Gender – Grundwissen Philosophie. Leipzig.

Thomas, Roosevelt R. (1996): A Diversity Framework. In: Chemers, Martin M./Oskamp, Stuart/Costanzo, Mark A. (1996): Diversity in Organizations, New Perspectives for a Changing Workplace. Thousand Oaks, S. 246.

Utz, Britta/Friedrich-Ebert-Stiftung/Forum Menschenrechte (2010/2011): Handbuch der Menschenrechtsarbeit. Berlin.

Vahsen; Friedrich/Mane, Gudrun (2010): Gesellschaftliche Umbrüche und Soziale Arbeit. Wiesbaden.

Wagner, Dieter/Sepehri, Peyvand (2000): Managing Diversity – Eine empirische Bestandsaufnahme. In: Personalführung, 7, S. 51.

Welsch, Wolfgang (1987/2008): Unsere postmoderne Moderne. Weinheim.

Wildfang, Hinrich (2010): Soziale Arbeit – eine Menschenrechtsprofession, Ein Leitfaden für die sozialarbeiterische Praxis in Deutschland. Saarbrücken.

Monika Barz

Frauen auf dem Vormarsch – Soziale Wirklichkeit oder Wunschdenken?
Vom Qualifizierungsauftrag der Hochschule angesichts gleichstellungspolitischer Defizite

Persönliches Vorwort

»Frauen in Deutschland sind auf dem Vormarsch«, so eine gängige Meinung. Sie stützt sich gerne auf Tatsachen wie eine weltweit angesehene mächtige Bundeskanzlerin, eine Mädchengeneration, die bessere Schul- und Ausbildungsabschlüsse erzielt als die Jungen, zahllose öffentliche Auftritte in der alle Akteure und Akteurinnen nicht müde werden ihr Engagement für Gleichstellung zu betonen und nicht zuletzt wird nicht unser größtes Bundesland – Nordrheinwestfalen – erfolgreich von zwei Frauen regiert? In den Medien könnte manchmal der Eindruck entstehen, als sei eine Debatte um Gleichstellung in Deutschland längst nicht mehr erforderlich und nur das Produkt ewig gestriger dauerfrustrierter Feministinnen.

Ich bin zwar nicht dauerfrustriert aber ich bin Feministin. Als solche habe ich gelernt systematisch die Geschlechterfrage zu stellen und analytisch exakt nach den Daten und Fakten zu schauen. Was also – so frage ich mich – gibt es für Daten über die Lebenssituation von Frauen, was über die von Männern? Ich schlage vor, wir schauen erst einmal ganz banal, wie (aus)gebildet die beiden Geschlechter sind, wo sie arbeiten, was sie verdienen, wo sie überall die Welt gestalten und wie sie miteinander umgehen? Es beginnt also mit Zahlen. Einverstanden? Danach werde ich auf die Herausforderungen eingehen, vor denen eine Soziale Arbeit steht, die größtenteils damit beschäftigt ist, die (Spät)Folgen geschlechtsspezifischer Segregationsprozesse aufzufangen. Abschließend werde ich knapp skizzieren, wie wir an der Evangelische Hochschule dazu beitragen, zukünftige Fachkräfte der Sozialen Arbeit mit Fach- und Handlungskompetenz auszustatten, um die soziale Ungleichheit zwischen den Geschlechtern strukturell und nachhaltig abzubauen.

Es handelt sich hierbei um Mini-Ausschnitte aus meinem eigenen Tätigkeitsbereich. Was an Handlungskompetenz mittels theaterpädagogischem Empowerment durch den Kollegen Reinhard Schubert, an juristischer und verwaltungstechnischer Expertise durch Kollegin Hannelore Häbel und die Kollegen Hans-Ulrich Weth und Richard Edtbauer dazu kam ist weit umfassender und an anderen Stellen nachzulesen. Alle vier haben die letzten Jahre mit großem Engagement mit unterstützt, dass die Hochschule durch eine explizit ausgewiesene Genderkompetenz unsere Absolventinnen und Absolventen dazu befähigt, in der Praxis gleichstellungspolitisch aktiv zu werden, auf struktureller und individueller Ebene Defizite abzubauen und allen Geschlechtern die Verwirklichungschancen ihrer Potenziale zu ermöglichen.

Daten und Fakten zum gefühlten Vormarsch der Frauen

Im Folgenden wird den vier aufgeworfenen Fragen zu den Bereichen Bildung, Arbeitssituation, Einkommen und Partizipation nachgegangen. Hierzu werden ausschließlich amtliche Statistiken herangezogen, die vom Familienministerium regelmäßig zu Gleichstellungsfragen von Frauen und Männern in Deutschland herausgegeben werden. Hinzukommt das umfangreiche Datenmaterial, das die von der Bundesregierung eingesetzte Sachverständigenkommission (SK) zur Erstellung des Ersten Gleichstellungsberichts der Bundesregierung zusammengetragen hat.

Geschlecht und Bildung

Die Bildungsoffensive der 1960er und 1970er ist eine Erfolgsgeschichte hinsichtlich der gewachsenen Bildungschancen für Mädchen. Heute stehen Mädchen in Deutschland alle Schulformen in gleicher Weise offen wie den Jungen. Das haben die Mädchengenerationen der letzten 50 Jahre gut genutzt. Gemäß der offiziellen Daten hatten 2010 mehr junge Frauen als junge Männer höhere Bildungsabschlüsse (BMFSFJ 2012: 29). So lag beispielsweise die Studienberechtigungsquote der Frauen 2010 bei über 53%, die der Männer bei 45%[1]. Die Erfolge im

---

1   Die Studienberechtigungsquote gibt den Anteil der studienberechtigten Schulabgänger_innen der einzelnen Altersjahrgänge in der Bevölkerung (vgl. BMFSFJ 2012: 29) an. Die in diesem Artikel verwendete Schreibweise des Unterstrichs »_« symbolisiert den grundsätzlichen Spielraum, sich zwischen den polaren Ge-

Bereich der Schule haben sich im Bereich der Hochschulbildung nicht automatisch fortgesetzt. Je höher in der akademischen Laufbahn weiter aufgestiegen wird, umso niedriger wird der Anteil der Frauen. Während 2010 der Frauenanteil bei den Promotionen bei 44% lag, reduziert er sich bei den Habilitationen auf 25% und bei den Hochschulprofessuren auf 19% (vgl. BMFSFJ 2012: 20 und 50).

Hinsichtlich des beruflichen Aufstiegs ist der Bildungsstand für beide Geschlechter bedeutsam, für Frauen jedoch bedeutsamer als für Männer. Für Frauen wirkt sich eine mittlere Bildung im Vergleich zu hoher Bildung nachteiliger aus als für Männer. Oder anders ausgedrückt: Männer können selbst mit einem mittleren Bildungsniveau höhere Positionen erreichen, Frauen nicht (SK 2011: 106). Diese nüchternen Erkenntnisse der Sachverständigenkommission erinnern an einen Slogan aus der Frauenbewegung der 1980er Jahre, wonach die Gleichberechtigung erst dann erreicht sei, wenn es auch in Führungspositionen so viele mittelmäßige Frauen wie Männer gäbe.

Am unteren Rand der Bildungshierarchie dreht sich das Verhältnis der Geschlechter um. Die Sachverständigenkommission verweist auf Studien, wonach bei Männern Bildung und Ausbildung keinen Effekt auf das Risiko prekärer Arbeit zu haben scheint, während sie bei Frauen eine große Rolle spielen. So sind ehemalige Hauptschülerinnen sieben bis zehn Jahre nach ihrer Ausbildung zu 41% prekär beschäftigt. Bei ihren männlichen Pendants sind es 3% (vgl. SK 2011: 100).

Geschlecht und Arbeit

Immer mehr Frauen gehen einer sozialversicherungspflichtigen Erwerbstätigkeit nach. Der nahezu kontinuierliche Anstieg der Erwerbstätigenquote[2] der Frauen in den letzten Jahren lässt sich in großen Teilen auf die Zunahme flexibler Beschäftigungsformen zurückführen. Das heißt, es sind zwar immer mehr Frauen erwerbstätig, diese arbeiten vermehrt in nicht existenzsichernder Teilzeit und nicht in der Vollzeit (vgl. BMFSFJ 2012: 51). In Deutschland waren 2010 von 100 sozialversicherungspflichtig beschäftigten Frauen 35 in einer Teilzeitbeschäftigung. Hinzu kommen noch die geringfügig entlohnten Beschäftigen der

---

schlechtern »männlich« und »weiblich« zu verorten.

2   2010 lag die Erwerbstätigenquote von Frauen bei 48%, die von Männern bei 55% (vgl. BMFSFJ 2012: 52).

Minijobs. Sie sind bei den Teilzeitquoten nicht berücksichtigt (BMFSFJ 2012: 54).

Der hohe Teilzeitanteil bei den Frauen weist nicht nur auf einen veränderten Arbeitsmarkt hin, sondern auch auf eine geschlechtsspezifische Arbeitsteilung in Familien (vgl. BMFSFJ 2012: 51). Gemäß der Sachverständigenkommission sind bei Paarhaushalten ›traditionelle‹ Konstellationen mit männlichem Alleinverdiener oder männlichem Hauptverdiener und weiblicher Zuverdienerin immer noch stark verbreitet und zwar im Westen stärker als im Osten. So praktizieren 54% der gemischtgeschlechtlichen Paarhaushalte ein Alleinverdiener- oder Zuverdienermodell in dem der Mann voll- und die Frau nicht oder teilzeiterwerbstätig ist (vgl. SK 2011: 97).

Auch in der jungen Generation von Frauen und Männern setzt sich der Trend zur geschlechtsspezifischen Arbeitsteilung fort. Während die Erwerbstätigenquote von Müttern mit jüngstem Kind unter drei Jahren im Jahr 2010 bei 32% liegt, ist sie bei den Vätern bei 83% (vgl. BMFSFJ 2012: 58). Zudem lässt sich auch in den jungen Familien weiterhin beobachten, dass in der Zeit der Familiengründung, wenn die Mütter eine Erwerbsunterbrechung vornehmen, die Väter die frei werdenden Räume in der Berufswelt nutzen, um wichtige Schritte in ihrer Karriere zu gehen und aufzusteigen. Das Statistische Bundesamt verweist darauf, dass nach der Familiengründung männliche Führungskräfte im Gegensatz zu den weiblichen ihre Arbeitszeit erhöhen (vgl. Statistisches Bundesamt 2010 und SK 2011: 108).Unter der Lebensverlaufsperspektive sind es die geschlechtsspezifisch unterschiedlich gelebten Erwerbsunterbrechungszeiten und Teilzeittätigkeiten, die sich nachweislich negativ auf die Existenzsicherung und Aufstiegsmöglichkeiten von Frauen auswirken.Nicht nur der zeitliche Umfang der Erwerbstätigkeit ist geschlechtsspezifisch strukturiert, sondern auch die Art der Erwerbstätigkeit. Die horizontale Segregation in weibliche und männliche Berufsfelder hat sich in den jüngeren Generationen fortgesetzt. Die Trennungslinien gehen zwischen einem regenerativen sozialen und einem naturwissenschaftlich–technischen Bereich (vgl. SK 2011: 151und BMFSFJ 2012: 29). Besonders extrem zeigt sich das geschlechtsspezifische Berufswahlverhalten von Frauen und Männern im Hinblick auf erzieherische Tätigkeiten in Kindertageseinrichtungen. Dort betrug im Jahr 2010 der Männeranteil an allen unmittelbar mit Kindern unter 14 Jahren tätigen Personen 4% (vgl.

BMFSFJ 2012: 74). In den nicht akademischen Gesundheitsdienstberufen liegt der Männeranteil seit Jahren gleichbleibend bei 21%, in den technischen Ausbildungsberufen bei 89% (vgl. BMFSFJ 2012: 38 ff.). Auch im vertikalen Sinne ist der Arbeitsmarkt geschlechtergetrennt strukturiert. In den oberen Hierarchien, in denen es um Macht, Geld, Status und Einfluss geht, sind Männer zu großen Teilen unter sich. Details hierzu werden in den Ausführungen zur Partizipation dargestellt.

Geschlecht und Einkommen

In Berufen und Branchen in denen überwiegend Frauen arbeiten, liegen heutzutage die Verdienste deutlich unter jenen in typischen Männerberufen.»Typische Frauenberufe werden schlechter bezahlt als typische Männerberufe« (SK 2011: 117). Die Bruttostundenlöhne von Frauen lagen 2010 deutschlandweit um 22% unter denen der Männer, wobei die Schere im Westen wesentlich weiter auseinanderklafft als im Osten. So betrug der Gender Pay Gap im Jahr 2010 in Mecklenburg-Vorpommern 4%, in Baden-Württemberg 27% (vgl. BMFSFJ 2012: 51). Der Verdienstunterschied zwischen den Geschlechtern hat sich in den letzten Jahrzehnten bei den heutigen Werten festgefahren, obwohl gesetzliche Normen wie der Art. 3 Abs. 2 des Grundgesetzes und auch das Allgemeine Gleichstellungsgesetz normative Regelungen vorgeben. Verglichen mit 1995 ging die Schere zwischen den Männer- und Frauenbruttostundenverdiensten in den letzten Jahren um einen Prozentpunkt weiter auseinander. Im Jahr 1995 lag der Verdienstunterschied bei 21% (vgl. BMFSFJ 2005: 167).Zusätzlich zur ›Bestrafung‹ der Wahl eines typischen Frauenberufes wirken sich Erwerbsunterbrechungen und Teilzeitarbeit negativ auf die Verdienstmöglichkeiten von Frauen aus. Die im Verlauf des Berufslebens erfahrenen Verdienstunterschiede zwischen Männern und Frauen kumulieren sich, sodass es zu einer noch erheblich größeren Geschlechterlücke in Bezug auf das Einkommen im Alter kommt. Gemäß der Sachverständigenkommission erreichen bei den 1936 bis 1955 Geborenen die Frauen 42% des Lebenserwerbseinkommens der Männer. (SK 2011: 118)

Auch in der nachwachsenden Generation setzt sich die für Frauen jetzt und im Alter einkommensschädigende Arbeitsteilung fort. So zeigen sich in heterosexuellen Paarbeziehungen mit Kindern beim Bezug von Elterngeld auch heutzutage die traditionelle Arbeitsteilung: So hatte nur jedes vierte Kind, das im Jahr 2010 geboren wurde einen Vater, der Elterngeld in Anspruch nahm. Die 25% können zu Recht als Zuwächse der Väterbeteiligung im Vergleich zu den Vorjahren politisch hoch gelobt und gefeiert werden. Bei genauerer Analyse der Dauer des Elterngeldbezuges zeigt sich, dass Väter die durch die Elternzeit verursachte Erwerbsunterbrechung möglichst gering halten. Bei ihnen beträgt sie durchschnittlich drei Monate, bei Müttern knapp zwölf Monate (vgl. BMFSFJ 2012: 60).

Geschlecht und Partizipation

Ein wichtiger Gradmesser für die Gleichstellung ist die Repräsentanz von Frauen und Männern in Führungspositionen des politischen, wirtschaftlichen und kulturellen Lebens. Das Familienministerium verweist darauf, dass im gleichstellungspolitischen Diskurs häufig die Marke von wenigstens 30% als Mindeststandard für die Repräsentation von Frauen genannt wird. Selbst setzt es sich weitergehende Ziele: »Anzustreben ist jedoch eine paritätische Besetzung« (BMFSFJ 2012: 7). Wie sieht es in Deutschland aus? Der Männeranteil an den obersten politischen Positionen in den Bundesländern, wie Regierungspräsident_innen, Minister_innen und Senator_innen lag 2011 bei 66%, im Verwaltungsapparat, der dieser Entscheidungsebene zuarbeitenden Abteilungsleitungsebene3 innerhalb der Ministerien lag der Männeranteil bei 80%, in Baden-Württemberg bei 85%. Bei den Spitzenpositionen der Verwaltungen auf kommunaler Ebene, den Oberbürgermeister_innen und Landrät_innen, lag er bundesweit bei 92%, in Baden-Württemberg bei 98%. (vgl. BMFSFJ 2012: 18 und 28).In der Privatwirtschaft lag der Männeranteil 2008 auf den oberen Führungsebenen bei 75% (vgl. BMFSFJ 2012: 24). Veränderungen im Hinblick auf die Machtverteilung zwischen den Geschlechtern vollziehen sich entgegen allen Versprechungen der Privatwirtschaft schleichend. Ihre freiwillige Selbstverpflichtung aus dem Jahr 2001 hat zu keiner nennenswerten Verbesserung geführt. So hat sich der Frauenanteil zwischen 2004 und

---

3   Anm.: Es handelt sich hierbei um hochdotierte und einflussreiche Beamtenpositionen in den Ministerien und Senaten aller Bundesländer. Sie bleiben in der Regel nach einem politischen Wechsel durch Landtagswahlen im Amt und haben einen riesigen Beamtenapparat unter sich. Die hier verwendete Schreibweise des Unterstrichs »_« symbolisiert den grundsätzlichen Spielraum, sich zwischen den polaren Geschlechtern »männlich« und »weiblich« zu verorten.

2008 um einen Prozentpunkt erhöht. Die Sachverständigenkommission kommt nüchtern zu dem Schluss, dass die Selbstverpflichtung der Privatwirtschaft »als gescheitert bewertet werden muss« (SK 2011: 117). Angesichts der Datenlage konstatiert die Sachverständigenkommission, dass der in den Medien und Publikationen gepriesene Vormarsch qualifizierter Frauen nicht der Wirklichkeit in den Führungspositionen deutscher Unternehmen entspräche und »der gegenwärtige Zustand als desaströs zu bewerten« sei (SK 2011: 113 und 115).

Resümee

Frauen stehen formal alle Türen offen. Sie können Bundeskanzlerin, Regierungspräsidentin oder Landrätin werden, sie nutzen als junge Frauen die angebotenen Bildungschancen, sind selbstbewusst und sind es leid, als Opfer oder Verliererinnen da zu stehen. Dies sind alles gute Gründe zur Freude. Sind dies auch Gründe, die Gleichstellungspolitik als abgehakt zu betrachten? Auf die vier simplen Fragen, wie (aus)gebildet die beiden Geschlechter sind, wo sie arbeiten, was sie verdienen und wo sie überall die Welt gestalten, liegen die Antworten höchst amtlich auf dem Tisch: Die Frauen sind hervorragend qualifiziert, die von ihnen bevorzugten Berufsfelder sind äußerst schlecht bezahlt, auch in Berufsfeldern, die sie sich mit den Männern teilen, verdienen sie weit weniger und kommen seltener in Führungspositionen.

Der internationale Mindeststandard für Gleichstellung von 30% Beteiligung an der Macht wird in Deutschland derzeit weder in den Entscheidungsebenen von Politik, Privatwirtschaft und Hochschulen erreicht. Von einer paritätischen Teilhabe an der finanziellen und politischen Macht ist Deutschland weit entfernt und innerhalb der EU weit abgeschlagen von anderen Mitgliedsstaaten (vgl. SK 2011: 117 f.).

Herausforderungen für die Soziale Arbeit

Angesichts der vorgefundenen amtlichen Datenlage und der Wissensbestände über offene und verdeckte Formen sozialer Ungleichheit zwischen den Geschlechtern steht die Soziale Arbeit vor den Herausforderungen:Wie kann es gelingen, Frauen zu ermächtigen, sich den Kuchenteil zu nehmen, der ihnen zusteht und zukünftig die Rezepte der zu backenden Kuchen mit zu bestimmen.

–   Wie kann es gelingen, Männer in diesen Prozess mit einzubinden
    um zusammen mit Frauen einen Kuchen nach gemeinsam ent-
    schiedenen Rezepten zu backen?
–   Wie kann es gelingen, auf struktureller Ebene den sozialpoli-
    tischen Rahmen mit zu gestalten?Wie kann es gelingen, die nach-
    wachsenden Generationen von Mädchen und Jungen zu ermutigen
    außerhalb der ausgetretenen Wege ihre Potenziale zu entfalten?

Was gäbe das für eine soziale Realität, wenn Frauen und Männer gemeinsam festlegten, was gebacken wird und welche Zutaten verwendet
würden? Könnte es sein, dass in einer von Grund auf gemeinsam gestal-
teten Gesellschaft von morgen das Pflegen eines Kranken mindestens
so hoch entlohnt wird, wie die Wartung eines Computers? Dass die Kompetenzen, die durch erzieherische und regenerative Sorgearbeit erlangt
werden, als sicherer Erfolgsfaktor für den beruflichen Aufstieg gelten?
Dass in die amtliche Gesamtberechnung des Bruttosozialproduktes die
Reproduktionsarbeit mit aufgenommen wird? Dass der Finanzierung
qualifizierter Tageseinrichtungen für Kinder höchste Priorität im Ge-
meinderat eingeräumt wird, dass die Folgekosten häuslicher Gewalt
öffentlich problematisiert werden und die Gewalt gegen Frauen und
Kinder als schweres Vergehen gilt, dass Frauenhäuser für geschlagene
Frauen eine sichere Finanzierung haben und dafür die Feuerwehr auf
die neueste vollautomatische Ausziehleiter verzichtet, dass die Einstie-
ge in Busse, Züge und U-Bahnen so gebaut sind, dass sie bequem mit
Kinderwägen zu benutzen sind, dass das Zusammenleben mit Kindern
und die Pflege alter Menschen steuerlich mehr unterstützt wird, als die
bloße Tatsache verheiratet zu sein, ...
    All dies sind von Menschen geschaffene Lebensumstände, denen
politische Entscheidungsprozesse vorausgehen. Die Herausforderung
der Zukunft wird sein, sozialpolitisch intelligente Impulse zu setzen,
die kurz- und langfristig sicherstellen, dass sie beiden Geschlechtern
ausreichende Verwirklichungschancen ihrer Potentiale bieten. Hierzu
bedarf es eines fundierten Wissens über Ursachen und (Spät)Folgen geschlechtsspezifisch geprägter Lebensumstände. Denn, so die Sachverständigenkommission: » Der derzeit in den Medien und Publikationen
gepriesene ›Vormarsch qualifizierter Frauen‘ entspricht nicht der Wirklichkeit« (SK 2011: 113). Sie sieht fachlich fundierte Gleichstellungspolitik als Voraussetzung für nachhaltige Innovationspolitik in Deutschland

und verweist mit Nachdruck auf die Notwendigkeit sozialpolitischer Impulse zum Abbau sozialer Ungleichheit zwischen den Geschlechtern (vgl. SK 2011:14).

In der Ausbildung der Sozialen Arbeit gehört die Wissensvermittlung zur geschlechtsspezifischen Segregation und deren (Spät)Folgen für das Sozialsystem zu den Standardelementen des Curriculums. Hierzu gibt es für alle Studierenden des ersten Semesters ein explizites Gendermodul und in den aufbauenden Semestern verschiedene geschlechtsspezifisch differenzierende Seminarangebote in einzelnen anderen Modulen.

Im Folgenden wird das Seminarkonzept aus dem ersten Semester aus Sicht der Studierenden dargestellt.

Qualifizierungsbeitrag der Hochschule

Das Gendermodul umfasst sechs ECTS[4]. Im Rahmen dieses Moduls gibt es für die Studierenden diverse Workshops mit vier ECTS zur Auswahl und eine Pflichtveranstaltung mit zwei ECTS zum Thema ›Wie lese ich Daten sozialer Ungleichheit‹. In dieser Veranstaltung wird das Thema Geschlecht in den Kontext der Analyse sozialer Ungleichheit gestellt. Ziel ist der systematische Umgang mit statistischen Daten zur Geschlechterfrage. Als Datengrundlage zur selbständigen Analyse liegen den Studierenden unter anderem die amtlichen Materialien vor, die in diesem Artikel verwendet wurden.[5]

In den Lernprotokollen der Studierenden, die nach jedem Semester in schriftlicher Form erstellt werden, berichten sie über die Erfahrungen, die für sie mit der Datenanalyse verbunden sind.[6] Männliche wie weibliche Studierende betonen zu gleichen Teilen, dass sie sich vor dem Studium kaum mit Fragen der Gleichstellung beschäftigt hätten und wenn, dann häufig in ablehnender Weise. »Meine Einstellung zu Gender war zumindest am Anfang eher negativ. Gender hatte für mich vor allem mit verschrobenen Menschen zu tun, die Gleichbe-

---

4   ECTS = European Credit Transfer System
5   Vgl. BMFSFJ 2005, Sachverständigenkommission (SK) 2011, BMFSFJ 2012.
6   Anm.: Die vorliegende Darstellung ist eine Zusammenfassung der Veröffentlichung des Sozialministeriums Baden-Württemberg, vgl. Barz 2011c: 7. Im Folgenden sind Schilderungen von Studierenden aus dem Sommersemester 2011 aufgegriffen. In Klammer wurde kenntlich gemacht, ob es sich um männliche (m) oder weibliche (w) Studierende handelt.

handlung von Menschen, die nicht gleich sind, um alles in der Welt wollen« (w).

Insgesamt haben die Studierenden auf die Anforderung, Genderdaten zu analysieren anfangs skeptisch reagiert. »Zuerst kam mir das Ganze spanisch vor. Ich dachte, dass das Thema teilweise überspannt war. Bis ich mich in der Vorlesung und im Seminar befand« (m). Dankbar waren sie, dass sie »mal richtig Zahlen vor die Augen bekommen haben« (w) und »die Genderinhalte stets mit Graphiken und handfesten Zahlen verknüpft waren« (w). Als gut wurde befunden, »dass soziale Ungleichheit nicht nur ein ›gefühltes‘ Problem ist, sondern tatsächlich als solches existiert und behandelt wird« (w). Ein Studierender betont, dass er das amtliche Datenmaterial »sehr geeignet für die Sinnesschärfung« (m) fand, ein anderer, dass ihm »durch das Analysieren der Statistiken die Wichtigkeit des Themas bewusst« wurde (m).

Andere hingegen hat das Material »teilweise echt erschreckt« (w) und es war neu »zu erkennen, wie viel Nachholbedarf es tatsächlich noch in den eigenen Reihen gibt« (m). Sie fanden die Daten »teils überrollend, da ich bis zum Studium dieses Problem der Gleichstellung gar nicht in dieser Form wahrgenommen hatte« (w).

Die Lernprotokolle der Studierenden bieten Einblick in detaillierte Entwicklungen. Der forschende Blick auf die eigene Lebenswelt ist entstanden. Sie beschreiben, wie sie ihre Umwelt anders wahrnehmen. »Das Analysieren der Daten hat mich dazu angeregt, meine Umgebung, meine Arbeitsstelle und meinen Alltag zu erforschen. Dabei sind mir Dinge aufgefallen, die ich vorher eigentlich nicht wahrgenommen habe« (w). »Vor allem bei Kindern bemerke ich häufig das doing gender. Da hat sich etwas getan in meinem Denken und meiner Wahrnehmung« (m).Weitere Aussagen zeigen, wie sich der Blick für die strukturelle Dimension gesellschaftlicher Ungleichheit geschärft hat. »Ich kam durch die Vorlesung zum Entschluss, dass dieses Thema nicht überspannt werden kann, solange in vielen (vielleicht sogar den meisten) Bereichen eine strukturelle Benachteiligung vorhanden ist« (m). »Mir wurde klar, dass es viele strukturelle Benachteiligung gibt, wir uns aber keine Gedanken darüber machen, da sie längst als normal gelten« (w).Durch einige Schilderungen wird deutlich, wie sich der Blick auf das eigene persönliche Leben verändert hat. »Das Modul - das mir anfangs so überflüssig erschien - half mir persönlich, die Probleme der Geschlechter besser zu verstehen« (w). »Für mich, die in Ostdeutschland groß geworden ist, war Gleichberechtigung von Frauen und Männern nie wirklich ein Thema. Doch als ich den Atlas durchgearbeitet hatte, habe ich für mich festgestellt, dass Deutschland doch nicht so gleichberechtigt ist, wie ich es vorher geglaubt hatte« (w). »Ich bin sensibler in dieser Hinsicht geworden und will mir den genauen Blick für die Zukunft auf alle Fälle bewahren« (w).

Das Thema Gender gärt in einigen weiter. »Nach dem Seminar betrachte ich Gender immer noch teilweise sehr kritisch. Aber mir ist aufgefallen, dass ich in den letzten Wochen über kaum ein Thema so häufig mit anderen diskutiert habe, wie über Gender« (w). »Es bedarf weiterer Aufklärung und Menschen, die sich aktiv dafür einsetzen, um gemeinsam diese Ungerechtigkeiten aus dem Weg zu räumen. Auch ich als Mann würde mir wünschen, eines Tages nicht nur die Funktion des Finanziers meiner Familie zu haben, sondern dass ich genauso Vater sein darf« (m).

Persönliches Nachwort

Durch die fundierte Kenntnisvermittlung zur sozialen Ungleichheit der Geschlechter und den gleichstellungspolitischen Defiziten leistet die Evangelische Hochschule Ludwigsburg einen notwendigen Beitrag zur Qualifizierung zukünftiger Fachkräfte[7]. Als Hauptverantwortliche für Lehre und Forschung im Bereich ›Geschlecht und Soziale Arbeit' wusste ich die letzten Jahre sehr zu schätzen, dass meine Kollegin Hannelore Häbel aus der Perspektive des Rechts und der Jugendhilfe mit großem Engagement und kontinuierlichem Durchhaltevermögen zentrale Bausteine geliefert hat. Sie hat den Studierenden das feministisch geschliffene hochwertige Handwerkszeug mitgegeben, das sie benötigen, um juristisch fundierte Analysen durchzuführen und sozialpolitisch intelligente Handlungsoptionen weit über den praktischen Bereich der Jugendhilfe hinaus zu entwickeln. Wir im Kollegium werden vor der Herausforderung stehen, das von Hannelore Häbel vorbildlich umgesetzte Verständnis der Geschlechterfrage als Querschnittsaufgabe neu auf unseren Schultern zu verteilen. Sie hinterlässt eine große Leerstelle und wir müssen zukünftig klären, wie jede und jeder einzelne mit dazu beitragen kann, diesen Raum neu zu füllen.

---

7   Vertiefende Ausführungen siehe Barz/Giebeler (2011a) und Barz (2011b).

Literatur

Barz, Monika & Giebeler, Cornelia (2011a): Geschlecht und Soziale Arbeit. In: Kraus, Björn/Effinger, Herbert/Gahleitner, Silke Birgitta/Miethe, Ingrid/Stövesand, Sabine (Hrsg.): Soziale Arbeit zwischen Generalisierung und Spezialisierung. Das Ganze und seine Teile. Theorie, Forschung und Praxis Sozialer Arbeit. Band 3. Opladen, S. 257-268.

Barz, Monika (2011b): Systematik der Genderperspektive - Grundlagen zur Vermittlung familienpolitischer Aspekte der Sozialen Arbeit. In: Schwendemann, Wilhelm/Puch, Hans-Joachim (Hrsg.): Familien(n)-Geschichte(n). Evangelische Hochschulperspektiven Band 7. Freiburg, S. 156-170.

Barz, Monika (2011c): Mit Daten überzeugen. In: Ministerium für Arbeit und Sozialordnung, Familie, Frauen und Senioren Baden-Württemberg (Hrsg.): Frauen AKTIV in Baden-Württemberg, Nummer 54. Stuttgart, S. 7.

Bundesministerium für Familie, Senioren, Jugend und Frauen (2005): Datenreport zur Gleichstellung von Frauen und Männern in Deutschland.

Sachverständigenkommission zur Erstellung des Ersten Gleichstellungsberichtes der Bundesregierung (Hrsg.) (2011): Neue Wege – Gleiche Chancen. Gleichstellung von Frauen und Männern im Lebensverlauf.

Bundesministerium für Familie, Senioren, Jugend und Frauen (Hrsg.) (2012): 2. Atlas zur Gleichstellung von Frauen und Männern in Deutschland.

Statistisches Bundesamt (2010). Qualität der Arbeit. Geld verdienen und was sonst noch zählt. Wiesbaden: Statistisches Bundesamt.

Heike Fink, Renate Elli Horak, Elke Reichmann

(Spiel-) Räume entstehen – Pädagogik der frühen Kindheit im Wandel

Einleitung

»Wir leben nicht in einem leeren, neutralen Raum. Wir leben, wir sterben und wir lieben nicht auf einem rechteckigen Blatt Papier. Wir leben, wir sterben und wir lieben in einem gegliederten, vielfach unterteilten Raum mit hellen und dunklen Bereichen, mit unterschiedlichen Ebenen, Stufen, Vertiefungen und Vorsprüngen, mit harten und mit weichen, leicht zu durchdringenden, porösen Gebieten.« (Michel Foucault, Die Heterotopien)[1]

Räume entstehen – Räume sind von der Gesamtheit der Bewegungen erfüllt, die sich in ihnen entfalten. Durch die sich bewegenden ›Elemente‹ und deren Kontexte verändern sich Räume. Kindertageseinrichtungen als Räume (nicht nur) für Kinder wandeln sich in diesem Sinne gegenwärtig in einem besonderen Maße. Wie lässt sich dieser Wandel beschreiben und verstehen? Welche Ursachen lassen sich für diesen Wandel finden und welche Folgen sind zu beobachten? Welche Herausforderungen gehen damit einher? Wer sind die Akteure und Akteurinnen, die sich in den Räumen bewegen und welche Bedingungen spielen eine Rolle? Welche Spielräume gibt es – und wer spielt eigentlich was mit wem? Entstehen neue (Spiel-) Räume? Diese Fragen bewegen die Autorinnen und sie begeben sich gemeinsam auf den Weg, einigen Antworten auf die Spur zu kommen.

Kindertageseinrichtungen im Wandel

Das Bildungssystem wird gegenwärtig grundlegend reformiert – den Kindertageseinrichtungen kommt dabei eine besondere Bedeutung zu. Die Ursachen für diesen Bedeutungswandel sind vielfältig: Es waren zum einen internationale Längsschnittuntersuchungen (im

---

1 Foucault, Michel (2002): Die Heterotopien. Frankfurt am Main, S. 9.

Überblick Fried/Voss 2006), welche die Bedeutsamkeit vorschulischer Erziehung herausstellten und zum anderen zeigte der Blick ins europäische Ausland die überwiegend akademische Ausbildung für Fachkräfte in der Frühpädagogik, während Fachkräfte in Deutschland meist in Fachschulen für Sozialpädagogik ausgebildet wurden und werden. Der oben angedeutete Bedeutungswandel gründet zudem: Erstens, im schlechten Abschneiden der Schülerinnen und Schüler in den Schulleistungsstudien IGLU und PISA; zweitens, in aktuellen wissenschaftlichen Erkenntnissen der Säuglings- und Kleinkindforschung und der Neurowissenschaften im Zusammenhang der Relevanz (früh-) kindlicher Lernfähigkeit und Entwicklungsprozesse; drittens, in einem kritischen OECD-Länderbericht (2004) zur Politik der Frühkindlichen Betreuung, Bildung und Erziehung in der Bundesrepublik Deutschland. Dieses Gutachten kommt zu kritischen Schlussfolgerungen, welche sich u.a. auf den Ausbau der Forschung, den internationalen Austausch, das Aufstocken der öffentlichen Mittel, aber auch die Anhebung der Aus- und Weiterbildung des Personals und die Personenvielfalt (im Hinblick auf z.B. Multiprofessionalität und Geschlecht) auf allen Ebenen des Arbeitsfeldes beziehen.

Kinder sind demnach in den letzten Jahren mehr ins Zentrum der öffentlichen Aufmerksamkeit gerückt – wir reden und denken über Kinder nach. Tun wir das? Kinderpolitik im Sinne von »mehr Kinder«, »mehr Kinderbetreuung«, »mehr Bildung« ist in Gefahr, Kinder für gesellschaftliche Interessen (mit mehr oder weniger guten Gründen) zu instrumentalisieren und zwar im Sinne der Zukunftssicherung unserer Gesellschaft (»mehr Kinder«), der Einbindung von Frauen in den Arbeitsmarkt (»mehr Kinderbetreuung«), und der internationalen Konkurrenzfähigkeit (»mehr Bildung« – und der damit einhergehenden Forderung nach Professionalisierung des Personals im frühkindlichen Bereich) (Liegle 2006: 7 f.). Zumindest ein internationales politisches Handlungsfeld scheint dagegen die Interessen der Kinder zu fokussieren und zwar wenn es um Konzepte und Maßnahmen zur Sicherstellung der Rechte der Kinder geht, also der allgemeinen Menschenrechte für Kinder und ihrer lebensphasenbezogenen Rechte auf Betreuung, Bildung und Erziehung (UN-Konvention für die Rechte des Kindes und die Dokumente der »Weltkindergipfel«; Liegle 2006). Die vorangestellte Skizze des Bedeutungswandels von Kindertageseinrichtungen soll um ein letztes, aber wichtiges Detail ergänzt werden: Die PISA-Studien der

OECD seit 2000 zeigen insbesondere, dass öffentliche Erziehung und Bildung Belastungen und Bildungsungleichheit aufgrund komplexer benachteiligter Lebenssituation, ausgleichen kann. Der Skandal ist: In Deutschland gelingt das nicht. Kindertageseinrichtungen und Kindertagespflege werden daher zunehmend als Teil eines kommunal abgestimmten Systems von Betreuung, Erziehung und Bildung betrachtet und wahrgenommen. Und zwar im Sinne von Bildungsmöglichkeiten, die in der öffentlichen Verantwortung liegen und institutioneller Unterstützungsformen für Kinder und ihre Familien auf pädagogischer und organisationaler Ebene (Maykus 2008).

Festgehalten werden kann:»Für die ganz überwiegende Mehrheit der Kinder in Deutschland sind Kindertageseinrichtungen und Kindertagespflege inzwischen – häufig für mehrere Jahre – ein Bildungs- und Lebensort geworden. Generell besteht bundesweit der Trend zu einer höheren Teilhabe der Kinder unter drei Jahren.« (Bock-Famulla/Lange 2011)

Professionalisierung – ein kollektiver Suchprozess

Im Zuge der aufgezeigten Entwicklungen sind nun die Professionalisierungsforderungen an *und* die Professionalisierungsbedürfnisse der pädagogischen Fachkräfte im Feld der frühkindlichen Betreuung, Bildung und Erziehung zu verstehen. So entstanden seit 2004 bundesweit knapp 90 Bachelorstudiengänge und 15 Masterstudiengänge – dies vor allem an Hochschulen für Angewandte Wissenschaften und Pädagogischen Hochschulen. Von Professionalisierung kann dann gesprochen werden, wenn es sich um einen kollektiven, sozialen (Such-) Prozess handelt resp. »(...) eine durch Wissenschaft flankierte Veruflichung« (Nittel 2000: 53). Neben dem Prozess der Schaffung einer wissenschaftlich fundierten Ausbildung zeigt sich Professionalisierung auch an der (anschließenden) Gründung von Berufsverbänden beziehungsweise von organisierten Interessensverbänden. Die Bewältigung dieses Prozesses führt über kurz oder lang zur »Anhebung des Status, des Prestiges, der Macht und des Einkommens, kurz: der Sicherung bzw. Steigerung von Entschädigungschancen der Berufsinhaber« (Nittel 2000: 53). Orte der Durchsetzung dieser Berufsinteressen sind erstens die jeweiligen Arbeitsplätze, zweitens die öffentliche Meinung in Form von z.B. Medienpräsenz der Berufsgruppe und drittens juristische oder staatliche Entscheidungsprozesse und -instanzen, welche der Berufskultur eine berufliche bzw. formale Jurisdiktion zuweisen, d.h. den Beruf als Beruf anerkennen und dessen Aufgaben und Grenzbereiche definieren (Nittel 2000). Der Prozess der Jurisdiktion im Feld der frühkindlichen Betreuung, Bildung und Erziehung zeigt sich zum Beispiel im langen Ringen um eine Berufsbezeichnung für akademisch ausgebildetes Fachpersonal. So empfahl die Jugend- und Familienministerkonferenz (JFMK) im Mai 2011 für Absolventinnen und Absolventen der genannten Studiengänge die bundeseinheitliche Berufsbezeichnung »staatlich anerkannte Kindheitspädagogin/staatlich anerkannter Kindheitspädagoge«. Seit 2012 ist diese Berufsbezeichnung auch im Landeshochschulgesetz von Baden-Württemberg verankert (§ 35 LHG). Damit war ein wichtiger Schritt in Richtung Professionalisierung aber auch beruflicher Identität von Absolventinnen und Absolventen der einschlägigen Studiengänge getan.

Die Etablierung und Konsolidierung einer Profession ist jedoch ein langwieriger Prozess, der erst dann als abgeschlossen betrachtet werden kann, wenn es zu einer Synchronisation von Leistung und sozialer Anerkennung in Form materieller und immaterieller Gegenleistungsansprüche kommt. Leistung meint hier sowohl ein hohes Leistungsbedürfnis als auch eine Leistungsbereitschaft im Hinblick auf eine komplexe und anspruchsvolle Tätigkeit, zu der wissenschaftlich ausgebildete Kindheitspädagoginnen und Kindheitspädagogen fähig sein sollen, um eine Problemstruktur bearbeiten zu können, die im Interesse sowohl der Individuen als auch der Gesellschaft liegt.

Kindheitspädagogin/Kindheitspädagoge sein – drei Herausforderungen

Die herausgestellte komplexe und anspruchsvolle Tätigkeit von pädagogischen Fachkräften in Kindertageseinrichtungen geht mit (Heraus-) Forderungen einher. Drei davon sollen hier angedeutet werden.

Erstens – Professionalität und Berufsmündigkeit: Beruflich qualifizierte Erzieherinnen und Erzieher fühlen sich für allgemeine Aufgaben des Berufsalltags in Kindertageseinrichtungen gut gerüstet – je mehr sich jedoch die Arbeit aus Perspektive der Erzieherinnen und Erzieher von der Bewältigung alltäglicher beruflicher Herausforderungen entfernt, desto unvorbereiteter fühlen sie sich (Cloos 2007). »Pädagogische Situationen sind zunehmend von Überkomplexität und Eigensinnigkeit gekennzeichnet, wie auch von der Unmöglichkeit, fachliches, theoretisches und didaktisches Wissen einfach zu applizieren. Der Kern expertenhaften pädagogischen Handelns ist der professionelle Umgang mit dieser Ungewissheit, eine Professionalität, die es ermöglicht, eine fall- und situationssensible Passung zwischen Theorie und Praxis, zwischen theoretischem und didaktischem Wissen und Können einerseits, Handlungs- und Erfahrungswissen andererseits auch in ungewohnten Kontexten herzustellen.« (Nentwig-Gesemann 2007: 93) Professionelles Handeln kann demnach nicht heißen, wissenschaftliches Wissen oder Forschungsbefunde linear in der Berufspraxis umsetzen – zumal die Berufspraxis im Falle von beruflich und akademisch ausgebildeten pädagogischen Fachkräften im Arbeitsfeld vielseitig ist und es eines umfangreichen Repertoires an strukturellem und adressatenbezogenem Wissen und Können bedarf. Es wird weiter davon ausgegangen, dass das Professionelle einer pädagogischen Tätigkeit durch das Wissen um einen konstitutiven Mangel bestimmt ist – nämlich dem Fehlen von Eindeutigkeit und Sicherheit unter sich wandelnden Rahmenbedingungen, was (Selbst)Reflexivität als auch kritisches pädagogisches Deuten und Handeln verlangt, welches wiederum extrem von Wissen, aber auch vom Mitdenken des Nicht-Wissens abhängig ist (Wimmer 1996). Die akademische Ausbildung sollte deshalb nicht ausschließlich eine pragmatische Berufsfähigkeit zum Ziel haben, sondern auch eine reflexive Berufsmündigkeit – letztere darf sich nicht in Richtung Tüchtigkeit auflösen (Kraus 2007).

Zweitens – geteilte pädagogische Verantwortung: Die Bedeutsamkeit der Berufsgruppe tritt klar zutage – ihnen »obliegt es, die erste Stufe der Bildungslaufbahn zu eröffnen und eine Vielzahl von Kindern mit dem Leben in Bildungseinrichtungen vertraut zu machen.« (Fried/ Dippelhofer-Stiem/ Honig/Liegle 2012: 10) Ihre Tätigkeit legt »das Fundament für das Wechselspiel von Individuation und Soziabilität« (Fried et al. 2012: 10) – damit kommt neben dem expliziten Bildungsauftrag auch der Erziehungs- und Betreuungsauftrag (§ 22 SGB VIII) in den Blick. Das doppelte Ziel von Erziehung (und Bildung), das schon Friedrich Schleiermacher in seinen Vorlesungen zu den Grundzügen der Erziehungskunst im Jahr 1826 vorgetragen hat »nämlich das Tüchtigmachen für die größeren Lebensgemeinschaften und die Entwicklung der persönlichen Eigentümlichkeiten« (Schleiermacher 2000: 68). Die

Berufsgruppe trägt demnach eine beträchtliche Verantwortung für eine Kultur des Aufwachsens von Kindern – und bei der Unterstützung und Ergänzung der Familie bei der Erziehung und Bildung ihrer Kinder (§ 22 TAG). Bei der Ausübung dieser ›Kunst‹ im adressatenbezogenen Arbeitsalltag sind unterschiedliche Akteure beteiligt: Kindheitspädagoginnen und Kindheitspädagogen, Erzieherinnen und Erzieher, Sozialpädagoginnen und Sozialpädagogen, Sozialarbeiterinnen und Sozialarbeiter, Diplom-Pädagoginnen und Diplom-Pädagogen, Kinderpflegerinnen und Kinderpfleger, Grundschullehrerinnen und Grundschullehrer, Heilpädagoginnen und Heilpädagogen und weitere Berufsgruppen (Gesetz zur Änderung des Kindertagesbetreuungsgesetzes 2013, § 7). Mit dem erweiterten Fachkräftekatalog haben die Träger nun noch deutlicher die Chance, Schritte im Hinblick auf die geforderten multiprofessionellen Teams in Kindertageseinrichtungen und angrenzenden Arbeitsfeldern umzusetzen. Und die Berufstätigen stehen vor der Herausforderung die interprofessionelle Zusammenarbeit ›vor Ort‹ – mit dem jeweiligen Können und Wissen (und Nicht-Wissen-Können) und den damit verbundenen ethischen Handlungsorientierungen – auszuhandeln und zu gestalten. Hierbei sind sie selbst auf Unterstützung angewiesen und zwar in Form angemessener Arbeitsbedingungen und Personalentwicklung zum Wohl aller Beteiligten.

Drittens – Studium und Weiterbildung benötigen wissenschaftliche Wissensressourcen: Die Pädagogik der frühen Kindheit als Subdisziplin der Erziehungswissenschaft hat selber noch wenig Anerkennung gefunden. An Universitäten gibt es so gut wie keine Professuren – dagegen zunehmend an Hochschulen für Angewandte Wissenschaft oder an Pädagogischen Hochschulen. Zumindest für die ehemaligen Fachhochschulen gilt aufgrund der hohen Lehrverpflichtung, dass eine Forschungstätigkeit nur eingeschränkt möglich ist. Infolgedessen stehen der Pädagogik der frühen Kindheit weniger wissenschaftliche Wissensressourcen zur Verfügung als anderen Teildisziplinen (z.B. der Schulpädagogik). Es gilt für die Pädagogik der Kindheit eine disziplinäre Kontur zu entwickeln – und zwar zwischen ihrer Eigenständigkeit und einer Zuordnung zu anderen Subdisziplinen wie z.B. der Grundschulpädagogik. Dies auch im Hinblick auf die akademische Qualifizierung *und* wissenschaftliche Weiterbildung von (auch beruflich qualifizierten) pädagogischen Fachkräften, damit diese der Fülle von gestiegenen Herausforderungen – auch in Form von Erwartungen aus Öffentlichkeit,

Politik und Fachwelt – professionell in der »Logik des Berufsfeldes« (Fried et al. 2012: 11) begegnen können.

Zusammenspiel mit der Sozialen Arbeit

Die oben genannten Herausforderungen verlangen, dass die Pädagogik der frühen Kindheit als Disziplin ihr Verhältnis zu anderen (Nachbar-) Disziplinen auslotet. Eine besondere Rolle spielt in diesem Zusammenhang – aufgrund der historischen Entstehung, Entwicklung und Zuordnung von Kindertageseinrichtungen (ausführlich Konrad 2004; Reyer 2006) – die Soziale Arbeit/Sozialpädagogik. Hier gilt es die Kontur und die Handlungsorientierungen – die gemeinsamen Spielräume der pädagogischen Begegnung – neu zu bestimmen.

Durch die Ergebnisse der Schulleistungsstudien der vergangenen zwei Dekaden wurde der Beitrag der Frühpädagogik zum Bildungserfolg der Kinder in das öffentliche Bewusstsein gerückt und der Schwerpunkt innerhalb der Trias des Förderungsauftrags von Tageseinrichtungen »Erziehung, Bildung und Betreuung« (§ 22 Abs. 3 SGB VIII) stärker in Richtung Bildung verschoben (Autorengruppe Bildungsberichterstattung 2012). Ziel ist es dabei u.a. auch, die in der PISA-Studie so eindrücklich dargestellte Bildungsbenachteiligung bestimmter Personengruppen zu reduzieren (Thiersch 2011). Der Bereich der Kindertagesbetreuung bietet hier verschiedene Zugänge und Möglichkeiten des Zusammenspiels zwischen der Pädagogik der frühen Kindheit und Sozialer Arbeit (Maykus 2008; Thiersch 2002; Thiersch 2011).

Bildung – und damit auch frühkindliche Bildungsprozesse – ist seit Humboldt subjektbezogen und meint die geistig selbsttätige Auseinandersetzung mit der Welt der Dinge und Personen, das individuelle Ins-Verhältnis-Setzen zu dieser Welt und die Entwicklung einer inneren Repräsentation derselben (Liegle 2002). Konkret bedeutet dies die Aneignung der kulturellen, der instrumentellen, der sozialen und der subjektiven Welt (BMFSFJ 2006). (Frühkindliche) Bildungsprozesse finden demnach in einem Spannungsfeld von Subjekt und Welt statt. Die Strukturen dieser Welt, von der unmittelbaren Lebens- und Umwelt des Individuums bis hin zu gesellschaftlichen Rahmenbedingungen, bilden die »soziale Ökologie der Bildung« (Liegle 2002: 53), die sowohl Chancen als auch Risiken für das Kind und die Gestaltung seiner Bildungsprozesse bietet (Dippelhofer-Stiem 1995). Grundlegend ist deshalb die

Gestaltung dieser Umwelt, die auf die »Bildungsbedürfnisse, Entwicklungsaufgaben und besonderen Strukturmerkmale der Bildungsprozesse der Kinder« (Liegle 2002: 64) Rücksicht nehmen muss. Diese Aufgabe liegt auch in öffentlicher Verantwortung (Maykus 2008). Frühkindliche Bildungsförderung wird zunehmend als Aufgabe kommunaler Bildungsplanung gesehen. In diesem Kontext spielen vor allem zwei Aspekte eine wesentliche Rolle: Die frühe Förderung und Bildung von Kindern *und* ein sozialräumliches Netzwerk, das Unterstützung, Bildungsförderung und frühe Hilfen für Familien bietet (Maykus 2008). Diese Ausrichtung rückt sowohl die Frühpädagogik als auch die Soziale Arbeit ins Rampenlicht. Der Abbau von Bildungsbenachteiligung kann somit als eine gemeinsame Aufgabe von Frühpädagogik und Sozialer Arbeit gesehen werden. Nach Maykus (2008) stellt Bildungsbenachteiligung eine Strukturkategorie dar, die mit dem Blick auf die verschiedenen Lebenslagen von Kindern und Jugendlichen einen sozialpädagogischen Zugang zum Bildungsthema öffnet. Bildungsbenachteiligung kann demnach als strukturelle Problematik gesehen werden und lenkt die Perspektive auf »systematisch eingeschränkten Zugängen zu Bildung, Ausbildung und Beruf« (Maykus 2008: 71). Gleichzeitig werden institutionelle Unterstützungsformen fokussiert, die als Netzwerke »individuelle Förderung und Begleitung, schulische Abschlüsse ermöglichen, Anschlüsse in Ausbildung und Beruf bieten und Zugänge zu sozialräumlichen Bildungsangeboten eröffnen« (Maykus 2008: 70)

Im Scheinwerferkegel: Soziale Arbeit und Pädagogik der frühen Kindheit

Grundlegendes Handlungsziel ist demnach zunächst »die Unterstützung der Subjektwerdung« von Personen (Maykus 2008: 81). Diese Aussage kann als allgemeinpädagogische Zielsetzung beschrieben werden und trifft auf die Pädagogik der frühen Kindheit ebenso zu wie auf die Soziale Arbeit. Differenzierter betrachtet kann Bildung im sozialpädagogischen Kontext jedoch als Doppelstruktur gesehen werden, die zwischen individuellen Lernprozessen und dem gesellschaftlichen Kontext zu verorten ist. Sozialpädagogische Hilfe ist dann zum einen Unterstützung von individueller Reflexions- und Handlungskompetenz, die sowohl beratend wie auch begleitend-aktivierend sein kann, zum anderen die Ermöglichung von gesellschaftlicher und bildungsbezogener Teilhabe, die durch die Analyse örtlicher Einflussbedingungen und deren Einbezug in die pädagogische Arbeit unterstützt wird (Maykus 2008). Subjektorientiertes Handeln ist gekoppelt an die Berücksichtigung individueller Lebenslagen. Sozialpädagogische Bildungsarbeit umfasst demnach auch die »Schaffung bzw. Optimierung jener Milieubedingungen, die Erfahrungen der Selbstwirksamkeit und gekonnten Bewältigungshandelns erst begünstigen und unterstützen« (Maykus 2008: 76).Die Berücksichtigung von Lebenslagen gilt auch für die konkrete pädagogische Arbeit in Kindertageseinrichtungen. Belastungen im Alltag von Familien erfordern gezielte »inszenierte« (Thiersch 2011: 170) Bildungsangebote für *alle* Kinder. Diese Angebote sind deshalb unerlässlich und erhalten ihr Profil dadurch, dass sie in die »spezifische sozialpädagogische Kultur der Kindertagesbetreuung« eingebettet werden (Thiersch 2011: 170). Am Beispiel des Familienzentrums soll gezeigt werden, wie diese Einflüsse als Zusammenspiel zwischen Frühpädagogik und Sozialer Arbeit umgesetzt werden können.

Familienzentrum

»Die Verbindung von Hilfe und Bildung ist die pädagogisch-konzeptionelle Entsprechung des Tansformationskonfliktes der Sozialpädagogik im Bildungskontext.« (Maykus 2008: 86)

Aktuelle Veränderungen in den Familien bewirken neue Möglichkeiten der Lebensgestaltung, die einerseits in vielfältigen Formen verschiedener Lebensweisen zum Ausdruck kommen, die andererseits jedoch auch zahlreiche Risiken und Belastungen bergen.

Aus einer Unsicherheit heraus, welche mittlerweile eine Grundkonstante im alltäglichen Leben darstellt, entsteht ein erhöhter Unterstützungsbedarf für Familien (Diller/Heitkötter/Rauschenbach 2008) hinsichtlich der sich grundlegend veränderten Einstellung zu Kindern, der Vorstellungen über Erziehung und dem Umgang mit Bildungsdruck, welcher zu einem vorherrschenden Thema in heutigen Familien wurde.

Zur Unterstützung benötigen Familien eine möglichst wohnortnahe Anlaufstelle mit einem am Sozialraum und den Lebenslagen der Familien orientierten, niederschwelligen Unterstützungsangebot.

Die Entwicklung von bestehenden Kindertageseinrichtungen zu Familienzentren ist die Folge eines gesellschaftlichen Wandels, welcher tiefgreifende Veränderungen für das Aufwachsen von Kindern und ihre spätere Lebensgestaltung mit sich bringt. Bisher bestehende Muster von Familie, Geschlecht und Beruf existieren in ihren starren Ausprägungen nicht mehr (Beck/Bonß/Lau 2001), aber nicht nur die Veränderungen in den Familienstrukturen, den Flexibilisierungsanforderungen und der Umgang mit Vielfalt konstituieren sich in Form von Familienzentren, auch konzeptionell vollzieht sich hier ein bemerkenswerter Paradigmenwechsel.

Bisher lag der Fokus im Bereich der Frühkindlichen Bildung und Erziehung in den disziplinspezifischen Handlungsansätzen von Betreuung, Bildung und Beratung. Die Aufgabe von Familienzentren entspricht in ihrer Zielsetzung einer »Sozialpädagogisierung von Bildung« (Maykus 2008: 72) und öffnet nun den Blickwinkel in den jeweils vorherrschenden Sozialraum und erwartet von den Akteuren die Entwicklung eines integrativen und vor allem interdisziplinären Ansatzes bei der Erbringung ihrer Dienstleistung. Sie sind sozialräumlich verankerte Tagesbetreuung (Maykus 2008), welche die Korrespondenz von Sozialpädagogik und Bildung zur Grundlage hat und daraus folgernd ein neues und erweitertes professionelles Selbstverständnis ausbilden muss (Rietmann 2008).

Der Blickwinkel auf Frühe Förderung und Bildung wird nun in Form von Unterstützungsangeboten der familialen und sozialen Bildungsbedingungen von Familien erweitert und durch die organisationale Vernetzung in sozialräumlicher Sicht ergänzt (Rietmann 2008). Das Ziel dieser Erweiterung liegt hierbei in der Reduktion von Bildungsbenachteiligung. Benachteiligung ist hier, wie oben schon angedeutet, als »Strukturkategorie zu verstehen, die einen sozialpädagogischen Zugang zum Thema Bildung eröffnet sowie die grundlagentheoretische Klärung von Merkmalen sozialpädagogischer Bildungsarbeit rahmen soll« (Maykus 2008: 71).

Durch die Entwicklung von Kindertageseinrichtungen zu Familienzentren wird der Komplexität individueller Bildungsprozesse von Kindern auf der Ebene unterschiedlichster Bildungsorte und -qualitäten entsprochen und kann diesen auf diesem Wege entsprechende Bildungsmöglichkeiten gewähren.

Konzeptionelle und organisationale Merkmale von Familienzentren

Familienzentren sind kein rein sozialpädagogisch orientierter »Ort der Erziehung und Betreuung«, sondern ein »Zentrum der sozialräumlich verankerten frühen Förderung und Bildung von Kindern« (Maykus 2008: 85) und dienen der Unterstützung von Familien entsprechend ihrer Lebenslagen und der optimalen individuellen Förderung des Kindes. Das Konzept folgt internationalen Beispielen, wie z.b. den Early Excellence Centres[2] in Großbritannien oder den Judy Centres[3] in Maryland, USA – insofern ist die Einführung als ein Effekt der Globalisierung im Bereich der Sozialen Arbeit zu sehen (Willke 2006).

Niederschwellige und alltagsnahe, lebensweltorientierte und familienbezogene Ansätze zur Unterstützung und bestmöglichen Integration von Kindern und ihren Familien stehen in Abgrenzung zu bislang bestehenden Institutionen der Frühen Bildung, wie z.B. Kindertageseinrichtungen. Die umfassenden Leistungsbereiche eines Familienzentrums bilden die Beratung und Unterstützung von Familien, Angebote der Familienbildung, die Gewährleistung der Partizipation von Eltern am institutionellen Bildungsprozess ihres Kindes und die Vereinbarkeit von Familie und Beruf. Im Entwurf des Kinderbildungsgesetzes (KiBiz) von Nordrhein-Westfalen im § 16 sind diese explizit zum Ausdruck gebracht.Das Familienzentrum erfüllt im institutionalen Alltag Aufgaben, welche die kindliche Entwicklung und Bildung des Kindes fördern und unterstützen/begleiten und ermöglicht ihnen einen Umgang mit ihrer Umwelt, mit dem Ziel sich in dieser zu verorten und mit den darin gegebenen Erfahrungen und Bedingungen umzugehen.

Die konzeptionell verankerte Angebotsstruktur, welche sich aus wissenschaftlichen Grundlagen und Erkenntnissen der Kindheitspäda-

---

2   Early Excellence Centres wurden in Großbritannien ab 1997 im Rahmen des *Sure-Start-Programms* eingerichtet, um integrierte Leistungen für Kinder- und Familienbetreuung zu schaffen. Das Ziel ist Kindertageseinrichtungen zu schaffen, die Gesundheitsvorsorge und Elternschulung für Erziehung und gesellschaftliche Integration verbinden und die Schulleistungen von Kindern, die in unterprivilegierten Verhältnissen aufwachsen, zu steigern.

3   Die Family Education Centres oder »Judy Centers« sind staatlich bezuschusste und lokal finanzierte Lernzentren, die umfassende frühkindliche Dienstleistungen für Kinder von der Geburt bis fünf Jahren anbieten. Es gibt 25 Judy Centers im gesamten Bundesstaat Maryland.

gogik generiert, orientiert sich dementsprechend an den familialen und sozialräumlichen Bedingungen ihres Klientels.

Familienzentren sollten als Angebot für alle Familien und nicht als zusätzliche Leistung für sozial schwächere Familien gesehen werden (Böllert 2008). Für eine dauerhafte Etablierung ist eine Einbindung in die kommunale Bedarfsanalyse unabdingbar.

Formen von Familienzentren

In den meisten Fällen handelt es sich um Kindertageseinrichtungen, die sich zu Familienzentren weiterentwickeln, aber auch Familienbildungsstätten, Vereine, Gemeindezentren und Einrichtungen der Erziehungshilfe sind mögliche Standorte.

Bisher getrennte Leistungsbereiche, wie z.b. Kindertageseinrichtung, Familienhilfe und Familienbildung werden in diesem Konzept miteinander verknüpft und in der Praxis in verschiedenen, von Seiten der Organisation gesehen, unterschiedlichen Modellen umgesetzt. Grundlegend werden hier vier Formen unterschieden:

Zentrumsmodell

Die jeweiligen Kooperationspartner sind unter einem Dach verankert. Die Koordination liegt bei der Einrichtungsleitung oder wird mit einem/mehreren Kooperationspartnern geteilt, wodurch ein ganzheitliches und verlässliches Konzept möglich wird. (Aus Mangel an Räumlichkeiten kommt dieses Modell in der Realität selten vor.)

Verbundmodell

Mehrere Einrichtungen erarbeiten ein gemeinsames Konzept, teilweise auch trägerübergreifend. Geleitet wird das Modell von einer Koordinationsperson.

Galeriemodell

Dieses Modell ist eine Mischung aus Zentrums- und Lotsenmodell. Die Angebote werden größtenteils unter dem Dach des Familienzentrums durchgeführt, liegen jedoch in der Verantwortung der einzelnen Einrichtung – das Familienzentrum übernimmt die Koordinationsfunktion. (Dieses Modell kommt ebenfalls aus räumlichen, strukturellen und personellen Bedingungen eher selten vor) (EKHN 2009).

Lotsenmodell/Kooperationsmodell

Dieses Modell ist das am häufigsten umgesetzte. Eine Einrichtung kooperiert mit den entsprechenden Institutionen im Sozialraum und wenn möglich werden Angebote unter dem Dach des Familienzentrums durchgeführt. Die Fachkräfte des Familienzentrums übernehmen Koordinatorenfunktion. Die Kindertageseinrichtung als Kern eines solchen Modells sollte in diesem Netzwerk eine aktive und gestaltende Rolle einnehmen (Diller/Schelle 2009).

Familienzentren beschreiben lediglich ein Modell, welches symbolhaft für einen Wandel im früh- und kindheitspädagogischen – dem in der Biografie eines Menschen elementarsten – Bereich steht. Kindertageseinrichtungen sind qua Gesetz als Teil der Jugendhilfe zu sehen, was darin zum Ausdruck kommt, dass sie nicht wie in anderen europäischen Ländern der Schulgesetzgebung, sondern im Sozialgesetzbuch (SGB VIII) als eine sozialpädagogische Leistung gesehen werden.

Familienzentren als komplexe soziale Gebilde bewegen sich aktuell in einem Zustand, der kaum noch Routine kennt, bedeuten konzeptionell jedoch eine Aufwertung und Weiterentwicklung von Kindertageseinrichtungen in Form der fachlichen Bündelung von Bildung, Betreuung und Beratung und in der Funktion als Knotenpunkt sozialräumlicher Gestaltungsprozesse.

Schluss

Das Beispiel des Familienzentrums zeigt, dass durch den zu Beginn dargestellten Wandel neue (Spiel-) Räume für die Pädagogik der frühen Kindheit entstehen, die ein Zusammenspiel mit anderen Berufen/Professionen und ihren Nachbardisziplinen ermöglichen und erfordern.

Wie können diese Spielräume sinnvoll gestaltet werden? Wie kann das Zusammenspiel der verschiedenen Akteure erfolgen? Folgt man der Definition von ›Spiel‹ nach Huizinga, dann ist Spiel »eine freiwillige Handlung oder Beschäftigung, die innerhalb gewisser festgesetzter Grenzen von Zeit und Raum nach freiwillig angenommenen, aber unbedingt bindenden Regeln verrichtet wird, ihr Ziel in sich selbst hat und begleitet wird von einem Gefühl der Spannung und Freude und einem Bewusstsein des ›Andersseins‹ als das gewöhnliche Leben.« (Huizinga 1956; 2009: 37) Spiel (-Raum) entsteht demnach innerhalb eines gewissen zeitlichen und räumlichen Rahmens, verbunden mit Regeln, die im sozialen Miteinander unter den verschiedenen Akteuren des Arbeitsfelds ausgehandelt werden. Zu diesen Akteuren gehören im Bereich der Kindertageseinrichtungen neben politischen Vertretern, Trägervertreterinnen und -vertretern und pädagogischen Fachkräften auch (Kindheits-) Pädagoginnen und (Kindheits-) Pädagogen sowie Sozialarbeiterinnen und Sozialarbeiter. Weitere Spielräume eröffnen sich zwischen den beiden Disziplinen Pädagogik der frühen Kindheit und Soziale Arbeit im Bereich der Aus- und Weiterbildung von Kindheitspädagoginnen und Kindheitspädagogen. Die Spielregeln für dieses Zusammenspiel mögen noch nicht endgültig feststehen – hier kann auf Traditionen der Disziplinen zurückgegriffen werden und zugleich in Variationen neue Möglichkeiten entworfen werden. Vielleicht geht es auch darum, die eigene berufliche Rolle im ›Spiel‹ für sich zu klären und gleichzeitig Ängste, Wünsche und Konflikte im Medium des Spiels zu thematisieren. Bleibt zu hoffen, dass die angedeuteten Aushandlungsprozesse von Gefühlen der Spannung und Freude begleitet werden – auch im Hinblick auf das Wohlbefinden und die »explorierenden Selbst-Welt-Begegnungen« (Winterhager-Schmid 2008: 222) der Kinder und ihrer Familien.

Literatur

Beck, Ulrich/Bonß, Wolfgang/Lau, Christoph (Hrsg.) (2001): Die Modernisierung der Moderne. Frankfurt am Main.

Böllert, Karin (2008): Zauberwort Vernetzung? Strukturelle Rahmenbedingungen von Familienzentren. In: Rietmann, Stephan/Hensen, Gregor (Hrsg.): Tagesbetreuung im Wandel. Das Familienzentrum als Zukunftsmodell. S. 59-68.Bock-Famulla, Kathrin/Lange, Jens (2011): Länderreport Frühkindliche Bildungssysteme 2011. Transparenz schaffen – Governance stärken. Bielefeld.

Bundesministerium für Familie, Senioren, Frauen und Jugend (Hrsg.) (2006): Zwölfter Kinder- und Jugendbericht. Bericht über die Lebenssituation junger Menschen und die Leistungen der Kinder- und Jugendhilfe in Deutschland, URL: http://www.bmfsfj.de/doku/Publikationen/kjb/data/download/kjb_060228_ak3.pdf (Zugriff: 06.05.2013).

Cloos, Peter (2007): Die Inszenierung von Gemeinsamkeit. Eine vergleichende Studie zu Biografie, Organisationskultur und beruflichem Habitus von Teams in der Kinder- und Jugendhilfe. Weinheim und München.

Diller, Angelika/Schelle, Regine (Hrsg.) (2009): Von der Kita zum Familienzentrum. Konzepte entwickeln – erfolgreich umsetzen, Freiburg im Breisgau.

Dippelhofer-Stiem, Barbara (1995): Sozialisation in ökologischer Perspektive. Eine Standortbestimmung am Beispiel der frühen Kindheit, Opladen.

Evangelische Kirche in Hessen und Nassau (EKHN) (2008): Rahmenkonzept Familienzentren in der Evangelischen Kirche in Hessen und Nassau, Darmstadt.

Fried, Lilian/Voss, Andreas (2010): Der vorschulische Bereich im internationalen und nationalen Vergleich. In: Bos, Wilfried/Hornberg, Sabine/Arnold, Karl-Heinz/Faust, Gabriele (Hrsg.): IGLU 2006 - die Grundschule auf dem Prüfstand. Vertiefende Analysen zu Rahmenbedingungen schulischen Lernens. Münster, S. 165-195.

Fried, Lilian/Dippelhofer-Stiem, Barbara/Honig, Sebastian/Liegle, Ludwig (2012): Pädagogik der frühen Kindheit. Weinheim und Basel.

Konrad, Franz-Michael (2004): Der Kindergarten. Seine Geschichte von den Anfängen bis in die Gegenwart. Freiburg im Breisgau.

Kraus, Katrin (2007): Die »berufliche Ordnung« im Spannungsfeld von nationaler und europäischer Integration. In: Zeitschrift für Pädagogik, Heft 3/2007, S. 382-398.

Liegle, Ludwig (2006): Bildung und Erziehung in früher Kindheit. Stuttgart.

Liegle, Ludwig (2002): Über die besonderen Strukturmerkmale frühkindlicher Bildungsprozesse. In: Liegle, Ludwig/Treptow, Rainer (Hrsg.): Welten der Bildung in der Pädagogik der frühen Kindheit und in der Sozialpädagogik. Freiburg im Breisgau.

Maykus, Stephan (2008): Frühe Förderung von Kindern. In: Rietmann, Stephan/Hensen, Gregor (Hrsg.): Tagesbetreuung im Wandel, Das Familienzentrum als Zukunftsmodell. Wiesbaden, .

Nentwig-Gesemann, Iris (2007): Das Konzept des forschenden Lernens im Rahmen der hochschulischen Ausbildung von FrühpädagogInnen. In: Fröhlich-Gildhoff, Klaus/Nentwig-Gesemann, Iris/Schnadt, Pia (Hrsg.): Neue Wege gehen - Entwicklungsfelder der Frühpädagogik. München und Basel,S. .

Nittel, Dieter (2000): Von der Mission zur Profession? Stand und Perspektiven der Verberuflichung in der Erwachsenenbildung, Deutsches Institut für Erwachsenenbildung (Hrsg.). Bielefeld.

OECD (2004): Die Politik der frühkindlichen Betreuung, Bildung und Erziehung in der Bundesrepublik Deutschland (Berichterstatter: Peter Moss).

Reyer, Jürgen (2006): Einführung in die Geschichte des Kindergartens und der Grundschule. Bad Heilbrunn.

Rietmann, Stephan (2008): Das interdisziplinäre Paradigma. In: Rietmann, Stephan/Hensen, Gregor (Hrsg.): Tagesbetreuung im Wandel, Das Familienzentrum als Zukunftsmodell. Wiesbaden,S. .

Thiersch, Hans (2002): Bildung und Soziale Arbeit. In: Liegle, Ludwig/Treptow, Rainer (Hrsg.): Welten der Bildung in der Pädagogik der frühen Kindheit und in der Sozialpädagogik. Freiburg im Breisgau, .

Thiersch, Hans (2011): Bildung. In: Otto, Hans-Uwe/Thiersch, Hans (Hrsg.): Handbuch Soziale Arbeit, Grundlagen der Sozialarbeit und Sozialpädagogik. München und Basel, .

Willke, Helmut (2006): Global Governance. Bielefeld.

Wimmer, Michael (1996): Zerfall des Allgemeinen - Wiederkehr des Singulären, Pädagogische Professionalität und der Wert des Wissens. In: Combe, Arno/Helsper, Werner (Hrsg.): Pädagogische Professionalität, Untersuchungen zum Typus pädagogischen Handelns. Frankfurt am Main, .

Winterhager-Schmid, Luise (2008): Ästhetische Bildung in der Ganztagsschule. In: Liebau, Eckhart/Zirfas, Jörg (Hrsg.): Die Sinne und die Künste: Perspektiven ästhetischer Bildung. Bielefeld, .

Thomas Fliege

Die Grammatik der Erinnerung. Von der Liebe und der Erinnerung oder wie Gegenstände Geschichten erzählen. Ein kulturwissenschaftliches Menü.

»It is awful work, this love ...«
Lord Byron

»Leise Menschen, leise Freundschaften, stille Worte,
stille Zeichen übertönen lautstarkes Gerede, lautstarkes Getue,
überdauern die Kurzlebigkeit großer Versprechungen, leerer Gesten«
Margot Bickel

»Aber die Liebe ist kein Gegenstand sinnlicher Erkenntnis,
daß sie mit einem Blick, oder denn auch mit einem Gefühl
zu erfassen wäre, sondern sie ist ein moralisches Ereignis«
Robert Musil

»Geliebt wirst du einzig, wo du schwach dich zeigen darfst,
ohne Stärke zu provozieren«
Theodor W. Adorno

1. Aperitif: Beziehungen, Freundschaften und Erinnerungen

Beziehungen, Freundschaften und Erinnerungen sind Fixpunkte unserer Sozialisation, die jedoch selten den Weg in wissenschaftliche Kontexte finden. Und doch lassen sich aus diesen Mikrogeschichten auch Hinweise auf das Große Ganze erschließen. Die vorliegende kleine Sammlung von Bildern und Reflexionen zum Thema Liebe ist ein Geschenk an die Kollegin und die drei Kollegen - ein bunter Strauß aus Texten und Fotografien, individuell gepflückt und zusammengebunden.

Wenn der wirkliche Reichtum eines Menschen auf dem Reichtum wirklicher Beziehungen - also auch auf Liebe - baut, so haben Uli Weth, Hannelore Häbel, Reinhard Schubert und Richard Edtbauer sehr zu meiner »Bereicherung« beigetragen: als Kollegen in Reutlingen und Ludwigsburg, als Ratgebende, als Mutmachende, als Helfende, als Wissende, als Freunde. Von ihren intellektuellen Kompetenzen und menschlichen Qualitäten habe ich bei vielen Gelegenheiten profitiert. Mit diesem kleinen Text möchte ich ihnen dafür danken.

2. Amuse-bouche: Die Liebe

Liebe ist ein Thema, für das sich alle kompetent halten, und das wohl deshalb vor Klischees geradezu trieft. Doch genau das ist der Grund, das Thema einmal in »behutsamer Vorsicht« (Kamper/Wulf 1988) aufzugreifen. Die Liebe erscheint uns als ein Phänomen, das sich geschichtlich konstituiert oder wenigstens entfaltet hat und das zu jeder Zeit Erwartungen, Assoziationen und Klischees auslöst. Liebe: das ist im gängigen Sprachgebrauch ein Gefühl der starken Zuneigung zu bestimmten Personen, im übertragenen Sinne auch zu Sachen und im religiösen Sinne auch zu Gott. Liebe ist eine enge gefühlsmäßige Bindung, die im Idealfall zum Traualtar führt und dann lebenslang hält. Der Soziologe Niklas Luhman hat immer wieder hervorgehoben, dass das Konzept der »romantischen Liebe« als für moderne Paarbeziehungen grundlegend angesehen werden kann (Luhmann 1982).Doch auch Paarbeziehungen unterliegen in den letzten Jahrzehnten Veränderungsprozessen, unbestritten ist, dass die umfassenden Modernisierungsprozesse ihre Auswirkungen auch und gerade auf die Ausgestaltung der Geschlechterbeziehungen hinterlassen. Was Familie, Ehe, Elternschaft, Sexualität oder Liebe ist, muss von den Individuen, muss von Beziehung zu Beziehung jeweils neu definiert werden. Die Ausgestaltung der Liebe in Paarbeziehungen verlangt nach reflexiver Begründung. Nach Ulrich Beck und Elisabeth Beck-Gernsheim kann von einem Verschwinden des romantischen Liebesideals keineswegs die Rede sein, ganz im Gegenteil hat die Suche nach der Liebe im ausgehenden 20. Jahrhundert für Beck/Beck-Gernsheim fast fundamentalistische Tendenzen: Der »Gott der Privatheit ist die Liebe. Wir leben im Zeitalter des real existierenden Schlagertextes. Die Romantik hat gesiegt, die Therapeuten kassieren« (Beck/Beck-Gernsheim 1990: 21). Nach Beck nimmt die

Liebe im Individualisierungsprozess zu, gleichzeitig verspreche sie, die Individuen vor der Vereinzelung zu retten. Liebe könne - so die modernisierungstheoretische Lesart - moderne Fragmentierungserfahrungen abmildern. Sie fungiere als »Repräsentationsinstanz von Individualität« (Herma 2009: 16). Auch die israelische Soziologin Eva Illouz geht von der These aus, dass die Kultur des (Spät-)Kapitalismus eine intensive emotionale Kultur ausgebildet hat: am Arbeitsplatz, in der Familie und in jeder Form von sozialen Beziehungen. Zwar habe die Liebe als intensives und spontanes Gefühl zugunsten eines Modells der befreiten Sexualität an Einfluss verloren, zwar gingen die Verbindungen von Liebe und moralischer Tugend verloren, aber diese Verluste seien der Preis, den wir für die »größere Kontrolle über unser Liebesleben, für tiefere Selbsterkenntnis und für die Gleichberechtigung zwischen den Geschlechtern« zu zahlen hätten (Illouz 2003: 280.) Bei Eva Illouz entsteht ein Bild von romantisch gefasster Liebe als konsequent konsumgestützter Passion, die heutige romantische Kultur, wie hedonistisch und »gewichtslos« sie auch erscheinen mag, stellt den postumen Sieg dieser Liebenden dar (ebd.).

Heute ist die Liebe quer durch alle Bevölkerungsschichten zur Bedingung des Zusammenlebens geworden. Dabei wurde dank der Mobilität und dank der »Massierung von Vergnügungsangeboten« (Bausinger 2003: 60) das Angebot an potentiellen Partnerinnen und Partnern massiv erhöht. Die Auswahl eines Partners bzw. einer Partnerin wird nicht mehr durch den Status des Elternhauses bestimmt, heute wird die Partnersucher meist zur selbstgewählten Option jenseits (fast) aller Milieus und Lebensstile. Das Motiv der Paarbildung scheint mittlerweile für die Heirat sogar stärker zu sein als der Kinderwunsch. Die Liebe bestimmt die Ehe und entscheidet über ihren Fortbestand. Wer liebt, so Luhmann, setze auf das »Identischbleiben beim Aufgehen im Anderen«, während es in der Freundschaft umgekehrt um die »Selbstverdoppelung durch Aufnahme des Anderen In sich selbst« gehe (Luhmann 1982: 178). Die Liebe, so Luhmann weiter, werde »zum Grund der Ehe, die Ehe zum immer wieder neu Verdienen der Liebe« (ebd.).

3. Vorspeise: Die Verdinglichung von Erinnerung

Im Sommersemester 2012 bot ich im Ludwig-Uhland-Institut für Empirische Kulturwissenschaft an der Universität Tübingen eine Lehrveranstaltung zur Codierung von Liebe und Sexualittät in den Zeiten von web.2.0 an. Einige der Studierenden führten als Zusatzleistungen kleine biografische Interviews mit Menschen durch, die über ihre »Erste Liebe« oder über ihre »Große Liebe« erzählten. Zusätzlich fragten die Studierenden die interviewten Personen nach Erinnerungsgegenständen an diese »Liebe« und fotografierten diese. Es wird nicht verwundern, alle befragten Personen konnten Erinnerungsstücke vorzeigen, alle befragten Personen haben sich Dinge und Gegenstände von früheren »Lieben« aufbewahrt. Insgesamt sammelten die Studierenden 25 Geschichten mit ebensovielen Erinnerungsgegenständen. Die allermeisten der kleinen biografischen Vignetten stammen von Frauen, die überwiegend weiblichen Studierenden der genannten Lehrveranstaltung haben ihrerseits wieder mit Frauen gesprochen. Die Altersbreite der befragten Personen ist groß, überwiegend sind die befragten Personen um die 30, es gibt aber auch einige Gespräche mit deutlich Älteren. Die älteste interviewte Person ist 88, sie begegnete ihrer ersten großen Liebe 1940 im Alter von 16 Jahren. Den Erinnerungsgegenstand, einen Ring, bewahrt sie bis heute im obersten Fach ihrer Schmuckschatulle auf (vgl. Spindler 2012 o. S.). Die Bandbreite der Erinnerungsgegenstände reicht von »klassischen« Liebesgaben wie einem Ring (fünf mal genannt), einer Brosche, kleinen Namensschildern, einer Kette, einem Schlüsselanhänger oder einem Teddybär hin zu einer Cola-Dose, einem T-Shirt, einem MP3-Player, einer Pflanze oder einer Schallplatte (»Symphonie Fantastique«) mit beigefügtem Liebesbrief. Auch ein Lebkuchenherz vom Jahrmarkt wurde genannt. Weitaus weniger als erwartet sind selbstangefertige Artefakte unter den Erinnerungsgegenständen, eine selbstgestrickte Mütze, ein beschriebenes Armband etwa, ein gemaltes Bild oder ein aus einem Metallstück geformtes Herz. Eine kleine, am Strand gesammelte Muschel oder ein buntes Armband waren darunter, es gibt ein Foto eines mittlerweile verstorbenen Partners und einen Button mit einem Porträt. Die Bandbreite also ist groß, die ausgewählten Gegenstände lassen sich nur schwer systematisieren. Die meisten aufbewahrten Gegenstände zeigen nicht den jeweiligen Partner oder die jeweilige Partnerin, sie stehen stattdessen stellvertretend für bestimmte Situationen, verweisen quasi erst »ums Eck« auf die jeweilige Person. Würde man die dazugehörige Geschichte nicht kennen, man würde die wenigsten Gegenstände mit Paarbeziehungen analysieren. Auch der Verlauf der Beziehung, also ein positiver oder negativer Ausgang der

Beziehung, lässt sich aus den Gegenständen nicht herauslesen. Die meisten Erinnerungsstücke beschreiben die »Große Liebe« oder die »Erste Liebe«, es sind aber auch Erinnerungsstücke darunter, die auf unglückliche oder traurige Beziehungen verweisen. Wieso genau sie diese Erinnerungsstücke behalten haben, können die wenigsten Personen erklären oder in Worte fassen. Einige der befragten Personen haben von allen ExfreundInnen Dinge behalten, eine Person hat eine kleine Kiste für jeden. Eine befragte Frau erzählt, es gefalle ihr, die kleinen Schuhkartons und Blechdosen ab und zu, »nach einer neuen gescheiterten Beziehung oder an einem sentimentalen Regen-Nachmittag unter dem Bett hervorzukramen. Sie denkt dann darüber nach, warum die Beziehungen in die Brüche gegangen sind. Manchmal weint sie dann ein bisschen: »Jedes volle Kästchen eine verpasste Chance« (Anggawi 2012 o. S.).

4. Hauptgang: Die Liebe und die Erinnerung

»Ich liebe alle Dinge,
nicht weil sie brennen oder duften,
sondern ich weiß nicht warum,
weil dieser Ozean dir gehört,
mir gehört (...)«
Pablo Neruda

Im Folgenden möchte ich aus dem Fundus der studentischen Arbeiten drei Beispiele zitieren. Sie zeigen, welche verschlungenen Wege die Erinnerung gehen kann und an welchen - zum Teil banal anmutenden Gegenständen - sich Erinnerung manifestiert.

Beispiel 1: Der Ring: »Sie war 23 als sie sich in ihn verliebte, er war 24. Sie war das erste Mal so richtig verliebt gewesen. Sie hatte sich noch nie so wohl und geborgen bei jemandem gefühlt, sie schwebte auf Wolke sieben und trug wochen- und monatelang die wohlbekannte rosarote Brille. (...) Sie lernten sich auf der Semesteranfangs-Party kennen. Im Gewühl trafen sie beide aufeinander und tanzten und tranken die ganze Nacht, es war als wären sie allein in dem großen Saal, als wären sie allein auf der Welt. Als der Morgen graute, und die Party zu Ende ging, verabschiedeten sie sich, tauschten ihre Handynummern aus und küssten sich zum allerersten Mal. (...) Sie waren verliebt, sie machten monatelang all diese romantischen Dinge, gingen essen, ins Kino, machten romantische Spaziergänge, fuhren für ein langes Wochenende ans Meer, er schenkte ihr Blumen. Sie waren glücklich«. Zwei Jahre lang ging alles gut, dann kam der Tag des Rückschlags. »Sie saßen gerade in einem kleinen Cafe und aßen Mittag, er war kurz reingegangen um Zigaretten zu kaufen, als er auf seinem Handy welches er auf dem Tisch liegen gelassen hatte eine SMS empfing. Sie schaute auf das Display – er hatte eine Nachricht von einer X bekommen. Sie kannte keine X. Sie konnte nicht anders, sie las die SMS und fiel aus allen Wolken. Es war eine eindeutige Nachricht. Er hatte was mit einer anderen (...). Sie war entsetzt und angewidert von ihm, sie ging. Für sie war diese Beziehung vorbei, sie

konnte ihm nicht mehr vertrauen, die Basis ihrer wunderbaren, besonderen und einzigartigen Beziehung hatte er zerstört. (...) An dem Tag, an dem sie ihr 2-jähriges gefeiert hätten, klingelte er bei ihr. Sie öffnete ihm, sie schauten sich lange schweigend an. Dann reichte er ihr ein kleines Kästchen, sie wollte es erst nicht annehmen, tat es dann aber doch.

Es war ein wunderschöner Ring, sie war sprachlos. (...) Ihr kamen die Tränen, weil sie wusste, dass sie wenn sie sich nochmal auf ihn einlassen würde, ihm nie wieder so nahe sein würde wie sie es einst war. (...) Sie nahm den Ring schließlich doch an und sah ihn als Zeichen einer wunderbaren ersten großen Liebe und gleichzeitig als Symbol für die vielen Gefühle, Hochs und Tiefs die man in dem Verlauf einer Beziehung durchlebt, an« (Höner 2012, o. S.).

Das nächste Beispiel zeigt die Umdeutung und emotionale Aufladung eines an sich banalen Gegenstandes.

Beispiel 2: Die Cola-Dose: »Ich sitze mit X an einem großen Esstisch in einem geräumigen Wohnbereich. Vor uns steht eine Dose Coca Cola, ihr persönlicher Erinnerungsgegenstand, der sie an einen vergangenen Liebesmoment erinnert. Ein Schmunzeln umspielt ihre Lippen, ihr Blick richtet sich in die Ferne, ihre Gedanken reisen in die Vergangenheit zu einem besonderen Augenblick, der über dreißig Jahre zurückliegt: ›Ich war noch sehr jung ... und ich hatte einen Freund. Und ja, wir waren schon ziemlich vertraut miteinander, hatten viele, viele Gespräche. Und dann ... äh ... hab ich 'ne Reise gemacht.‹ (...) Mit etwa 16 oder 17 Jahren reist sie mit einigen Freunden für zwei Wochen nach Südtirol – ohne ihren Freund. Sie genießt die Zeit mit ihren Freunden und ihre Freiheit. Eines Tages, X ist gerade am Tischtennis spielen ›taucht er einfach auf‹. Ihr Freund hat den weiten Weg nach Südtirol auf sich genommen um X zu überraschen. Doch X sieht sich durch den unangekündigten Besuch ihres Freundes in ihrer Freiheit eingeschränkt (...) Statt sich über seinen Besuch zu freuen, kümmert sie sich nicht um ihn, führt lieber ihr Tischtennisspiel zu Ende und hat gerademal ein ›Hi. Bist du auch da?‹ für ihn übrig. Verärgert über ihre Reaktion kommt es zum Streit zwischen den beiden. Die Konsequenz, die sie daraus zieht ist, die Sache mit ihm zu beenden (...). Er tritt sofort die Heimreise an, ›total beleidigt‹. X hingegen sieht sich mit den Vorwürfen seiner Schwester und zugleich ihrer besten Freundin konfrontiert: ›Der überlebt des niemals, was du dem angetan hast‹. Doch sie bleibt ihrem Standpunkt treu. Sie will nicht, dass er sie ›so vereinnahmt und kontrolliert‹. Trotz dieses Zwischenfalls hat sie noch ein ›paar fröhliche Tage‹, bevor sie dann auch wieder heimreist - mit dem Bus nach Stuttgart, wo sich die Zentrale befindet und alle abgeholt werden sollen. Als X dort aussteigt, [steht] auf dem Hof (*lacht*) vor dem Hauptbahnhof

ein schüchterner junger Kerl mit 'ner Cola-Dose in der Hand und einem Röschen drin (*nimmt die Dose in die Hand und stellt sie vor mich hin*). Joa (*seufzt*). Und mit diesem Röschen hat er mich schon vor (*schnalzt*) // Was weiß ich (*kurze* Pause) // Vor ... vor ... vor über dreißig Jahren eingefangen und wir sind halt dann doch bei einander geblieben. Es ist immer besser geworden. Er hat auch immer mehr kapiert, dass ich meine Freiheit trotz allem brauch.‹ Und auch wenn X die Original-Cola-Dose von dem Tag am Stuttgarter Hauptbahnhof nicht aufbewahrt hat, werden sie und ihr Mann jedes Mal, wenn sie irgendwo eine Cola-Dose sehen an diesen einen Tag erinnert, dann ist es ›ihr großer Joke // eine Cola-Dose‹. X bemerkt, rückblickend betrachtet, wäre er damals nicht so beharrlich gewesen und hätte sich stattdessen durch ihren Streit in Südtirol ›einfach abwimmeln‹ lassen, ›wäre das eine große Tragik gewesen‹. Dann würde sie nicht mit mir an diesem Esstisch sitzen, an dem ihre vier Kinder, ihre Schwiegerkinder und ihre drei Enkel gemeinsam Platz haben und könnte nicht auf ihre mittlerweile über dreißig-jährige Ehe zurückblicken. Und somit steht diese eine Cola-Dose stellvertretend für ihre erste und einzige große Liebe und all die Höhen und Tiefen, die sie mit ihrem ›schüchterne[n] junge[n] Kerl mit 'ner Cola-Dose in der Hand und einem Röschen drin‹ zusammen durchlebt hat« (Cook 2012 o. S).

Beispiel drei ist eines der wenigen Beispiele, in der ein Plüschtier eine Rolle spielt.
Beispiel 3: Der Teddybär: »X Erinnerungsgegenstand ist ein ›*schottischer Teddybär*‹. Er ist das einzige Kuscheltier von den vielen, die sie von früheren Freunden geschenkt bekam, welches sie nach der Trennung behalten hat. Die anderen wurden entsorgt, weil sich X für Kuscheltiere einerseits zu alt fühlte, und diese andererseits zu groß waren für ihre Erinnerungskiste, in der sie v. a. Liebesbriefe von verschiedenen Ex-Freunden aufbewahrt. Sie hat ihn zum Interview mitgebracht, ›*weil er einfach für ne coole Lebensphase steht, für ne Zeit, in der ich ganz viel gelernt habe über Beziehungen und was geht und was nicht geht. Ja, dafür steht dieser Teddybär. Deshalb hab ich den mitgebracht. Schön ist der aber nicht, fällt mir grad auf.*‹ Sie muss lachen. ›*Der Teddy hier als solcher ist mir auch nicht wichtig, aber die Zeit mit Y (...)*‹.

Ihre Beziehung mit Y war von Höhen und Tiefen geprägt. Dennoch beschreibt X sie als schöne Zeit. Sie war Anfang 20, lebte in (...) einer Stadt, die sie sehr mag, die genug Abstand zu ihrer Familie bot, und in der sie sich nicht so beobachtet vorkam wie zu Hause, wo alle sie kannten. X war im Bachelorstudium, als sie im Frühsommer 2006 bei einer Aktion des Deutschen Roten Kreuzes als Helferin einsprang und dabei Y kennenlerne. Er war mit Freunden da, um Blut zu spenden. A kümmerte sich während und nach der Spende um die Gruppe und wurde gleich von zweien der jungen Männer offensiv angebaggert. Y hielt sich hingegen zurück. Doch X und er trafen sich zufällig wieder, als sie beim Unifest als Security arbeitete. Er traute sich scheinbar nicht, mit ihr zu sprechen, und sagte nur kurz ›Hallo‹. Als X aber gegen später in die Helferzentrale kam, hatte er seine Nummer für sie hinterlassen. Es folgten einige Verabredungen und schließlich ein Filmabend bei ihm, an dem die beiden offiziell ein Paar wurden. Bereits nach kurzer Zeit richteten sie ihre erste gemeinsame Wohnung ein. Y musste aus seinem Wohnheim ausziehen, und X fand ihre WG doof, also dachten sie ›warum nicht zusammenziehen nach vier Monaten?‹. Wenngleich X sich rückblickend als ziemlich verliebt und naiv bezeichnet, glaubt sie nicht, dass das Zusammenwohnen die Beziehung negativ beeinflusste. Vielmehr war es Y ›ganz furchtbare Eifersucht‹, die dazu führte, dass sich X nach einem Jahr Beziehung das erste Mal trennte. Sie dachte, wenn er nicht so eifersüchtig wäre, könnte man zusammen glücklich sein, und die beiden versuchten es nochmal und wurden wieder ein Paar. Bei diesem zweiten Anlauf war Y dann allerdings zu gleichgültig, und X sich ihrer Sache nicht mehr sicher, sodass sie sich abermals von Y trennte. Dieser ging schließlich nach Schottland, um dort ein Jahr zu studieren. Dennoch kamen die beiden ein drittes Mal zusammen, und X besuchte ihn mehrmals in Edinburgh. Bei einem dieser Besuche muss sie auch den Teddybären geschenkt bekommen haben, als ›Kuschelersatz‹ für die Zeit, die sie allein in Deutschland sei. Nach insgesamt drei Jahren Beziehungs-On-Off trennte sich X 2009 jedoch endgültig. Als wichtig betrachtet sie heute die Erkenntnis, dass Beziehungen nicht funktionieren, nur weil man sich ändert, und es in einer Beziehung nicht darum geht, Anforderungen an den Partner zu stellen, die dieser dann zu erfüllen hat. ›Es muss einfach passen‹, meint sie, ›sonst verstellt man sich und dann wird man auch nicht glücklich‹. Y blieb nach seinem Studienjahr in Schottland und ist mittlerweile seit vier Jahren dort. Er hat seit Längerem eine neue Freundin, eine Deutsche. Auch X hatte zwischenzeitlich wieder eine ernstere Partnerschaft. Y und X haben heute nur noch selten Kontakt. Trotzdem sieht sie ihn ›als so einen Backgroundfreund, den man einfach irgendwie in der Hinterhand hat und auf den man zugehen kann, wenn man ihn wirklich bräuchte. Und das sind wir glaub beide füreinander. Und das ist schön, das zu wissen, dass es das gibt und dass wir halt ne wertvolle Zeit miteinander hatten, dass wir uns sehr wichtig waren. Darum war's gut, auch wenn's nicht funktioniert hat‹« (Zeumer 2012, o. S.).

Als ein »Kondensat von Wissen, Erfahrungen [und] Assoziationen« realisiert sich Erinnerung in spezifischen Praktiken als »situativ subjektive Zuschreibung« (Schmidt-Lauber 2003: 219). Erinnerungen knüpfen sich »an herausgehobene lebensgeschichtliche Ereignisse und Beziehungen«, nicht jedoch an routiniert und habitualisiert ablaufende Alltagsphänomene. Das Gedächtnis, so Albrecht Lehmann, »merkt sich vor

allem herausgehobene, zur Konstruktion einer erzählenswerten Geschichte geeignete Geschehnisse« (Lehmann 2001: 239). Festzuhalten
gilt: die kulturelle Prägung der Liebenden ist für die Ausgestaltung und
der Umsetzung der Beziehung zwischen zwei Personen verantwortlich,
kulturelle Kodierungen formen unsere Erwartungen und Vorstellungen
von der Liebe, geben die Sprache und Symbole der Liebe vor. Paarbeziehungen - auch dies spiegeln die Erinnerungsgegenstände wider - sind
immer auch Versuchsanordnungen über die Möglichkeit des Glücks.

5. Vordessert - Ein Blick zum Nebentisch

Doch warum hängen die Menschen an diesen Gegenständen?
Warum werden diese Gegenstände noch Jahre nach dem Ende der Beziehung aufbewahrt? Vielleicht hilft es hier, einen Blick auf ein klas-
sisches kulturwissenschaftliches Arbeitsfeld, das Museum zu richten.
Auch Museen arbeiten mit Gegenständen und mit Erinnerungen, Ausstellungen und Museen sind Sammel- und Zeigeort der materiellen und
dreidimensionalen Kultur. Das museale Objekt ist ein authentisches
Objekt. Dieses authentische Objekt - darauf hat unter anderem der Tü-
binger Kulturwissenschaftler Gottfried Korff immer wieder hingewiesen - hat nicht nur einen Quellenwert, sondern auch einen sinnlich
ästhetischen Reizwert, der eo ipso Interesse, Neugier und Faszination
bewirkt. Das museale Objekt ist ein Dokument und ein Zeuge der historischen Wirklichkeit. In ihm ist Geschichte inkorporiert, geronnen.
Authentizität meint dabei mehr als nur Echtheit und Originalität der
Überlieferungsreste. Sie meint darüber hinaus eine besondere Art der
sinnlichen Anmutungsqualität. Diese Anmutungsqualität ist Ausgangs-
punkt für die faszinierende Wirkung der Objektwelten der Museen und
Geschichtsausstellungen. Den Grund für diese »Faszination des Au-
thentischen« (Hagen Schulze), bildet das in den Objekten eingelagerte
Spannungsverhältnis von sinnlicher Nähe und historischer Fremdheit,
das Ineinander von zeitlich-räumlich Gegenwärtigem und geschichtlich
Anderem. Das historische Relikt ist den Ausstellungs- und Museumsbe-
sucherinnen nah und fern zugleich: nah weil sie es mit Augen und Händen direkt erfassen können; fern, weil sie in dem historischen Gegenstand mit einer ganz anderen historischen Wirklichkeit, einer zeitlich
entfernten Mentalität, Bewusstseins- und Stimmungslage konfrontiert
werden. Dem Gegenstand zugleich nah und fern zu sein, in den Hori-

zont einer anderen Zeit einzurücken und doch in dem der eigenen zu bleiben - von diesem Spannungsverhältnis geht die Präsentation und Inszenierung historischer Objektensembles in Museen und Ausstellungen aus (vgl. Korff/Roth 1990; Korff 2002).

Dinge, so Gottfried Korff an anderer Stelle, sind »Materialisierungen von Sinnbezügen«, sind »vergegenständlichte Symbole, verobjektivierte Affekte und Emotionen« (Korff 1999: 287). Der Sinn der Objekte und Erinnerungsträger, ergibt sich »nicht anders als aus Situationen, Funktionen und Kontexten« (Korff 1992: 8).

Der Materialität der Objekte sind bestimmte »mnemotechnische Energien« (Aby Warburg) eigen. Von Hannah Ahrendt stammt gar die These, dass Gefühle und Erinnerungen überhaupt erst durch die »Verwandlung des Nichtgreifbaren in die Handgreiflichkeit des Dinghaften« zustande kommen, möglich werden. »Ohne Erinnerung und die Verdinglichung, die aus der Erinnerung selbst entspringt, weil die Erinnerung der Verdinglichung für ihr eigenes Erinnern bedarf (...) würde das lebendig gehandelte, das gesprochene Wort, der gedachte Gedanke spurlos verschwinden, sobald der Akt des Handelns, Sprechens oder Denkens an sein Ende gekommen ist...« (Ahrendt 1987: 87 f.).

Ähnliche Gedanken finden sich auch bei Gaston Bachelard: »Nur innerhalb des Raumes finden wir die schönen Fossilien der Dauer, konkretisiert durch lange Aufenthalte. Das Unbewußte hält sich auf. Die Erinnerungen sind unbeweglich, und um so feststehender, je besser sie verräumlicht sind. (...) Ohne diese Objekte ... würden unserem inneren Leben die äußeren Modelle der Innerlichkeit fehlen. Gleich uns, durch uns, für uns haben sie eine Innerlichkeit« (Bachelard 1960: 41, 108).

Ob es richtig ist, Erinnern und Dinghaftigkeit in dieser Ausschließlichkeit zu verknüpfen, sei dahingestellt, unbestritten jedoch ist, dass die Dinge eine »Erinnerungsveranlassungsleistung« (Gottfried Korff) besitzen, dass über Dinge Erinnerungen evoziert werden können. Auf dieser Tatsache beruht nicht zuletzt die Arbeit des Museums.

Aus der Materialität der musealen Objekte leitet sich das zweite Spezifikum des Ausstellens ab: Die Medialität. Dinge sind Zeugen, die Informationen über Vergangenes zu geben imstande sind. Sie sind, so der polnische Historiker Krzysztof Pomian, »Semiphoren«, also Zeichenträger, die zwischen Gegenwart und Vergangenheit vermitteln. Museumsobjekte - und offensichtlich auch persönliche Erinnerungsgegenstände - sind nach Pomian Kommunikationswerkzeuge zwischen dem Sichtbaren und Unsichtbaren, zwischen der Materialität des Anschaubaren und der Immaterialität des Erinnerbaren (vgl. Pomian 1988). Dinge evozieren die imaginative Kombination, die »synthetische Intuition« (Erwin Panowsky).

Auch in den Sozial- und Geisteswissenschaften ist die materielle Kultur in jüngerer Zeit in den Fokus gerückt (»material turn«). Dinge werden als Indikatoren verstanden, untersucht wird, wie Wissen in kulturell geschaffenen und verwendeten Objekten wirkt. Dinge, darauf hat Pierre Bourdieu immer wieder hingewiesen, besitzen situative, funktionale, analogische und ideologische Symbolqualitäten (vgl. Bourdieu 1982, Bourdieu 1979). Der Umgang mit den Dingen ist eine Art symbolischer Kommunikation. Dinge »kehren Inneres nach außen, fungieren auch als unbewusste Markierungen« (Korff 2013: 267). Hans-Georg Soeffner hat gezeigt, dass in Dingen Gedanken materialisiert werden, in Dingen werden Gefühle nach außen gekehrt (Soeffner 1988). Sie bilden, um mit Wolfgang Kaschuba zu sprechen - einen »Bedeutungscode« sozialer Beziehungen (Kaschuba 2003: 184).

6. Dessert: Was nun also haben Liebe und Erinnerung mit Sozialer Arbeit zu tun?

Um die Relevanz der beiden Themen »Liebe« und »Erinnerung« für die Soziale Arbeit darzustellen, bedarf es eines kleinen Klimmzuges. Deutlich ist der Bezug des Themenfeldes »Erinnerung«. Als konkrete Folge einer Individualisierung der Lebensverläufe kommt der Analyse und dem Nachvollziehen und Verstehen von Biografien und Lebensverläufen im Rahmen einer professionellen sozialen Praxis eine immer stärker werdende Bedeutung zu. Die Modernisierungs- und Individualisierungsprozesse der letzten Jahrzehnte verlangen von den Menschen höhere Steuerungsleistungen, um integrative Deutungsmuster zu finden, müssen die Menschen ihre eigene Biografie zum Gegenstand ihrer Reflexion machen, der Lebenslauf wird biografisiert, die individuelle Existenz und Lebensplanung wird selbstreferentiell (vgl. Gabriel 1992: 140 f./Wohlrab-Sahr 1995).

Die soziale Situation der Klientinnen und Klienten ist eingebettet in ein Set von sozialen Regeln und gesetzlichen Regelungen, von materiellen Bedingungen, von spezifischen Dynamiken und von daraus abgeleiteten Hilfsangeboten. Für die Soziale Arbeit stellt sich im 21. Jahrhundert immer stärker die Frage, wie Biografien, Erfahrungen und Lebenskrisen »methodisch« entschlüsselt und in die Hilfeplanung eingebunden werden können.

Bedarfsgerechte Einzelfallhilfen oder Seelsorgegespräche sind ohne biografische Dimensionen kaum vorstellbar. Biografiearbeit arbeitet themenorientiert, sie ist gesprächsorientiert, sie ist aktivitätsorientiert und sie bezieht alle Zeitdimensionen mit ein (vgl. Pisarski 2010: 389). Biografiearbeit berge das Potential, so Ingrid Miethe in ihrer jüngsten Veröffentlichung »sich als konzeptueller Ansatz in vielen Handlungsfeldern« etablieren zu können (Miethe 2011: 9). Die Stärke eines biografischen Ansatzes, die Stärken einer »dichten Beschreibung« (Geertz 1987), die Stärken von bedarfsgerechten Einzelfall-Hilfsangeboten müssen hier nicht explizit aufgezählt werden. Für die Hochschulen und Ausbildungsstätten ist dies ein Hinweis, rekonstruktiv-qualitative Forschungsmethoden nicht zu vernachlässigen, den Blick auch auf biografische Methoden und Prozesse zu richten und biografische Forschung sowie Biografiearbeit als pädagogisches Verfahren sowie als Grundlage von Seelsorgegesprächen systematisch in Lehr- und Lernprozesse einzubinden. Christina Hölzle, Irma Jansen und andere haben gezeigt, wie innerhalb der Biografiearbeit auch Gegenstände genutzt und einegesetzt werden können, auch hier läßt sich die Verknüpfung von Erinnerung/ Vergangenheit und Gegenwart über Objekte sehr schön herstellen (Hölzle/Jansen 2009).

Wie steht es nun um die Liebe in der Sozialen Arbeit? Dürfen, sollen SozialarbeiterInnen ihre Klientinnen und Klienten lieben? Von Liebe kann in der professionellen Arbeit wohl kaum gesprochen werden, Rainer Merz führt an dieser Stelle den besser geeigneten Begriff von der »professionellen Nächstenliebe« bzw. der »reflektierten Parteilichkeit« ein (Merz 2007: 281). Merz untersucht in seiner Studie zum beruflichen Selbstkonzept von Diakoninnen und Diakonen deren Sinnkonstruktionen, Profilmerkmale und Bewältigungsmuster im Berufsalltag. Diakonisches Handeln ist für die von Merz untersuchten Sozialdiakoninnen und Sozialdiakone - gleiches darf auch für klassische Sozialarbeiterinnen und Sozialarbeiter konstatiert werden - mehr als »die Vermittlung des Notwendigen«, ihr Handeln, so Merz, lebe für sie vom Glauben und der Hoffnung auf eine andere Welt. Zentrale Zielorientierung des beruflichen Handelns sei die Inklusion des Klientels, wobei hier als Handlungsziel der professionellen Intervention »die Stärkung der Autonomie und Eigenverantwortung« zum Ausdruck kommt (Merz 2007: 282 f.).

Auch im Rahmen der Evaluation der Teilprojekte des Projektes »Diakonat neu gedacht, neu gelebt« konnten wir eine hohe Spezialisierung und eine ausgeprägte Fachlichkeit beobachten, die stark mit einem fast »unerschütterlichen Hoffnungspotential« (Merz) und einer »zärtlichen Menschenfreundlichkeit« verknüpft war (vgl. Fliege 2013). Ein ressourcenorientierter Blick ist Ausdruck einer wertschätzenden Grundhaltung und ist eine unabdingbare Voraussetzung für alle weiteren Schritte. Eine wertschätzende Grundhaltung ist »gekennzeichnet durch die Bereitschaft, eigene Werthaltungen, Verhaltensmuster und Vorbehalte zu hinterfragen und sich ganz und gar auf die [Klienten] einzulassen, d.h. sie kennen zu lernen, ihre Lebensentwürfe zu respektieren, mitzufühlen, zu unterstützen und zu aktivieren und gleichzeitig die eigene Parteilichkeit für die Interessen der [Klienten] deutlich zu machen« (Wittke 2012: 198).

Zu Lasten ging diese Nächstenliebe an der ein oder anderen Stelle mit einer fehlenden Reflexionskultur, in nicht wenigen Teilprojekten zeigte sich ein großes Potential an handlungsorientiertem, implizitem Wissen auf Kosten einer professionellen Reflexionskompetenz. Theorie und Praxis müssen aber in der sozialarbeiterischen Arbeit in einer Wechselbeziehung stehen, Professionalität setzt voraus, dass Praktikerinnen und Praktiker ihr Handeln »theoretisch« reflektieren und Theorien »praktisch« nutzen. Eine reflexive sozialpädagogische bzw. sozialdiakonische Fachlichkeit umfasst aber immer beide Wissensformen: *Handlungswissen*, also im Handlungsvollzug der sozialpädagogischen bzw. sozialdiakonischen Praxis erworbenes und angewandtes Wissen, und *wissenschaftliches Wissen*, also in der akademischen Aus- und Weiterbildung erworbenes Wissen (vgl. Vahsen 2008). Theoretische Professionalität und Reflexionskompetenz sowie eine institutionelle Reflexionskultur müssen behutsam aber kontinuierlich in das professionelle Handeln integriert und einbezogen werden. Zur Herausbildung eines stabilen beruflichen Selbstverständnisses müssen konsistente Problemlösungskompetenzen, die einen breiten Handlungsspielraum zulassen, vermittelt und verarbeitet werden (vgl. Herwig-Lempp 2003).

7. Degistif: Die Melancholie der Liebenden

»Das Vergangene ist nicht tot; es ist nicht einmal vergangen«. Mit diesen Worten beginnt Christa Wolfs Roman »Kindheitsmuster« (Wolf 2007) und diese Worte haben wohl auch für die genannten Beispiele eine Gültigkeit. Die Vergangenheit, auch vergangene Beziehungen, gehören zu uns, haben uns geprägt, sind Teil unserer Persönlichkeit. Ein altes Foto einer Jugendliebe, alte Briefe, kleine Erinnerungsgegenstände, gelegentlich beim Saubermachen aus einem zerbeulten Schuhkarton im Kleiderscharnk gezogen, erinnern uns an geliebte Menschen, verweisen aber immer auch auf uns selbst, an unsere Kindheit und Jugend, an unserere Biografie, an unsere eigene Entwicklung durch die Zeit. Erinnerungen, auch schmerzhafte, lassen sich nicht einfach entsorgen, sich mit ihnen auseinanderzusetzen, ist Teil unseres Lebens, ist eine Art Selbstreflektion und Weiterbildung für sich. Das »Museum of Broken Relationships« in Zagreb, Kroatien nimmt sich den Überbleibseln einer Beziehung an, sammelt sie und stellt die materiellen Erinnerungen aus. Zu sehen ist ein buntes Sammelsurium von Gegenständen, darunter eine Axt, ein Hochzeitskleid oder eine Bein-Protese.

Auch Orhan Pamuks »Museum der Unschuld« in Istanbul widmet sich der Liebe: Das fiktive Wohnhaus seines Romanhelden Füsum und das fiktive Museum, das die Romanfigur Kemal im Buch dem Andenken seiner großen Liebe errichtet, wurde 2012 Realität und in der Cukurcuma-Straße in Istanbul eröffnet (vgl. Spiegel 2013: 32). Der Romanheld Kemal bewahrt alles auf, was die schöne Füsum berührt hat: Ihre Zigaretten, ihren Führerschein, ein Teeglas, sogar bestimmte Lebensmittel. »Die Vorstellung, dass den Dingen die Macht innewohnt, Erinnerung zu bewahren und immer wieder von neuem heraufzubeschwören, hat durchaus etwas Schamanistisches« (ebd.). Am Anfang von Vielem steht die Erinnerung. Die Zeit wird vergegenständlicht, Erfahrungen gerinnen in Erinnerungsstücke. Vielleicht sollten Studierende der Sozialen Arbeit zu einem Besuch beider Häuser verpflichtet werden, um sich immer wieder die Nachhaltigkeit, Bedeutsamkeit und Grammatik von Liebe und Erinnerung zu vergegenwärtigen. Für die Soziale Arbeit (und die Empirische Kulturwissenschaft ebenso) wäre dies kein schlechtes Geschäft.

Literatur

Ahrendt, Hannah (1987): Vita activa oder vom tätigen Leben. München.

Bachelard, Gaston (1960): Poetik des Raumes. München.

Bausinger, Herrmann (2003): Anbandeln, Anbaggern, Anmachen. Zur Kulturgeschichte der Annäherungsstrategien. In: Benedikt, Burkard (Hrsg.): liebe.komm. Botschaften des Herzens. Ausstellungskatalog. Museumsstiftung Post und Telekommunikation. Frankfurt, S. 54-63.

Beck, Ulrich/Beck-Gernsheim, Elisabeth (1990): Das ganz normale Chaos der Liebe. Frankfurt am Main.

Bourdieu, Pierre (1979): Entwurf einer Theorie der Praxis auf der ethnologischen Grundlage der kabylischen Gesellschaft. Frankfurt am Main.

Bourdieu, Pierre (1982): Die feinen Unterschiede. Kritik der gesellschaftlichen Urteilskraft. Frankfurt am Main.

Fliege, Thomas (2013): Da Capo! Das Ende des Projekts ist ein Anfang. In: Eidt, Ellen/Schulz, Claudia (Hrsg.): Ergebnisse aus Evaluation und sozialwissenschaftlicher Begleitforschung. Stuttgart, S. 518-519.

Gabriel, Karl (1992): Christentum zwischen Tradition und Postmoderne. Freiburg im Breisgau.

Geertz, Clifford (1987): Dichte Beschreibung. Beiträge zum Verstehen kultureller Systeme. Frankfurt am Main.

Herma, Holger (2009): Liebe und Authentizität: Generationswandel in Paarbeziehungen. Wiesbaden.

Hölzle, Chrisine/Jansen, Irma (2009) (Hrsg.): Ressourcenorientierte Biografiearbeit. Grundlagen - Zielgruppen - Kreative Methoden. Wiesbaden.

Illouz, Eva (2003): Der Konsum der Romantik. Liebe und die kulturellen Widersprüche des Kapitalismus. Frankfurt am Main.

Kamper, Dietmar/Wulf, Christoph (1988): Von Liebe sprechen. Zur Einleitung. In: Kamper, Dietmar/Wulf, Christoph (Hrsg.): Das Schicksal der Liebe. Weinheim/Berlin, S. 7-17.

Kaschuba, Wolfgang (2003): Einführung in die Europäische Ethnologie. München 2003.

Korff, Gottfried (1992): Einleitung. Notizen zur Dingbedeutsamkeit. In: 13 Dinge. Form - Funktion - Bedeutung. Stuttgart, S. 8-17.

Korff, Gottfried (1999): Dinge: unsäglich kultiviert. Notizen zur volkskundlichen Sachkulturforschung. In: Netzwerk Volkskunde. Festgabe für Klaus Beitl zum siebzigsten Geburtstag. Wien, S. 273-290.

Korff, Gottfried (2002): Zur Eigenart der Museumsdinge. In: Ders: Museumsdinge. Museumsdinge. deponieren - exponieren. Köln u.a., S. 140-145.

Korff, Gottfried (2013): Umgang mit Dingen. In: Ders.: Simplizität und Sinnfälligkeit. Volkskundliche Studien zu Ritual und Symbol. Hrsg. von Thiemeyer, Thomas/Scheer, Monique/Johler, Reinhard/Tschofen, Bernhard. Tübingen, S. 262-275.

Korff, Gottfried/Roth, Martin (1990): Einleitung. In: Dies. (Hrsg.): Das historische Museum. Labor, Schaubühne, Identitätsfabrik. Frankfurt am Main/New York, S. 9-37.

Lehmann, Albrecht (2001): Bewußtseinsanalyse. In: Göttsch, Silke/Lehmann, Albrecht (Hrsg.): Methoden der Volkskunde. Positionen, Quellen, Arbeitsweisen der Europäischen Ethnologie. Berlin, S. 233-249.

Luhmann, Niklas (1982): Liebe als Passion. Zur Codierung von Intimität. Frankfurt am Main.

Merz, Rainer (2007): Diakonische Professionalität. Zur wissenschaftlichen Rekonstruktion des beruflichen Selbstkonzeptes von Diakoninnen und Diakonen. Heidelberg.

Miethe, Ingrid (2011): Biografiearbeit. Lehr- und Handbuch für Studium und Praxis. Weinheim und München.

Pisarski, Waldemar (2010): »Ach, ich könnte einen ganzen Roman schreiben«. Biografisches Arbeiten in der Seelsorge. In: Pastoraltheologie. 99. Jg. S. 386-397.

Pomian, Krzysztof (1988): Der Ursprung des Museums. Vom Sammeln. Berlin.

Schmidt-Lauber, Brigitta (2003): Gemütlichkeit. Eine kulturwissenschaftliche Annäherung. Frankfurt am Main/New York.

Soeffner, Hans-Georg (1988): Rituale des Antiritualismus. Materialien für Außeralltägliches. In: Gumbrecht, Hans Ulrich/Peiffer, K. Ludwig (Hrsg.): Materialität der Kommunikation. Frankfurt am Main, S. 519-539.

Spiegel, Hubert (2013): Die alles überwölbende Melancholie des Liebenden. In: FAZ, 8. März, S. 32.

Wittke, Verena (2012): Familien in benachteiligten Lebenslagen als Adressaten der Familienbil-

dung. In: Lutz, Ronald (unter Mitarbeit von Corinna Frey) (Hrsg.): Erschöpfte Familien. Wiesbaden, S. 191-207.
Wolf, Christa (2007): Kindheitsmuster. Frankfurt am Main.Wohlrab-Sahr, Monika (1995) (Hrsg.): Biographie und Religion. Zwischen Ritual und Selbstsuche. Frankfurt am Main.

Weblinks

Herwig-Lemmp, Johannes (2003): Welche Theorie braucht Soziale Arbeit?: http://www.herwig-lempp. de/daten/veroeffentlichungen/0302TheorieSozArbJHL.pdf (10.04.2013).
Vahsen, Friedhelm (2010): Rezension zu: Bielefelder Arbeitsgruppe 8 (Hrsg.): Soziale Arbeit in Gesellschaft. Wiesbaden 2008: http://www.socialnet.de/rezensionen/10052.php (05.11.2012).

Andere Quellen:

Anggawi, Sophie: Biografische Notiz: Liebe und Erinnerung. SoSe 2012. Ludwig-Uhland-Institut Tübingen.Cook, Kera Rachel: Biografische Notiz: Liebe und Erinnerung. SoSe 2012. Ludwig-Uhland-Institut Tübingen.
Höner, Wiebke: Biografische Notiz: Liebe und Erinnerung. SoSe 2012. Ludwig-Uhland-Institut Tübingen.
Spindler, Eva-Vanessa: Biografische Notiz: Liebe und Erinnerung. SoSe 2012. Ludwig-Uhland-Institut Tübingen.
Zeumer, Ann-Christine: Biografische Notiz: Liebe und Erinnerung. SoSe 2012. Ludwig-Uhland-Institut Tübingen.

Birgit Groner

»Kultur mitteln« – Überlegungen zu einem Weiterbildungskonzept[1]

Einleitung

In diesem Beitrag werden die Zutaten zu einer Weiterbildung als Kulturelle MittlerIn zusammengetragen und diskutiert. Es werden in Anlehnung an theoretische Modelle die Zugänge zu einer Weiterbildungskonzeption, die zum Ziel hat »Kultur zu mitteln« eröffnet. Systemtheoretisch und konstruktivistisch davon ausgehend, dass wir uns in der Kommunikation unsere Wirklichkeit erst erschaffen, können wir nur in diesem Konstruktionsprozess durch Kommunikation mitwirken und damit unseren Teil zur Wirklichkeitskonstruktion beitragen mit dem Ziel, im Prozess ein möglichst hohes gemeinsames Verständnis der geschaffenen Wirklichkeit zu erlangen.

Der Lattenzaun (von Christian Morgenstern)
»Es war einmal ein Lattenzaun,
mit Zwischenraum, hindurchzuschaun.«

... Blicke in eine andere Kultur erinnern manchmal an einen Blick durch den Zwischenraum in einem Lattenzaun. Fremdes in der eigenen Kultur wird erkennbar im Blick auf vermeintlich Bekanntes in der anderen Kultur und Fremdes in der anderen Kultur wird erlebbar durch das Erkennen dessen, was einem bekannt erscheint. Wir koppeln also immer an Bekanntes, um Unbekanntes durch das Erkennen des Unterschieds zu erschließen.
»Ein Architekt, der dieses sah,
stand eines Abends plötzlich da ...«

---

1   Der ungekürzte Beitrag ist erschienen in: Birgit Groner (2012): Weiterbildung kulturelle MittlerInnen-Konzeptionelles und Didaktisches. In: Aschenbrenner-Wellmann, Beate/Groner Birgit (Hrsg): Kulturelle MittlerInnen in der Migrationsgesellschaft. Stuttgart, S. 61-78.

Wenn ich das Bild der Architektin bemühe, so standen Beate Aschenbrenner-Wellmann und ich im Herbst 2010 vor der Aufgabe, auf die Anfrage der Integrationsbeauftragen der Stadt Heilbronn ein bedarfsorientiertes Konzept für die MittlerInnen zwischen den Kulturen in sozialen Settings (Schule, Beratungsstellen, Ämter und Behörden) zu entwickeln.

»... und nahm den Zwischenraum heraus
und baute draus ein (großes) Haus.«

Betrachten wir nun den Zwischenraum etwas genauer. Kultur im sozialen Arbeitsfeld zu vermitteln, bewegt sich in einem Zwischenraum, zwischen dem Dolmetschen einer Sprache, dem kulturellen Verständnis der Klientel und den Kompetenzen und Methoden, ein soziales Setting zu gestalten. Die BerufsrollenträgerInnen KulturmittlerInnen im sozialen Setting sind mehr als DolmetscherInnen. Sie treffen auf SozialarbeiterInnen oder BeraterInnen und auf die KlientInnen mit Migrationshintergrund. Das Vermitteln ist eine eigene professionelle Rolle und ein eigenes Kompetenzfeld, das es zukünftig noch weiter zu professionalisieren gilt, wenn wir den Begriff der Integration in der Sozialen Arbeit und in der gesellschaftspolitischen Entwicklung ernst nehmen. Wenn wir, nochmal den Lattenzaun bemühend, den Zwischenraum betrachten, indem wir ihn herausnehmen und als Weiterbildung aufbauen, dann fragen wir erst einmal nach der Statik, danach, was ihm Stabilität verleiht. Diese Stabilität erreichen wir, indem wir eine ausgewogene Weiterbildungsarchitektur für diese bestimmte Zielgruppe konzipieren.

KulturmittlerInnen als GrenzgängerInnen im Zwischenraum

KulturmittlerInnen können als GrenzgängerInnen im Zwischenraum beschrieben werden. Sie haben, so unterschiedlich sie sind, in Bezug auf die Herkunftskultur und in Bezug auf demografische Merkmale wie Alter, Geschlecht, Hautfarbe, Bildungsgrad, etc. bestimmte Anforderungen als Grundlage für die Aufnahme in Ausbildung gemeinsam. Diese Gemeinsamkeiten bilden in der Weiterbildung eine gemeinsame Arbeits- und Reflexionsressource, weil sie das Verbindende in aller Verschiedenheit darstellen:

- Sie haben selbst einen Migrationshintergrund
- Sie sind mindestens zweisprachig, wobei Deutsch nicht die Muttersprache ist
- Sie haben eine Zuwanderungsgeschichte und sind daran interessiert, ihre Migrationsbewegung zu reflektieren
- Sie sind interessiert Neues zu lernen
- Sie verfügen über eine hohe kommunikative Kompetenz
- Sie haben alle die Erfahrung, der Nichtanerkennung ihres Ausbildungsgrades beim Grenzübertritt.

Über diese Gemeinsamkeiten dienen die Unterschiede im Gruppensetting der Reflexion von Gemeinsamkeiten und Differenzen über die Nationalität oder Ethnie hinaus.

Unterschiede sind zum Beispiel:
- Sie haben unterschiedliche Nationalitäten. In den drei Kursgruppen sind 19 Nationalitäten und 21 Ethnien
- Sie leben ihre unterschiedlichen Religionszugehörigkeiten unterschiedlich intensiv
- Sie sind zwischen 25 und 45 Jahre alt
- Sie leben unterschiedlich lange in Deutschland
- Sie haben einen unterschiedlichen Familienstand (verheiratet, geschieden, alleinstehend)
- Sie haben 0-4 Kinder
- Sie haben unterschiedliche Ausbildungsgrade und Berufsabschlüsse
- Sie sind mit und ohne eigenes Berufseinkommen.

Die Auswahl für die Ausbildungsgruppe findet in Einzelgesprächen statt.

Sechs Elemente als Anforderungen zur Reflexion des Zwischenraums

Ein systemisches Verständnis von Kultur – ein erstes Element
Die erste Grundprämisse ist ein systemisches Verständnis von Kultur. Wenn wir davon sprechen, dass Menschen eine Kultur entwickelt haben, dann meinen wir damit einen Verständigungsprozess, aus dem heraus ein verbindliches System an Regeln und Zeichen entwickelt

worden ist, das es den darin Lebenden erlaubt, sich selbst und die anderen in einer bestimmten Weise wahrzunehmen, zu interpretieren und zu handeln, und zwar so, wie es die soziale Gemeinschaft akzeptiert und versteht. Die Sozialisation und Enkulturation ist ein lebenslanger Prozess, in dem sozial relevante Normen und Werte, Verhaltensweisen und Einstellungen erlernt werden, die ein Leben in der Gemeinschaft ermöglichen. Als sozial kompetent gilt hierbei ein Mensch, der diese Fähigkeiten in hohem Maße entwickelt hat und in dieser Gemeinschaft produktiv und relativ konfliktfrei handeln kann. Probleme entstehen erst dann, wenn er in eine fremde Gemeinschaft wechselt (Kultur, Nation, Organisation und Gruppe). Die vertrauten Symbole und Zeichen werden in der fremden Gemeinschaft anders gedeutet oder anders bewertet oder es werden ihnen andere Bedeutungen zugewiesen (vgl. Thomas 1999: 91). Thomas beschreibt Kulturstandards als zentrale Kennzeichen einer Kultur, die jeweils für die Mitglieder gültigen Normen, Bezugssysteme und Verhaltensregeln. Sie haben die Wirkung von »impliziten Theorien« und steuern unbewusst das Verhalten der Mitglieder einer Kultur. »Kulturstandards bestehen aus einer zentralen Norm und einem Toleranzbereich. Die Norm gibt den Idealwert an, der Toleranzbereich umfasst die noch akzeptierbaren Abweichungen vom Normalwert« (Thomas 1999: 144 f.). So kann beispielsweise die Geste, eine ältere Person nicht direkt anzuschauen, in einem Kulturkreis als respektvoll interpretiert werden oder aber als respektlos in z. B. unserem Kulturkreis. Das Wissen, welche Normen sich in welchen Verhaltensweisen, Gesten und Handlungen ausdrücken, ist zentral für das Verständnis und für die Kommunikation in der jeweiligen Kultur. Kulturelle MittlerInnen benötigen dieses Verständnis der jeweiligen Kultur, um ihrer Aufgabe als MittlerIn gerecht zu werden. Dies zu erlangen ist ein Baustein der Weiterbildung.

Die Autorin Roer-Strier (1996: 355 ff.) hat dazu ein hilfreiches analytisches Konzept entwickelt. Sie ging der Frage nach, wie eine Kultur ein »adaptive adult image«, das heißt, ein Sozialisationszielbild, entwickelt. Es variiert auch innerhalb einer Kultur, es ist bedeutend sich das bewusst zu machen, um nicht in kulturelle Stereotypisierungen zu geraten. Die Sozialisation ist ein lebenslanger Prozess und damit Wandlungen und Einflüssen unterworfen. Das Modell ist ein hilfreiches Analyseinstrument vor allem für Arbeitssettings mit Menschen aus anderen Kulturen.

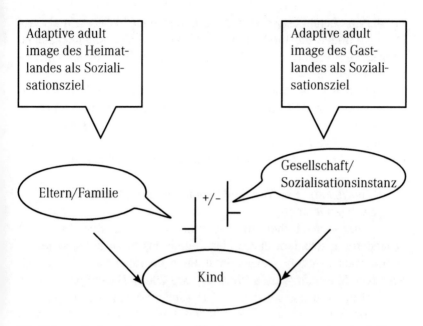

Die Triangulationssituation des Kindes nach der Migration (vgl. Roer-Strier 1996: 355)

Die unterschiedlichen Orientierungssysteme bieten unterschiedliche Bilder davon, was in einer Kultur akzeptiert ist. Hofstede spricht in diesem Zusammenhang von der »kollektiven Programmierung des Geistes« (vgl. Hofstede 2001: 12). Er schlägt vor, folgende Kulturebenen zu unterscheiden (ebenda: 12):

- Eine nationale Ebene, der jeweiligen Kultur entsprechend
- Die Ebene regionaler, religiöser, ethnischer, sprachlicher Zugehörigkeit (Ethnien, religiöse oder sprachliche Zugehörigkeiten sind vielmals bedeutsamer als die Staatsgrenzen)
- Die Ebene des Geschlechts, mit dem eine Person geboren wurde
- Die Ebene der Generation, die Großeltern, die Eltern und Kinder unterscheidet
- Die Ebene der sozialen Klasse, den Bildungsgrad, die Bildungsmöglichkeiten und den Beruf einer Person, die politische Haltung
- Die Ebene der Organisation bei Beschäftigten gibt Aufschluss darüber, wie die Person durch die Arbeitsorganisation sozialisiert wurde.

Auf diesen Ebenen lassen sich vielfach unterschiedliche »mentale Programme« finden, die durchaus auch im Widerspruch zueinander stehen können und die u.U. zu Konflikten intrapersoneller oder extrapersoneller Art führen.

Wenn wir also von »Kultur« sprechen, dann sprechen wir vereinfacht von einer Vielzahl subkultureller Prägungen und Lernerfahrungen, die in einer systemisch konzipierten Weiterbildung in der Kommunikation, in offenen und verdeckten Aufträgen zutage treten können und die im Prozess der Hypothesenbildung zu überprüfen sind.

Ein systemisches Verständnis von Kommunikation – ein zweites Element

In der systemischen Erkenntnistheorie wird die Sprache als ein besonderes Instrument akzentuiert, durch das in sozialen Systemen »Wirklichkeit« mittels sozialer Interaktion überhaupt erst hergestellt wird (vgl. Maturana/Varela 1987, Ludewig 2002). Unter Sprache wird dabei nicht nur das gesprochene Wort, sondern die menschliche Fähigkeit verstanden, gemeinsam mit anderen eine Welt zu erschaffen, in dieser zu agieren und auf diese zu reagieren (vgl. Kriz 1999).

Da die Sprache ein essentieller Bestandteil von Kultur ist, sind die Erfahrungen der Menschen, ihr Bewusstsein darüber, was ihre Kultur ist, immer von dem jeweiligen kulturellen Hintergrund geprägt. So ist die Annahme »wir meinen das Gleiche« im interkulturellen Zusammenhang sprachlich gesehen sehr kühn, weil es sich erst in Ansätzen durch Nachfragen erschließt. Dieses Verständnis ist grundlegend für die Weiterbildung. Die Kulturelle MittlerIn erlernt dieses Fragen und die Perspektive der Haltung des »Nichtverstehens« als Werkzeug in der Ausbildung. Die Auftragsklärung (offene und verdeckte Aufträge), die Hypothesenbildung und verschiedene systemische Fragetechniken (zirkuläres Fragen, Umkehrfragen, Wunderfragen etc.) sind dafür hilfreiche Instrumente.

Die Bedeutung der Sprache – ein drittes Element

Die Bedeutung der Sprache im kulturmittelnden Kontext ist ein weiteres Element der Reflexion in der Ausbildung. Die Sprache ist wichtiger Bestandteil der Kommunikation, um Aufbau von Verständnis und Vertrauen. Die Kommunikation und die kommunikativen Regeln sind kulturell geprägt. »Die Analyse kommunikativer Praktiken ist deshalb auch immer Kulturanalyse« (Linke 2008: 25). Die Ebene des Wortes: Beim Wort handelt es sich um einen zweiseitigen Akt. Im Wort wird die Interaktionsbeziehung von der einen zur anderen ausgedrückt. Das Wort verbindet und kann auch trennen, wenn das Bezeichnende (»signifikant«) nicht mit dem Bezeichneten (»signifie«) übereinstimmt (vgl. de Saussure, zit. n. Polzius 2011: 283). Denn die Ebene des Wortes ist von der jeweiligen Kultur geprägt und durch den Gebrauch in derselben.

Zur Sprache gibt es für diesen Kontext noch eine weitere wichtige Bedeutung, nämlich die der Muttersprache. Sie ist meist die Sprache des Herzens. In ihr lassen sich Emotionen, Fantasien und Vorstellungen, (innere) Bilder oder Metaphern schöner und schwieriger Situationen sehr viel besser ausdrücken. Menschen mit einer Zuwanderungsgeschichte können durch die Kulturellen MittlerInnen genau auf dieser muttersprachlichen Ebene erreicht werden, wenn es gelingt diese Worte aus der Muttersprache in die Fremdsprache zu übersetzen und für den Beratungsprozess nutzbar zu machen.

Parasprachliches gibt weitere Hinweise auf Stimmungen und verdeckte Botschaften. Darin liegt eine große Ressource in Beratungsprozessen, diese nonverbalen Signale wahrzunehmen und in der Muttersprache anzusprechen und sie auf diese Weise für die Beratung produktiv zu benennen und den Mittler-Prozess dadurch zu gestalten.

Ein schönes Beispiel aus der Weiterbildung zeigt sehr gut, wie sich Sprache und Kultur gegenseitig bedingen.

Wie Menschen Zeit empfinden ist kulturell abhängig. In der Einteilung der Zeit unterscheidet Hall (vgl. Hall 1960: 38) die monochrome und die polychrome Zeiteinteilung. In der monochromen Zeitenteilung laufen die Prozesse hintereinander ab. Die Zeit ist messbar und Pünktlichkeit ist enorm wichtig. In der polychromen Zeiteinteilung laufen Prozesse nebeneinender. Ereignisse können zeitgleich stattfinden. So beginnt die Weiterbildungsgruppe immer erst für das in der hiesigen Kultur maßgebliche monochrome Zeitverständnis verspätet. Die Teilnehmenden kommen immer versetzt verspätet und gehen versetzt früher. Es findet beim Eintreffen in der Kursgruppe ein reger Austausch darüber statt, was in der »Zwischenzeit« oder im polychromen Zeitverständnis in der »Zeitgleichheit« alles geschehen ist. Es bleibt eine immer wieder zu thematisierende Frage, welches Zeitverständnis wo vorherrscht und auf welche Kombination und entsprechende Rituale sich die Kursgruppe einigen kann.

Neben dem Zeitverständnis sind das Raumverhalten, der Abstand zueinander, Blickkontakte oder gemiedene Blickkontakte in Gesprächen oder die Frage der Hierarchien und Machtasymmetrien weitere wichtige Dimensionen von interkulturellem Verständnis, die in der Ausbildung reflektiert werden.

Das Interkulturelle Setting – ein viertes Element

Die Aufgabe der Sozialen Arbeit in einer Migrationsgesellschaft basiert auf dem gesellschaftspolitischen Postulat der verstärkten interkulturellen Öffnung mit dem Ziel einer gleichberechtigten Teilhabe von Menschen mit Migrationshintergrund. Das Setting der interkulturellen Beratung in der Sozialen Arbeit ist ein Instrument zur Erreichung dieses Ziels. Als Qualitätsmerkmal werden im Beratungsprozess insbesondere sprachliche, kulturelle, soziale sowie migrationsbezogene Merkmale und Muster berücksichtigt, damit die Zielgruppen der MigrantInnen adäquat und effektiv erreicht und deren Bedarfe erhoben und bedient werden können.

Für konkrete Beratungssettings erfordert es ausgebildete Menschen, die kultursensibel reflektiert diese migrationsbezogenen Merkmale und Muster erkennen, hinterfragen und in die Kommunikation einbringen, um das gegenseitige Verständnis von Emotionen, Bedeutungen, Inhalten und (rechtlichen) Rahmenbedingungen zu erhöhen und damit einen professionellen Beitrag liefern, das Beratungssetting bedarfsorientierter und damit nachhaltiger zu gestalten.

Die Reflexion eigener Migrationserfahrungen als Ressource zur Bildung von Hypothesen und Fragen, um Bedeutungsmuster zu erkennen, ist ein zentrales didaktisches und methodisches Instrument in der Weiterbildung zur Weiterentwicklung von »interkultureller Kompetenz«.

Die Interkulturelle Kompetenz – ein fünftes Element

Grosch/Groß/Leenen (vgl. 2000: 7) definieren die interkulturelle Kompetenz als ein Set von Fähigkeiten, die es Personen ermöglicht in einer kulturellen Überschneidungssituation unabhängig, kultursensibel und wirkungsvoll handeln zu können.

Sie unterscheiden darin folgende Einzelziele (ebenda: 8):
- im menschlichen Verhalten eine Kulturgebundenheit erkennen und akzeptieren

- fremdkulturelle Muster als fremd wahrnehmen zu können, ohne sie positiv oder negativ zu bewerten
- eigene Kulturstandards in den jeweiligen Kulturen (Herkunftskultur und Fremdkultur) erkennen und ihre Wirkung abschätzen (kulturelle Selbstwahrnehmung)
- fremde Kulturstandards erkennen und weitere Sinnzusammenhänge und Muster herstellen
- Respekt und Verständnis für fremdkulturelle Perspektiven haben zwischen kulturellen Optionen situationsgerecht und begründbar wählen
- mit Angehörigen einer fremden Kultur konstruktive Beziehungen aufbauen

Diese skizzierten Anforderungen beziehen sich auf kulturelles Hintergrundwissen, Kenntnisse über die Geschichte, Struktur und Funktion von Migration, über soziale und rechtliche Situationen von Einwanderern und auf die individuellen Bewältigungsmuster und Strategien. Dabei genügt für diese Weiterbildung nicht das Wissen um diese Bereiche und deren Inhalte allein, sondern es erfordert die Reflexion von kommunizierten Paradoxien, Widersprüchlichkeiten, Mehrdeutigkeiten, Vorurteilen und Bewältigungsstrategien als Ressourcen im sozialen Beratungssetting. Mit einer wertschätzenden Haltung und der Kompetenz des »zur Sprache bringen« dieser Inhalte als produktive Bausteine wird darin eine Interaktion des Verstehens entwickelt.

Deshalb sind Bausteine der Gruppensupervision als didaktisches Element in die Weiterbildung integriert, um diese Form der Selbstwahrnehmung systematisch zu reflektieren und die Sprachfähigkeit darüber für Beratungssettings an Fallbeispielen einzuüben.

Kultur übersetzen – ein sechstes Element

Werfen wir noch einen Blick in die Translationswissenschaften. Dort wird unter dem Begriff des »Cultural Turns« in den 80er Jahren der Bedeutungsgehalt von Text und Sprache neu geordnet, wonach die Sprache »nur noch« als die Oberfläche oder die Spitze des Eisbergs betrachtet wird.

Der Sinn von Texten erhält einen neuen Bedeutungskontext indem die geschriebene und gesprochene Sprache darin erst noch ausgelotet werden muss. Denkweisen, Handlungsmuster, gesellschaftliche und historische Kontexte, politische Diskurse und kommunikative Situationen der Rollen und Konventionen werden zunehmend bedeutsam und deren Bedeutung wird reflektiert. Die Rolle der KulturmittlerInnen ist demnach, den Sinn ausloten, Mehrdeutigkeiten, Widersprüche, Paradoxien, Unterschiede erkennen und sprachfähig machen.

Buden (Buden 2005) hat die »Vermittler« 2005 zum ersten Mal im Rahmen der Translationswissenschaft formuliert. Als Aufgabe der DolmetscherInnen ist das »Vermitteln« zunehmend bedeutsam, weil die heutige soziale Wirklichkeit fragmentarisch und zunehmend vielschichtig und komplex ist. Übertragen auf die Kulturellen MittlerInnen kommt ihnen die Aufgabe zu: Das Reflektieren der Bedeutung des Überschreitens von räumlichen, sprachlichen und kulturellen Grenzen sind unauflösbarer Bestandteil ihrer Tätigkeit.

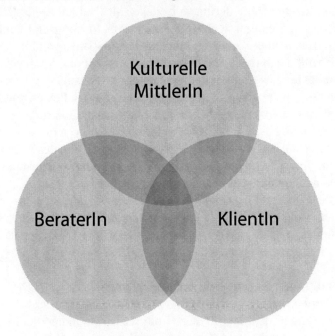

Das Rollenverständnis der Kulturellen MittlerIn beinhaltet:

- Das Verstehen (Kontext, Inhalte, Emotionen)
- Das Vermitteln (Sprachfähigkeit über das Verstandene erlangen und übersetzen im sozialarbeiterischen Setting)

- Widersprüche sichtbar machen (Rollenanforderungen, Handeln und Denken, §§, etc.)
- Unterschiede sichtbar machen (kulturell, individuell, politisch, §§, etc.)
- Kontinuierliche Reflexion der eigenen Einstellung und des eigenen professionellen Denkens und Handelns durch Supervision.

Lerntheoretische Zugänge
Subjektorientierung – Subjektive Aneignungsverhältnisse

Vermittlung und Aneignung sind die zentralen Referenzpunkte beim Lernen Erwachsener. Aus der Vermittlungsperspektive stehen dabei stärker die Praktiken der gesellschaftlichen Institutionen und Organisationen oder die damit befassten Professionen im Vordergrund der Betrachtung. Wird aus der subjektorientierten Perspektive, wie in diesem Weiterbildungssetting angezeigt, der Blick auf die Bildungsprozesse gelegt, dann steht der subjektorientierte Zugang des Wissenserwerbs im Mittelpunkt, und zwar als Eigenleistung des Subjekts (vgl. Kade/Nittel/Seitter 2007: 84 ff.).

Der Hintergrund dieses Ansatzes ist die empirisch belegte These einer Pluralität und Autonomie einer individuellen Aneignung gegenüber allen pädagogischen Absichten. Gemeint ist damit, dass die erwachsenenbildnerischen Settings weniger durch die pädagogische Gestaltung der Kursleitungen, als vielmehr durch die TeilnehmerInnen und deren subjektive Bedeutungskonstruktionen selbst bestimmt sind. Die Aneignung in Erwachsenenbildungssettings setzt diese zwar voraus, aber die lebensweltliche Bedeutungskonstruktionen und die pluralen Biografien der Teilnehmenden strukturieren dieselbe. Derry spricht hier von »kognitivem Konstruktivismus« (Derry 1996: 163 ff.). Dieser basiert auf der Bildung mentaler Modelle, die subjektiv dergestalt miteinander verknüpft werden, dass daraus eine einzigartige Objektrepräsentation entstehen kann. Wenn ein mentales Modell erst einmal konstruiert ist, dann kann es als Grundlage für weitere Schlussfolgerungen herangezogen werden. So wird im Verständnis der Weiterbildung das Lernsetting als der Austausch die Reflexion mentaler Modelle und Vorstellungen verstanden, die soziale Realität konstruiert haben und im Lauf des Lebens entstanden sind. Wir wählen konzeptionell damit einen lebenslauforientierten Zugang.

Zum Begriff »Kulturelle MittlerInnen« im Kontext der Ausbildung an der Evangelischen Hochschule Ludwigsburg

Die »Interkulturelle MittlerIn« ist weder ein geschützter noch professionsbezogener Begriff, daher sollen im Folgenden die Definitionen des bestehenden Curricula in der Ausbildung zu Kulturellen MittlerInnen an der Evangelischen Hochschule Ludwigsburg dargestellt werden. Die Einsatzbereiche der am Institut für Fort- und Weiterbildung der Evangelischen Hochschule Ludwigsburg qualifizierten Interkulturellen MittlerInnen sind vorrangig an den Schnittstellen sozialer Organisationen, Ämtern und Behörden, bei denen sie als Ver-MittlerInnen bei interkulturellen Konflikten fungieren und zur Verständigung und Lösung interkultureller Problemlagen in den jeweiligen Institutionen ihren Beitrag leisten. Sie sollen bei interkulturellen Fragen für das Klientel mit geteiltem kulturellem Hintergrund unterstützend wirken, eine Brücke von Verständnis bilden und kulturelle Aspekte sensibel ver-mitteln. Durch die Ausbildung der Interkulturellen MittlerInnen soll zusätzlich zunächst für die Stadt Heilbronn, zukünftig auch darüber hinaus, ein regionaler ExpertInnenpool für Interkulturelle MittlerInnen entstehen.

Als Basis für die Entwicklung des Designs der Qualifikation dienten fünf Säulen:

- **Kontext** (In welchem Kontext liegt das Tätigkeitsfeld der Kulturellen MittlerInnen? In welchen kontextualen Bedingungen entsteht ein Bedarf, Kulturelle MittlerInnen einzusetzen?)
- **Funktion und Rolle** (Welche Funktion und welche Rolle haben die Kulturellen MittlerInnen im Rahmen ihres Einsatzfeldes?)
- **Fähigkeiten und Kompetenzen** (Welche Kompetenzen und Fähigkeiten müssen Kulturelle MittlerInnen mitbringen oder am Ende der Qualifikation erworben haben? Welches Qualifikationsprofil haben Kulturelle MittlerInnen?)
- **Curriculare Bausteine** (Methodische Ansätze, Themen und Inhalte der Qualifikation zur Kulturellen MittlerIn)
- **Lernansatz und Selbstreflexion** (Wie findet Wissensvermittlung und Wissenserwerb im Kontext der Qualifikation statt? Wie werden biografische und kulturelle Erfahrungen, der subjektiv erfahrene kulturelle Kontext als subjektive Wirklichkeitskonstruktion reflektiert?)

Die Weiterbildung zu Kulturellen MittlerInnen in Beratungsstellen

Die Qualifikation umfasst 75 Stunden, findet an sechs Wochenendmodulen in Seminarform statt und beinhaltet sowohl ein interkulturelles Kommunikationstraining als auch sozialpolitische und psychologische Grundinformationen zu Kultur und Migration, Grundlagenwissen über das Hilfesystems in Deutschland, soziale Organisationen, Behörden und Institutionen, Grundlagen des systemischen Arbeitens. Das Kennenlernen des deutschen Hilfesystems und sozialer Organisationen wird dabei unterstützt, dass die Module und die Supervisionsstunden nicht nur an der Evangelischen Hochschule Ludwigsburg durchgeführt werden, sondern in zahlreichen sozialen Organisationen vor Ort. So lernen die TeilnehmerInnen über einen kurzen Input zu Beginn der jeweiligen Lerneinheit diese Organisation, ihren Ansatz und ihr Handlungsfeld kennen.

Motivation und Statusgewinn über die Qualifikation

Die Motivationslagen der TeilnehmerInnen sind von großer biografischer Offenheit und dem Wunsch der Reflexion derselben als Ressource für sich selbst und andere, verknüpft mit der Anerkennung und Statuserwerb oder Statusgewinn. Allen liegt die Erfahrung zugrunde, dass die Ausbildungen aus den Herkunftsländern in Deutschland bisher nicht anerkannt werden. Der Statuserwerb erfolgt zum einen über eine Honorierung ihrer Einsätze als Kulturmittlerinnen und Kulturmittler durch die Kommune und nach drei Einsätzen durch die Übernahme des Honorars seitens der Einrichtung, die die KulturmittlerIn anfordert. Auf der anderen Ebene über ihre Tätigkeit als Kulturelle MittlerInnen. In ihren Einsätzen werden sie als ExpertInnen angefragt, worüber wiederum eine Wissenslücke der professionell Tätigen der jeweiligen Organisation (Sprachwissen und Kulturwissen) kenntlich wird, die sie mit ihren Kompetenzen schließen können. Über die Etablierung Kultureller MittlerInnen in institutionellen Organisationen als »professionelle Rolle« und über die Anerkennung als ExpertInnen hinsichtlich ihres Wissens und ihrer Kompetenzen findet eine Aufwertung statt.

Die Kulturellen MittlerInnen haben die Ressource des Betroffenenstatus und erwerben professionelles Wissen und Interventionspraktiken. Es geht in diesem Ansatz der Qualifikation nicht nur um den Einbezug von Betroffenen und darum, sie als eigentliche ExpertInnen zu sehen, sondern darum, sie zu qualifizieren und ihnen auf der Basis einer »reflektierten Betroffenheit« ein Handlungs- und Arbeitsfeld in der Sozialen Arbeit zu eröffnen. Damit wurde mit der Ausbildung zu Kulturellen MittlerInnen eine neue Kultur der Qualifikation in der Verschränkung mit dem Empowerment-Konzept (Betroffene selbst zu befähigen) auf den Weg gebracht.

Inspiriert durch Morgenstern geht das Ende so:

Der Zwischenraum
Da war in einem Lattenzaun;
Der Zwischenraum –
Schön anzuschaun
Hast Du ihn auch schon mal entdeckt
Oder keck den Kopf hindurch gestreckt?
Oder nur hindurchgeschaut
Und Dich dann nicht mehr getraut?
Nein! Vielleicht doch etwas entdeckt?
Das, was hinter den Latten sich weit erstreckt?
Das ist aber nicht der Zwischenraum,
sondern der Hintergrund
vom Lattenzaun.

Literatur

Aschenbrenner-Wellmann, Beate/Groner Birgit (Hrsg) (2012): Kulturelle MittlerInnen in der Migrationsgesellschaft. Stuttgart, S. 61-78.
Buden, Boris (2005): Der Schacht von Babel. Ist Kultur übersetzbar? Berlin.
Derry, Sheryl J. (1996): Cognitive schema theory in the konstruktivist debate. Educational Psychologist 31, S. 163-174.
Grosch, Harald/Groß, Andrea/Leenen, Wolf-Rainer (2000): Methoden interkulturellen Lehrens und Lernens. Saarbrücken.
Hall, Eduard T. (1969): The silent language in overseas business. Harvard Business Revlew, (May-June), S. 38.
Hofstede Geert (2005): Lokales Denken, globales Handeln. Interkulturelle Zusammenarbeit und globales Management. München.
Kade, Jochen/Nittel, Dieter/Seitter, Wolfgang (2007): Einführung in die Erwachsenenbildung/Weiterbildung. Stuttgart.
Kriz, Jürgen (1999): Systemtheorie für Psychotherapeuten, Psychologen und Mediziner. Wien.
Linke, Astrid (2008): Kommunikation, Kultur, Vergesellschaftung. In: Kämper, Heidrun/Eichinger, Ludwig (Hrsg.): Sprache-Kognition-Kultur: Sprache zwischen mentaler Struktur und kultureller Prägung. Berlin, S. 24-50.
Ludewig, Kurt (2002): Leitmotive systemischer Therapie. Stuttgart.

Maturana, Humberto/Varela Francisco (1987): Der Baum der Erkenntnis. München.

Morgenstern, Christian: Es war einmal ein Lattenzaun. In: http://www.yolanthe.de/lyrik/morgenst02. htm 2013-05-04.

Polzius, Jutta: »Beratungsstelle – Was sollen wir da?« Sprache in multikulturellen Supervisionsgruppen. In: OSC, 2011/18, S. 283.

Roer-Strier, Dorit R.: Coping strategies for immigrant parents: Directions for family therapy. Family Process. 1996/35, S. 355-363.

Thomas, Alexander (1999): Kultur als Orientierungssystem und Kulturstandards als Bauteile. In: IMIS Beiträge 10. Osnabrück. Institut für Migrationsforschung und Interkulturelle Studien an der Universität Osnabrück, S. 91-132.

Thomas Hörnig

»Aschenbrödels«[1] kleine Schwester. Die Lehre von der Inneren Mission, Diakonik[2] bzw. Diakoniewissenschaft zwischen Praktischer Theologie und Sozialer Arbeit

Für den Verfasser gehört die Lehre von der Inneren Mission, Diakonik bzw. Diakoniewissenschaft von Anfang an in die Praktische Theologie. (Vgl. Gebhard 2002: 61-82; Wagner 1983/84: 186-194.) Praktische Theologie diente, angehaucht von obrigkeitlichem Geist, dazu, dass die Tätigkeiten der evangelischen Kirche bzw. ihrer Organe dargestellt wurden bzw. dass für deren kirchenleitende Ausübung in den Umbrüchen und Krisen des 19. Jahrhunderts »fit« gemacht wurde. Damit ist Innere Mission, Diakonik darzustellen als Tätigkeit und Lebensäußerung weniger *der Gemeinden* als vielmehr *der Kirche* und *des geistlichen Amtes*, womit eine dauerhaft *umstrittene* Frage von Zuständigkeit und Aufgabenverteilung bereits in der Definition enthalten ist: Wie viel Kirche braucht Diakonik? Passt die Innere Mission in die Amtsinstruktionen der Geistlichen?

Aufsätze zur Geschichte, Herkunft, Bestimmung der Diakoniewissenschaft als theologischer Disziplin finden sich vereinzelt; sie atmen einen larmoyanten Ton und lassen schon im Titel einen Minderwertigkeitskomplex vermuten: »Diakonie und Universitätstheologie – eine versäumte Begegnung?« wird gefragt (Funke 1983/84: 152-164). »Diakonik – Geschichte der Nichteinführung« (Albert 1983/84: 164-177)

---

1   Vgl. Zimmer 1895: 3; 20. Friedrich Zimmer (1855-1919) sprach in seiner Grundlegung von der »Aschenbrödel«-Rolle der Praktischen Theologie, die er u.a. mit dem Chaos der Umfangsbestimmung und der schwierigen Einteilung dieser Disziplin begründete. Damit führte er eine vielzitierte Metapher ein.

2   »Diakonik ist die wissenschaftliche Theorie des diakonischen Handelns von Christen [und -innen] in Kirche und Gesellschaft. Das Handlungsfeld, das von dieser knappen Definition erfasst werden soll, ist groß und vielfältig. Es reicht vom Kindergarten über die ambulante und stationäre Pflege, die Altenhilfe, Behindertenhilfe, Kinder- und Jugendhilfe, die Obdachlosenarbeit, die Ehe-, Familien- und Lebensberatung, die Beratung in Schwangerschaftskonflikten, die Begleitung von Sterbenden und Trauernden bis zu internationalen Entwicklungs- und Solidaritätsarbeit, von der weltweiten Katastrophenhilfe bis zur Unterstützung von Projekten der Selbstorganisation indigener Völker.« (Schneider-Harpprecht 2007: 733).

wird beklagt. »Diakonik – Diagnose des Fehlens einer Disziplin« (Philippi 1983/84: 177-186) wird analysiert. Die Suche nach »Wurzeln« führt dann unweigerlich zur neuen Disziplin »Praktische Theologie«: darauf werden Pastoraltheologien des 19. Jahrhunderts durchforstet, Praktische Theologien durchkämmt: Wer führt uns an? Wer vergisst uns? (Vgl. Hermann 2008a: 95-108) Und regelmäßig grüßt die Gretchenfrage: Wie haltet ihr es mit Johann Hinrich Wichern (1808-1881)? »Diakoniewissenschaft zwischen Theologie und Sozialarbeit. Anstöße zu einer Neuorientierung« (Mühlum/Walter 1998: 277-289) – wer erfindet sich da neu und überwindet endlich all die hamartiologischen Begründungsmuster, die bis weit in die 1960er-Jahre die Diakonik belasteten?

Nur eine Frage wird nicht gestellt: Warum *kann* die »Lehre von der Inneren Mission« bzw. die Diakonik in bestimmten Pastoraltheologien bzw. Praktischen Theologien gar nicht auftauchen? Welche theologischen, ekklesiologischen Voraussetzungen verhindern dies schon im Ansatz?

Selbst aus heutiger Sicht bleiben Fragen: Hat die Diakoniewissenschaft eine Zuordnung, eine »Bringschuld« gegenüber der real existierenden Diakonie interpretiert als »Lebens- und Wesensäußerung« von verfasster Kirche? Wie stark beeinflussen sozialpolitisch-gesellschaftliche Diskurse das Fach? Wird Identität in ökonomischer Krise und auf neoliberalem Sozialmarkt durch historische Rückbindung konstruiert? Wird etwas vermisst, wird nach dem »Eigentlichem«, dem »Proprium« (statt des »Konstitutivums«), der Schlüsselqualifikation oder nach dem »Kerngeschäft« gefragt? Haben vielleicht zu viel Ökonomie die Christlichkeit, zu viel Markt das Leitbild und fehlende christliche Identität der Mitarbeitenden das Profil unscharf werden lassen? Wirft nicht die »Soziale Arbeit«, insbesondere wenn als parallele Disziplin an Fachhochschulen gelehrt, die Frage auf, ob Diakoniewissenschaft mehr als biblisch verbrämte »Motivationskunde« ist, was ihr also genuin an Fachlichkeit zukommt? Was ist ihr »Mehrwert« angesichts ihres ständigen Bedarfes an – relational gesprochen – vor allem sozialwissenschaftlichen Hilfswissenschaften?

Noch eine Vorbemerkung als sperriger Denkposten: inwieweit leidet die Diakonik bzw. Diakoniewissenschaft – vielleicht mehr als die Lehre von der »Inneren Mission« – an ihrer Pfarrer-, Wichern- und Kirchenfixierung, nach dem I. Weltkrieg dazuhin an der pragmatischen motivierten Staatsnähe ihres Sujets?

1. »Aschenbrödels« kleine Schwester

Evangelische Theologie bündelt und entfaltet sich zu Beginn des 19. Jahrhunderts in Disziplinen: »Exegetische Theologie« (»Altes« Testament und Neues Testament), »Historische Theologie« (Kirchengeschichte) und »Philosophische [›spekulative‹] Theologie« (Dogmatik und Ethik). Neu war die Formulierung »Praktische Theologie«. Diese wurde sogleich bei Daniel Friedrich Ernst Schleiermacher (1768-1834) vielzitiert als »Krone des Studiums«[3] geführt, weil ihre Aufgabenfelder die Gesamtbestimmung der Theologie als Wissenschaft am reinsten abbildeten: im Dienste kirchenleitenden Handelns in Gemeinde und »Kirchenregiment« zu stehen. Allerdings wurde die Praktische Theologie auch stets kritisch befragt und aufgrund ihres Praxisbezuges boshaft kommentiert als »Theorie des praktischen Hufbeschlags« (Wellhausen 1895: XX). »Praktische Theologie war von Anfang an eine Krisenwissenschaft.[4] Der allgemeine Abbau von Traditionsleitungen, die Technisierung der Lebensvollzüge, sowie damit einhergehende tiefgreifende gesellschaftliche, kulturelle und politische Umbrüche am Ende des 18. und zu Beginn des 19. Jahrhunderts führten dazu, dass die bis dahin verbreitete Pastoraltheologie [als traditionelle Berufslehre bzw. Sammlung von Klugheitsregeln der Geistlichen] als Theorie nicht mehr ausreichte.« (Grethlein et al. 1999: V) Die Einführung der Praktischen Theologie als »positiver Wissenschaft« hatte so von Anfang an mit dem Makel zu kämpfen, dass hier problemorientierter Aktualismus - vor allem

---

3   Es heißt dezidiert nicht: »Krone der theologischen Disziplinen«; diese Formulierung von der »Krone« findet sich auch nur in der ersten Auflage der »Kurzen Darstellung des theologischen Studiums« (1811).

4   »Krisen entstehen, wenn die Struktur eines Gesellschaftssystems weniger Möglichkeiten der Problemlösung zuläßt, als zur Bestanderhaltung des Systems in Anspruch genommen werden müssten. In diesem Sinne sind Krisen anhaltende Störungen der Systemintegration« (Habermas 1973: 11).
Eine schöne Krisenbeschreibung: »Daß unsere Kirche als Kirche inmitten der gewaltigsten Veränderungen, inmitten weitreichender Zersetzungen und Neubildungen im Völker- und Volksleben so weitergelebt und stellenweise so weitervegetiert hat, wie wenn alles beim alten geblieben wäre, daß sie den furchtbaren Erscheinungen eines massenhaften Abfalls vom Christentum gegenüber gemeint hat, sich bei ihrer überkommenen Weise beruhigen zu dürfen, dies Verhalten wird heute von keiner Seite mehr verteidigt, nur über das größere und geringre Maß der Verschuldung ist Meinungsverschiedenheit. Trat nun die innere Mission in die Arbeit ein, welche die organisierte Kirche hatte liegen lassen, so lag es in der Natur der Sache, daß über der Verhältnis dieser beiden zueinander bald die Diskussion eröffnet wurde« (Vgl. Simons 1894: 159-172, 162).

nach der französischen Revolution und deren Folgen - unterstellt wurde. Zudem nahm man an, dass »nur« der Pflichtenkanon der Geistlichen mit den dazugehörigen Techniken mit relationalen Hilfswissenschaften und »Künsten« abgearbeitet würde: Berufsvorbereitung statt »hoher« Wissenschaft!

Praktische Theologie als »Aschenbrödel« - weil den Dogmatikern, Exegeten und Historikern schönere Systematik, ältere Würden und größere Bedeutung zugemessen wurden. Und da hinein, in diese um ihre Bedeutung kämpfende junge Wissenschaft wurde nun zaghaft die Lehre von der Inneren Mission, die Diakonik oder Diakoniewissenschaft, sozusagen als »Krisenwissenschaft in der Krisenwissenschaft« gesetzt. Oder eben auch nicht gesetzt. Denn wer Diakonik, Lehre von der Innere Mission dachte, musste vier fundamentale Verhältnisse positiv klären und zueinander in Beziehung setzen:

- Diakonik und Mission,
- Diakonik incl. allgemeinem PriesterInnentum (respektive LaiInnenengagement) versus geistliches Amt in Zeiten zunehmender Konfessionalisierung,
- Diakonik und Kirche, zugespitzt auf: - Diakonik und freie Assoziationen/Vereine.

Der Praktischen Theologie erwuchsen Probleme mit der - häufig pejorativ konnotierten - Inneren Mission und deren Integration in universitäres Denken. Es war m.E. ein Problem von Habitus und sozialer Klasse (vgl. Bourdieu 1987; Bourdieu/Wacquant 1992; Krais/Gebauer 2002), von »Heiligkeit der Kirche« und sozialer Not: Kleidung und Lebensstil, Sprache und Geschmack - es passte nichts. Innere Mission, Diakonik hatte nicht den richtigen Stallgeruch, das falsche Klientel oder Milieu: es roch nach Problemen, nach Vernachlässigung, nach Vereinen, nach Traktaten, nach Unmoral, nach Gefängnis, nach Prostitution. Nach »Blöden«, »Idioten« und »Krüppeln«, nach Kleinkinderlehrerinnen und Stadtmissionaren. Es wurde erinnert an die Sprachlosigkeit in Fragen von Milieu, Mission oder Apologie. Sprachlosigkeit herrschte gegenüber weiten Teilen der städtischen »KirchengenossInnen«. Erhebliche Teile des Reiches Gottes wurden sozial wie moralisch vernachlässigt! Letztlich, so die provokante These, wurde auch nicht die »wilde« Innere Mission mit ihren Ausbildungsstätten, Vereinen, Initiativen von charismatischen Fräulein, Frauen und Männern ohne »geistliche Würden«, sondern die von Pfarrern dominierte und repräsentierte Anstaltsdiakonie[5] bzw. die dezidiert kirchlichen Vereine (Gustav-Adolf-Verein, Evangelischer Bund) für die entstehende Disziplin stilbildend. Also Diakonik als »Aschenbrödels« kleine Schwester!

2. Gang durch die Geschichte

Karl Immanuel Nitzsch (1787-1868) nahm 1847 als erster die »Diakonik« in seine wissenschaftliche Abhandlung über das System der Theologie (vgl. Nitzsch 1847-1857) auf und verlieh ihr dadurch »Hausrecht« (Schäfer 1890: 519) in der Praktischen Theologie als der Wissenschaft von der kirchlichen Ausübung des Christentums: »Diakonik« wurde bei ihm in die Seelsorge eingegliedert, genauer: »Die eigenthümliche Seelenpflege des evangelischen Hirtenamtes mit Rücksicht auf die innere Mission«. Christentum war für Nitzsch Bildung, Erziehung und vor allem »eigenthümliche Seelenpflege« [»cura specialis«] (Nitzsch 1857: § 41-416). Insofern wird es nicht überraschen, dass Nitzsch aus der Seelenpflege, Seelsorge, die Idee einer sehr verinnerlichten, »[u]rsprünglichste[n] innere[n] Mission« seit der apostolischen Zeit entwickelte.

Bei Nitzsch geriet Diakonik eher zum Zweig als zum Ast am Baum der Theologie. Nitzsch sprach vom »helferische[n] Standesgeist« und beschrieb ihn mit »gefühlte[r] Freiheit und demüthige[r] Würde im Dienen für Seele und Leib der Menschen« (Nitzsch 1857: § 435). Kirche als »actuoses Subjekt« kam für die Praktische Theologie in Blick durch die Taten der Geistlichen und Nichtgeistlichen.

2.1 Was also machte für Nitzsch die Diakonik diakonisch? Erste Antwort: Die Seelsorge, die zu allen Zeiten *von allen* geübt wurde. Und das Ethos des Helfens.

Nitzsch sah die Grenzen einer allzu weit gefassten »Seelsorge« bzw. »speziellen Seelsorge«, wenn Diakonik Oberbegriff für alle Werke der

---

5   Johann Hinrich Wichern (Rauhes Haus und Zentralausschuss für Innere Mission), Theodor Fliedner (Kaiserswerth), Wilhelm Löhe (Neuendettelsau), Friedrich von Bodelschwingh (Bethel); aber nicht: Amalie Sieveking (Hamburg), Hedwig von Stosch (Frankenstein in Schlesien), Gräfin Wally Poninska (Breslau), Regine Jolberg (Nonnenweier) oder Wilhelmine Canz (Großheppach).

Barmherzigkeit und zur »Theorie der Disziplin« (Nitzsch 1857: § 435) würde. Für das 19. Jahrhundert kam Nitzsch über die »Spezialseelsorge« zur weit gefassten »Inneren Mission«, sowie von der verinnerlichten, uneigentlichen inneren Mission in der Kirchengeschichte zu äußerlichen, eigentlichen »innern Mission« des 19. Jahrhunderts und fasste diese vor Wicherns Wittenberger Stegreifrede summarisch zusammen: »Die in der innern Mission zusammengefassten Kategorien christlicher Hülfs=Thätigkeit sind *dreifach. Zum ersten richtet sie sich auf Rettung des Verlorenen* im engern Sinne: Rettungshäuser, Gefängniß=Vereine oder Vereine für Unterricht und Besserung der Sträflinge, Unterbringung der Entlassenen, Asyle, Magdalenen=Stifte, Mäßigkeits=Vereine; *zum zweiten auf Verbreitung christlicher Erkenntniß, schriftliche und mündliche*: Bibelgesellschaft, Traktatengesellschaft, Büchervereine, christliche Leih- oder Freibibliotheken; *zum dritten auf Ersatz und Herstellung des Gottesdienstes, der Seelsorge und christlichen Gemeinschaft* für solche Mitchristen, welche dieser Wohlthaten durch Entfernung von der Heimath, durch am Sonntage, durch Beruf und Zustand verlustig gehen: Gesellen=Vereine, Herbergen für dienstlose Mägde, Mission für die Seefahrer, Bergleute, Auswanderer, für die aus der Ferne zusammenströmenden Fabrik= und Eisenbahn=Arbeiter, für Droschken=Kutscher, Postillons u.s.w.« (Nitzsch 1857: § 434)

Das seelsorgerliche Paradigma hielt sich erstaunlich lange.[6]

2.2 Was also machte für Nitzsch die Diakonik noch diakonisch? Zweite Antwort: Das gesellschaftsmissionarische Wirken in freien Vereinen und Assoziationen, die auf »das Verlorene« gerichtet waren.

Wer im 19. Jahrhundert »Innere Mission« sagte, kam nicht umhin über »freie Vereine« und Assoziationen, die Organisationsform der Hilfe und freiwilliger Aktivität, zu reflektieren. Freie Vereine standen in natürlichem Gegensatz zu Kirchen, die zunehmend wieder von der »Notwendigkeit und Autorität des [geordneten] geistlichen Amtes« ge-

---

6   Bassermann 1909; Cremer 1904; Johannes Meyer 1923; von der Goltz 1929; Bülck 1934; Fichtner 1939 und Alfred Dedo Müller 1954.
     Die nationalsozialistische »Volkswohlfahrtsideologie« gepaart mit finanzieller Abhängigkeit und dem Paradigma »Seelsorge« beförderte später keine widerständigen Kräfte in der Inneren Mission!

prägt waren. Das geistliche Amt, göttlich »gestiftet«, noch konstituiert durch Sitte, Zwang und Kirchenzucht, noch ausgerichtet bzw. wieder ausgerichtet auf die alleinige Verkündigung des Evangeliums und die Verwaltung der Sakramente (CA[7] 7), wurde fokussiert auf die Themen Einheitlichkeit und Heiligkeit der Kirche. Damit waren heftige Konfliktlinien vorgezeichnet: konnten Vereine im Raum der Kirche (CA 8) irgendwelche ekklesiologische »Würde« haben? Wie stand es um die Predigt nicht ordinierter Stadtmissionare? Durften Diakonissen, Kleinkinderlehrerinnen, Fräulein und Frauen in der Sonntagsschule das Evangelium verkündigen? Eine Lehre von der »Liebestätigkeit« gab es nicht mehr: Almosen, Hospizen, Stiftungen war mit CA 20 der zeitlich-heilsame Reiz und überzeitlich-heilschaffende Anreiz genommen!

Die Handlungsform »Verein« war im 19. Jahrhundert angesiedelt zwischen Alptraum und Verheißung. Sie wurde regelmäßig aus lutherischer Sicht gescholten und verdammt: »Atomismus«, »Individualismus«, »Subjectivismus« und »Unionismus«. Man ärgerte sich über die Vereine, weil diese außerhalb der Parochien standen, nicht zu kontrollieren waren und flexibler auf geistige wie soziale Defizite reagierten: »Es ist dem nunmehr begründeten evg. Vereinsleben eigentümlich, daß es seine volle Selbständigkeit nicht nur gegen das Amt des Staats, sondern auch gegen das der offiziellen Kirche wahrt, so wenig seine Träger politische oder kirchliche Revolutionäre waren, vielmehr freiwillige Hilfstruppen für Staat und Kirche. Das bestehende Kirchentum galt in den von der religiösen und sozialen Not tief erregten Kreisen wegen seiner toten Form und seiner Bureaukratie als verdächtig, als unfähig, Leben zu wecken.« (Baumgarten 1913: Sp. 1.631). Mächtige Verbündete und Förderer würden dem Evangelischen Vereinswesen erwachsen: Johann Hinrich Wichern als preußischer Konsistorial- und Oberkirchenrat, Friedrich von Bodelschwingh d. Ä. als Förderer von Innerer Mission und Vereinen im preußischen Landtag.

Und mächtige Feinde gab es. August Friedrich Otto Münchmeyer (1807-1882), Pastor in Hannover, später Superintendent in Buer/Osnabrück, legte mit den Bezeichnungen »Afterkirche« oder »donatistische Häresie« für Vereine und Innere Mission noch eine gehäufte Schippe Polemik drauf und resümiert: »Die ›innere Mission, unter dem Scheine der Freundschaft für die Kirche, ist doch der Ruin derselben, sie ist

---

7   Confessio Augustana, das für die lutherischen Reichsstände grundlegende Augsburgische Bekenntnis (1530).

ein Schlinggewächs, welches Stamm und Äste des Kirchenbaumes zu überziehen und ihm alle Lebenskraft auszusaugen droht: es steht so daß eine von beiden, die Kirche oder die innere Mission, das Feld räumen muß«« (Zeitblatt 1849: 214). Die theologisch schroffe Ablehnung der Organisationsform »Verein« zog also unweigerlich Distanz zum Thema »Innere Mission« nach sich. Hochschätzung von Vereinsleben hatte zu strittigen Konkretionen wie dem »allgemeinen PriesterInnentum der Gläubigen« geführt. Je nach dem entsprechenden Verständnis von »geistlichem Amt« würde so in Pastoral- bzw. Praktischen Theologien das Stichwort »Verein« fehlen, unterbestimmt werden[8] oder eine herausragende Bedeutung bekommen[9].

Einen einsamen Weg ging Richard Rothe (1799-1867) im Jahr 1848. Für ihn gehörte die innere Mission mit der Hochachtung der freien christlichen Vereine und einer Geschichtstheorie des neuzeitlichen Christentums in die Ethik. Er fuhr fort: In den außerkirchlichen, religiösen Vereinen »hat die Kirche der Gegenwart ihren wahren [!] Lebensheerd«[10], weil sich nur dort der Übergang vom kirchlichen zur sittlichen Existenzform der Kirche vollzieht. Das ist wahrlich ein interessanter und provozierender Satz: Innere Mission wird bei Rothe in liberalem Geist zu einer höheren Lebens- und Wesensäußerung bzw. -form von Kirche. Die Institution Kirche wurde also mit negativer Ekklesiologie bestimmt!

---

8   So bei dem dezidierten Lutheraner Claus Harms (1778-1855), bei Ludwig Hüffell (1784-1856), bei Philipp Konrad Marheineke (1780-1846), bei M. Johann Christian Friedrich Burk (1800-1880), bei dem »positiven« Breslauer Lutheraner Carl Friedrich Gaupp (1797-1863), Friedrich Ehrenfeuchter (1814-1878), August Friedrich Christian Vilmar (1800-1868), Karl Wilhelm Otto (1800-1871), Karl Knoke (1841-1920), Johann Heinrich August Ebrard (1816-1888), Theodosius Harnack (1816-1889).

9   Karl Immanuel Nitzsch (1787-1868), für den Vereine für freie Geselligkeit und kirchliche »Gesundungsgeschichte« standen. Wertschätzung fanden Vereine auch bei Richard Rothe (1799-1867), Carl Bernhard Moll (1806-1878), dem Nitzsch-Schüler Christian David Friedrich von Palmer (1811-1875), Paul Kleinert (1837-1920), Ernst Christian Achelis (1838-1912). Letzterer war von Nitzsch beeinflusst; er zeigte von daher große Wertschätzung für Vereine.

10 »Diese der Diakonie und der inneren Mission gewidmeten religiösen Vereine, gegen welche die der äußeren Mission dienenden, was die Gediegenheit christlicher Frömmigkeit angeht, doch in die zweite Linie zurücktreten, sind das eigenthümliche Erzeugniß und Lebenszeichen der modernen christlichen Frömmigkeit in ihrer Erscheinung rein als solche [...], und in ihnen hat die Kirche der Gegenwart ihren wahren Lebensheerd. Sie soll sie deßhalb mit aller Liebe und Sorgfalt pflegen, und sie zu immer kräftigerer Regsamkeit zu beseelen suchen. In ihnen hauptsächlich hat sie ihr Leben zu führen.« (Rothe 1848: § 1178).

2.3 Was also machte für Rothe die Diakonik diakonisch? Erste Antwort: Die Ethik und das ehrenamtliche Engagement *in freien Vereinen* auf höherem sittlichen Niveau.

Johann Hinrich Wichern hat die »Liebessemantik« und die Bedeutung von freien christlichen Vereinen von seinem Göttinger theologischen Lehrer Gottfried Christian Friedrich Lücke (1792-1855) übernommen. Wichern nahm 1848/49 die Fragestellung der Zusammenarbeit Innere Mission und theologische Wissenschaft (vgl. Denkschrift (1849): 175-366) auf. Es lohnt, die die Innere Mission und theologische Wissenschaft betreffenden Passagen zu betrachten: Wichern suchte pragmatisch »Personen [...], welche die Arbeit [der inneren Mission] mit andauerndem Eifer und Geschick zu der ihrigen machen« wollen. Vorzugsweise wären dies »Männer aus den höheren Ständen der Gesellschaft« (a.a.O.: 242). Darauf dürfen es auch Arbeiter »aus allen Ständen und Klassen der Gesellschaft« sein. Herausragendes Beispiel für das Lieblingsziel der Sonntagsheiligung war der Großraum London, da »10 000 freiwillige Sonntagsschullehrer« und »Hunderte von freiwilligen Tageslehrern« (a.a.O.: 243) an Armenschulen arbeiteten. Dann erst schloss Wichern an: »Immerhin wird es unerlässlich, dass die Arbeit für immer mehrere vollständig Lebensberuf werde. [Sic!] Namentlich muß die protestantische Geistlichkeit vom Geist, Wissen und Leben der innern Mission durchdrungen werden. Die innere Mission zu dem Zwecke ein Moment der pastoralen Vorbildung werden. Hier haben die Universitäten einen neuen Beruf zu erfüllen. Bereits haben Männer wie *Nitzsch* und R. *Rothe* [...] ihr eine bedeutende Stelle auch in den Kompendien der Wissenschaft zuerkannt. Aber es scheint möglich, daß ihr in der praktischen Theologie eine noch selbständigere Stelle könnte zuerkannt werden. Schon das geschichtliche Wissen von ihr erfordert, wenn es gründlich sein soll, Studium und Fleiß und auch nach andern Seiten der Theologie hin seinen Einfluß äußern.« (A.a.O.: 243 f.) »Vor allen Dingen aber wird es nötig sein, unter den Studierenden selbst eine Praxis der Art, wenn auch nur in Anfängen, anzubahnen.« (A.a.O.: 244). Kandidaten der Theologie waren für ihn ein mögliches Arbeitskräftereservoir.[11] Innere Mission, so Wichern, könnte später in der Vorbereitung

---

11 Preußen hatte 1845 beispielsweise 2.518 Kandidaten mit erstem Examen in einer im Schnitt zwölfjährigen (!) »Warteschleife«: die Kandidaten mussten bittere Jahre im Warten auf ein erstes Amt (und die Möglichkeit der Verehelichung) überbrü-

der Kandidaten durch Seminare und Vikariate eingehen. Landesvereine für Innere Mission werden Reisestipendien vergeben, damit etwa schlesische Vikare das Thema Innere Mission andernorts (durchaus auch im außerdeutschen Ausland) studieren konnten.

Wichern illustriert seine Wünsche mit dem Beispiel von Professor Neander in Berlin (Krankenverein), fordert die Zusammenarbeit von »Professoren und praktischen Geistlichen« (a.a.O.: 245) und konnte sich dies insbesondere beim Aufbau von Stadtmissionen in den größeren Universitätsstätten vorstellen.

2.4 Was ermöglicht für Wichern Innere Mission? Ehrenamtliches Engagement und die Kenntnis der Studierenden und Kandidaten der Theologie von Innerer Mission in Theorie und Praxis in freien Vereinen.

1854 auf dem 7. Deutschen Evangelischen Kirchentag fand eine Spezialkonferenz statt, welche sich mäßig erfolgreich mit dem Thema »Innere Mission an Theologischen Fakultäten« beschäftigte. Es blieb bei der grundsätzlichen, klassisch werdenden Zuordnung zur Seelsorge, also zur alten »Pastoraltheologie«. Damit war keine besondere Lebensfunktion oder keine außergewöhnliche Tätigkeit von Kirche beschrieben.

Wichern verfolgte gleichzeitig ein weiteres Ziel: er wollte die Innere Mission nicht nur im theologischen Studium verankern, auf der Monbijou-Konferenz 1856 suchte er Diakonie und Diakonat, also das »christliche Dieneramt«, in der »Evangelischen Kirche in den königlich-preußischen Landen« verpflichtend in den Gemeinden zu verankern. Dies misslang. Wichern kämpfte weiter für seine Vorstellung der dreifachen Diakonie: auf Gemeinde-, Kirchenebene sowie in freien Vereinen. 1856 erschien das »Gutachten des Pastor Dr. Fliedner zu Kaiserswerth« zum Diakonat.

---

cken. Gerade einmal 120 Kandidaten waren in dieser Zeit als Religionslehrer oder Katecheten bereits im Kirchendienst angestellt; viele schlugen sich als (Haus-) Lehrer durch. Darin lag ein Potenzial für die Innere Mission. Die Hamburger Stadtmission wird später zwischen »Kandidaten-Stadtmissionaren« und »Brüder-Stadtmissionaren« unterscheiden.

2.5 Was also machte für Wichern die Diakonik diakonisch? Die Bezogenheit auf die Kirche und die Rückführung der diakonischen Aufgaben in die Kirche.[12]

Für ihre Gesamtdarstellung der praktischen Theologie folgten auch 20 Jahre später, also 1876 ff., Karl Adolf Gerhard von Zezschwitz (1825-1886) und 1878 Theodosius Andreas Harnack (1816-1898) der Zuordnung der Diakonik zur Seelsorge nach dem Vorbild von Nitzsch. Von Zezschwitz legte das Hauptgewicht dabei weiter auf die »Innere Mission, Volkserziehung und [das] Prophetentum [unter Bezug auf die Hebräische Bibel]« (Zezschwitz 1864). Innere Mission verstand er zunächst als »reines Barmherzigkeitswerk«, schon zu Zeiten der Apostel habe sich »‹Diakonie‹ aller Art« als »eine Erstlingsfrucht christlicher Liebe bewährt« (Zezschwitz 1878: 588). Von Zezschwitz formulierte als Lutheraner einen Vorbehalt. Er sah das »letzte[] innerste[] Wesen überall da geschädigt [], wo die innre Mission direct für Zwecke und im Dienste des Staates verwertet oder Seitens derer, welche innere Mission betreiben, die christlich-kirchlichen Notstände und Ziele mit den weltlich-socialen verwechselt und danach die Mittel und Formen kirchlicher Diakonie bemessen werden. Der rein humanitäre Standpunkt wird nie die Sünde als eigentliche und allzeit fortwirkende Ursache des menschlichen Elendes erkennen und deshalb immer aufs Neue allerlei optimistischen Täuschungen über die Beseitigung von Notständen und die Möglichkeit vollkommener Zustände unterliegen, während gesunde christlich Erkenntnis die Diakonie und innere Mission lehren wird, alle Kräfte darauf zu concentrieren, dass es so wenig wie möglich Not und Elend in der Welt gebe, das nicht göttlichen Trost und so viel tatsächliche Hilfe in der Nähe habe, um für christliche Geduld erträglich zu werden. [Sic!] Für den Staat kann Barmherzigkeit als solche nie ein leitendes Princip bilden.« (Zezschwitz 1878: 591) Bereits von Zezschwitz formulierte einen spannenden Vorbehalt bzw. eine Warnung vor zu viel Staatsnähe der Inneren Mission!

---

12 Exemplarisch gelungen ist dies für Bibelstunde und Sonntagsschule bzw. Kindergottesdienst. Beide sind so integriert und im Kanon des Pfarramtes verankert, dass nichts mehr an die Herkunft aus der Inneren Mission erinnert: die Innere Mission hat sich für diese Felder »überflüssig« gemacht!

2.6 Was also machte für von Zezschwitz die Diakonik diakonisch? Erste Antwort: »reconciliatorische« Seelsorge, Volkserziehung, Prophetie und die Werke der Barmherzigkeit in Eigenverantwortung und ohne zu viel Staatsnähe.

Theodosius Harnack fokussierte sich auf die ausführliche historische Herleitung unter dem Begriff »Diakonie«. Damit begann mit Theodosius Harnack die klassische, zunehmend apologetisch gefärbte Begründung der Diakonie aus der Geschichte des Christentums als einer von Barmherzigkeit und Liebe. Das Christentum und die Kirche wurden mit und aus dieser durchaus verdienstvollen Liebestätigkeit begründet und legitimiert. »In jüngster Zeit hat die Diakonie und innere Mission einen sehr bedeutenden Aufschwung genommen. In höchst erfreulicher Weise haben sich die Stätten der heiligen Liebesarbeit und die Arbeiter und Arbeiterinnen gemehrt, die sich diesem Werke, mit Ausschluss aller Werkgerechtigkeit, und aller unevangelischen Gelübde, zur Verfügung stellen. In ihnen begrüßen wir Kräfte und Institute, die ein dringendes Bedürfnis der Kirche sind und in dem Maße heilsam wirken, in welchem sie von innerkirchlichem Geiste getragen werden. [...] Das ganze große Gebiet dieser Thätigkeit der christlichen Liebe läßt sich besonders unter vier Hauptgesichtspuncte fassen: es gilt Hebung theils der *intellectuellen* Nothstände [u.a. Bibel-, Bücher- und Traktatverbreitung], theils der *sittlichen* [u.a. Rettungshäuser, Gefängnis- und Mäßigkeitsvereine], theils der *physisch-ökonomischen* [u.a. Armen-, Krankenpflege, Kindererziehung, Diakonissenanstalten], theils endlich im Allgemeinen der *socialen*[13] [u.a. FabrikarbeiterInnen, AuswanderInnen].« (Theodosius Harnack 1878: 327 f.)

2.7 Was also machte für Theodosius Harnack die Diakonik diakonisch? Antwort: Die alte Tradition der »heiligen Liebesarbeit«, die Arbeit gegen geistige, ökonomische und soziale Notstände.

Sein berühmter Sohn Karl Gustav Adolf von Harnack (1851-1930) nahm in seiner Monographie zur »Mission und Ausbreitung des Christentums« den historischen Faden auf und verstärkte unbeabsichtigt den stets willkommenen, historisch-apologetischen Zug in der

---

13   Angedacht waren Vereinsgründungen und anwaltschaftliche Unterstützungsarbeit.

Diakonik nach der Melodie: »2.000 Jahr im Dienste der Barmherzigkeit«!

»›Ich bin krank gewesen, und ihr habt mich besucht ... Was ihr getan habt einem unter diesen meinen geringsten Brüdern, das habt ihr mir getan.‹ In diesen Worten hat der Stifter der Religion die dienende Liebe an den Kranken in den Mittelpunkt der Religion gestellt und sie allen seinen Jüngern auf die Seele gelegt. Die alte Christenheit hat diese Verpflichtung im Herzen behalten [...] und in der Tat verwirklicht. [...] Die Kirche hat ein festes Institut der Kranken- und Armenpflege in frühester Zeit ausgebildet und viele Generationen hindurch in Wirksamkeit erhalten. Es ruhte auf der breiten Grundlage der Gemeinde; es empfing seine Weihe aus dem Gemeindegottesdienst, aber es war streng zentralisiert. Der Bischof war Oberleiter [...], und in manchen Fällen – namentlich in Syrien und Palästina – ist er wirklich zugleich Arzt gewesen [...]; seine ausführenden Organe waren die Diakonen und die angestellten ›Witwen‹. [...] In der ältesten Kirche traten die weiblichen Pfleger [sic!] hinter den männlichen zurück. Die Diakonen waren die eigentlichen Helfer. Ihr Amt war schwer und, namentlich in den Zeiten der Verfolgungen, sehr exponiert. Sie haben eine beträchtliche Anzahl zu den Märtyrern gestellt. ›Täter guter Werke, Tag und Nacht nach allem sehen‹, werden sie genannt [...]. Die Sorge für die Armen und Kranken war eine ihrer Hauptaufgaben [...].« (Adolf von Harnack 1924: 147 ff.) Von großer Bedeutung waren die »Liebesmahle (Agapen)«, mit denen »ursprünglich die solenne [feierliche, weihevolle] Abendmahlsfeier verbunden war [...]. Ihrer Idee nach sollten hier die Armen Speise und Trank erhalten, da eine gemeinsame Mahlzeit, zu der ein jeder nach Vermögen beitrug, sie und die Reichen vereinigen sollte.« (A.a.O.: 181) Eine alte Legende aus der Zeit der Verfolgung durch Decius erzählt, dass der Diakon Laurentius auf das Verlangen hin, den Schatz der Kirche auszuliefern, »die Armen als die einzigen Schätze« bezeichnete »und in den ersten Jahrhunderten war das noch keine Lüge« (a.a.O.: 187). Die Sorge für ein anständiges Begräbnis war Aufgabe der Diakone (vgl. a.a.O.: 190 f.), die Gastfreundschaft (vgl. a.a.O.: 200 f.) u.v.m.

2.8 Was also machte für Adolf von Harnack die Diakonik diakonisch? Antwort: Die alte Tradition der Liebestätigkeit in Kranken- und Armenpflege, für die stellvertretend die Ämter der Diakone und Diakoninnen stehen.

Jedenfalls kann als kleines Zwischenresümee festgehalten werden: Diakonik bzw. Innere Mission hat allzeit ihr Verhältnis zur verfassten Kirche, zu freien Vereinen und zu ihrem Entstehungsort[14] zu klären.

Ernst Christian Achelis (1838-1912) zog 1890 f. den III. Artikel des Glaubensbekenntnisses zur Strukturierung der Praktischen Theologie heran. Unter der »Heiligkeit der Kirche« fasste er im ersten Band die Katechese, Homiletik und Seelsorge. Im zweiten Band war »Einheitlichkeit« die Überschrift über der Liturgik, die mit dem Thema »Abendmahl« endete. Dann folgten Innere Mission, Gemeindeleitung und Kybernetik. Der abschließende Teil beinhaltete eine »Lehre von den freien Vereinigungen im Interesse der Heiligkeit (innere Mission)« der Kirche. Freie Vereinigungen für Heiligkeit stellte er solchen für Einigung/Einheitlichkeit der Kirche gegenüber (Gustav-Adolf-Verein, evangelischer Bund). Unter freie Vereinigungen für die Allgemeinheit der Kirche fielen »Heiden- und Judenmission«.

Philipp Heinrich Wilhelm Theodor Schäfer (1846-1914) wird die Diakonik 1885 ebenfalls in die Praktische Theologie eingliedern, sie allerdings zwischen Poimenik (Seelsorge) und Kybernetik (kirchenleitende Tätigkeit) stellen. Zunächst forderte er die Diakonik als eigene Disziplin, zunehmend schwenkte er auf eine Linie ein, die heute als »kontextuelle[] diakonische[] Theologie« (vgl. Jenett 2001: 354) charakterisiert werden kann.

Martin Friedrich Nathusius (1843-1906) fügt 1893 seiner Besprechungen der drei Größen Knoke, Achelis, Krauß eigene Gedanken an,

---

14 M.E. von entscheidender Bedeutung ist, ob Monographien, Lebensbilder, Artikel von Söhnen, Schwiegersöhnen oder sonstigen Bewunderern »großer Persönlichkeiten« der Gründergeneration verfasst wurden (wie Oldenberg für Wichern, Wurster für Werner). Der Blick ist ein anderer, wenn Anstalts- oder institutionelle Diakonie wie bei Wichern (Rauhes Haus), Schäfer (Altona) oder Mahling (Stadtmission Hamburg) Auftraggeber oder Institutionen bezogener Rahmen waren. Martin Gerhardt betrieb auf hohem Niveau Personengeschichtsschreibung (Fliedner, Wichern, Bodelschwingh). Häufig wurde so der Blick auf Kontexte wie Erweckungsbewegung, sozialen Protestantismus, freie Assoziationen oder Vereine verstellt.

vor deren Lektüre er – angesichts der Verkürzung – ausdrücklich und schelmisch »warnt« (Nathusius 1893: 107-109): Christus ist »das eigentliche Subjekt alles kirchlichen Handelns«. Er wird einst sein Reich aufrichten. Gemeinde Christi oder Kirche sind »Vertretung des Reiches Gottes auf Erden«. »Alles kirchliche Handeln ist also: das in Wirksamkeit Setzen von Wort und Sakrament. – Die Grundbestimmungen sind zweitens irdischer Art: eine Gemeinde soll gesammelt werden.« (A.a.O.: 108) Dann kommt Nathusius zu den Aufgaben der Kirchenleitung: »In dem Vorangehenden ist festgestellt, daß nirgends von einem Monopol auf kirchliches Handeln die Rede ist, daß also die offiziellen Organe immer nur das zu thun haben, was nicht von selbst oder durch andere geschieht, damit ist prinzipiell die Frage nach innerer Mission und Kirche beantwortet. Die Kirchenleitung ist um des Amts willen da. Es hat dafür zu sorgen, *daß* gepredigt werde, daß *recht* gepredigt werde und daß es an Alle gelange. Daraus ergeben sich folgende Abschnitte: 1) Die Bestallung der Geistlichen [...] 2) die Theorie der Kirchenordnungen [...] 3) die innere Mission. Hier ist zunächst zu beschreiben, wie sich alles kirchliche Handeln vollzieht, entweder als Einwirkung auf die Einzelnen in einer bestimmten Gemeinde, oder auf die Volksseele im Ganzen; die kirchliche Gemeindearbeit ist das Centrum – alle Thätigkeit des Kirchenregimentes, das durch freie Vereine hierin unterstützt wird, besteht darin: die kirchliche Gemeindearbeit zu *ermöglichen* (Parochialeinteilung, ihre Geschichte, ihre gegenwärtigen Schwierigkeiten, Kirchbauvereine) oder zu *ergänzen* (kirchliche Versorgung der zeitweilig Abwesenden: Militär, Gefangene etc., ferner: Evangelisation, Stadtmission, Reisepredigt) – oder zu *unterstützen* (th. durch Herausnehmen ungeeigneter Elemente in Rettungshäuser, Idiotenanstalten, Asyle, th. durch Hineinschicken geeigneter Hilfskräfte aus Diakonenanstalten, Schriftenvereine etc.). Daneben sind darzustellen die kirchlichen Wege zur Einwirkung auf das Volksleben im Ganzen. Es folgt 4) die Theorie der äußeren Mission«. (A.a.O.: 109)

2.9 Was also machte für von Nathusius die Diakonik diakonisch? Antwort: Die Innere Mission wird bestimmt als in Gemeinde »in Wirksamkeit« gesetztes Wort und Sakrament zu dessen Förderung Kirchenleitungen da sind.

Beachtenswert und weithin vergessen ist m.E. die Behandlung des Themas bei Julius Ferdinand Räbiger (1811-1891), einem liberalen Kulturprotestanten. Er bezeichnete den III. Teil seiner »Praktischen Theologie« als »kirchliche Kulturwissenschaft« und teilt diese in äußere Mission, »kirchliche Missionswissenschaft« oder »Apostolik« und in Innere Mission als »kirchliche Sozialwissenschaft« ein. »[D]ie Idee der Kirche und die Geschichte führt darauf, den Liebesdienst der Kirche als eine Praxis aufzufassen, durch die eine Wesensseite des Christenthums, die ethische, zur Verwirklichung kommt. Der kirchliche Liebesdienst hat die Bedeutung einer kirchlichen Wesens- und Culturthätigkeit und ist daher von der praktischen Theologie in einer besondern Disciplin zu behandeln.« (Räbiger 1880: 546)

»Die kirchliche Socialwissenschaft. – Die Thätigkeit, welche diese Disciplin wissenschaftlich bestimmen soll, ging aus dem freien Liebesdrang der urchristlichen Gemeinde gegen ihre Armen hervor und erwies sich praktisch durch freie Gaben in so umfassender Weise, daß kein Armer in der Gemeinde war. Act. 4, 32-35. Das wachsende Bedürfniß nöthigte aber sehr bald dazu, die freie Thätigkeit an ein bestimmtes Amt zu geordneter Uebung derselben zu binden. Das Dienst am Wort wurde von dem Liebesdienst geschieden und zur Verwaltung des letztern die Diakonie eingesetzt. Act. 6, 1-6.« (A.a.O.: 545)

2.10 Was also machte für Räbiger die Diakonik diakonisch? Antwort 1: Die Verwirklichung, Offenbarmachung der ethischen Wesensseite des Christentums und darin »Kulturtätigkeit« der Kirche. Antwort 2: Die Professionalität einer »kirchlichen Sozialwissenschaft«.

Es entstanden unübertroffene Monographien: 1895 durch den niedersächsischen Theologen, Abt und Konsistorialrat Gerhard Uhlhorn (1826-1901): Geschichte der christlichen Liebestätigkeit (1895); 1885-1894 durch den schleswig-holsteinischen Pastoren Johannes Chr. Reimpell (1848-1914). 1912 durch den Direktor des Rauhen Hauses Martin

Hennig (1864-1920): Quellenbuch zur Geschichte der Inneren Mission und 1960-1966 durch den Heidelberger Diakoniewissenschaftler Herbert Krimm (1905-2002): Geschichte der Diakonie.

Diese eminent fleißigen Werke vertieften Kenntnisse und lieferten umfangreiches Material; atmen aber stets auch einen apologetischen Geist. Uhlhorn, lange Zeit der Apologet schlechthin, wird heute zwar selten gelesen, dafür regelmäßig in seiner Argumentation verkürzt und »geprügelt«: »‹[d]ie Welt vor Christo ist eine Welt ohne Liebe.‹ (Uhlhorn 1895: 7)«[15] Liebestätigkeit, Innere Mission/Diakonie geraten in den Darstellungen zu so etwas wie der »besseren« Seite der Kirche, zum Tatbeweis oder der Visitenkarte: die christliche Welt wird stets als durch Liebe geprägt dargestellt.

2.11 Was also machte für Uhlhorn, Reimpell, Hennig bzw. Krimm die Diakonik diakonisch? Antwort: Diakonie beweist Kontinuität in der Liebestätigkeit seit den Tagen der ApostelInnen auf und ist damit Apologie für die Kirche. Liebestätigkeit, Innere Mission, Diakonie sind so etwas wie die »bessere« Seite der Kirche, der Tatbeweis und die Visitenkarte: die christliche Welt ist durch Liebe geprägt.

An Uhlhorns Stelle scheint heute der Literaturnobelpreisträger Heinrich Böll (1917-1985) gerückt zu sein, der seit 1957 als Kronzeuge für ein grundsätzlich liebestätiges und sich darin rechtfertigendes Christentum bemüht wird: »Selbst die allerschlechteste christliche Welt würde ich der besten heidnischen vorziehen, weil es einer christlichen Welt Raum gibt für die, denen keine heidnische Welt je Raum gab: für Krüppel und Kranke, Alte und Schwache, und mehr noch als Raum

---

15 So auch wieder bei Haslinger 2009: 25.
Uhlhorn gesteht der antiken Welt immerhin, was üblicherweise nicht zitiert wird, »Liberalität« als Arme unterstützende Freigiebigkeit zu. Ihm fehlen aber die kultisch-religiösen Motive wie die dauerhaft-strukturelle Gestalt der mildtätigen »Wohltaten«. Aus der Hebräischen Bibel wird Uhlhorn natürlich das Gebot der Barmherzigkeit (Ps 41,1; Ps 112,5; Spr 14,31; bes. Jes 58,7-10) und die Nächstenliebe (Leviticus 19,17) herleiten. »Da haben wir die Knospe des im Neuen Testament sich zur vollen Blüte entfaltenden Liebeslebens. Aber es ist auch nur erst noch Knospe. Nach zwei Seiten hin ist die barmherzige Liebe im Alten Testament noch beschränkt, national und gesetzlich: es fehlt ihr noch die Universalität und die Freiheit, die beide zum Wesen echter Liebe gehören.« (Uhlhorn 1895: 31).

gab es für sie Liebe, für die, die der heidnischen wie der gottlosen Welt nutzlos erschienen und erscheinen.« (Böll 1958: 21-24, 23) Dieses Zitat ist dergestalt aus dem Kontext gerissen, dass die differenzierte Argumentation verloren ging.[16] Jedenfalls taugt es im Grunde genommen nicht dafür, ein Werk wie das von Haslinger (2009: 11) zur Diakonie zu eröffnen und in die Frage einzuführen: »I Wie von ›Diakonie‹ reden?« Jedenfalls nicht plump apologetisch.

2.12 Was machte für Böll die Diakonik diakonisch? Antwort: Die Möglichkeit, so unwahrscheinlich sie in dieser Geschichte von Gräuel und Mord ist. Die Hoffnung, so verraten sie ist. »Unter Christen ist Barmherzigkeit wenigstens *möglich*, und hin und wieder gibt es sie: Christen, und wo einer auftritt, gerät die Welt in Erstaunen.« (Böll 1958: 21-24, 23).

»Diakonie wurde in der christlichen Tradition immer als eine Äußerungsform des Glaubens angesehen, der Menschen zu sozialem Engagement führt, das sowohl in der persönlichen Begegnung spontan geschieht – nach dem Vorbild des barmherzigen Samariters (Lk 10,30-37) – als auch in organisierter Form, beispielsweise in den mittelalterlichen Klöstern, den Anstalten des Pietismus und später in den Einrichtungen der Inneren Mission. Die Theologie hat ihrerseits die sogenannte Liebestätigkeit immer als Vorbild eines christlichen Lebens angesehen.« (Reitz-Dinse 1997: 1)

Ein besonderer Zwischenschritt stellte die Gründung der »Theologischen Schule« durch Friedrich von Bodelschwingh d. Ä. (1831-1910) in Bethel 1905 dar. Im Gefolge der aufgeheizten Debatte um die (Wieder-) Zulassung des Jesuitenordens, in Absage an die sog. »moderne Theologie« kam es zur Gründung der »Theologischen Schule«. Positive Bibelgläubigkeit und kirchliches Bekenntnis, Herzensfrömmigkeit und Zurückhaltung gegen die »toten Formeln« akademischer Theologie sollten die Ausbildung bestimmen. Studenten hatten in diesem zunächst auf zwei Semester angelegten Studium ein »gemeinsames Leben« sowie regelmäßigen Kontakt zu den Anstalten; angestellte Lehrer waren kei-

---

16　Böll spricht bitter vom »‹christliche[n] Europa‹«, »dessen größter Friedhof ›Auschwitz‹« heißt. »Ich frage mich vieles, vor allem das eine: Wie ist es möglich, dass 800 Millionen Christen diese Welt so wenig zu verändern vermögen, eine Welt des Terrors, der Unterdrückung, der Angst.« (Böll 1958: 21-24, 22).

ne Professoren sondern Vereinsgeistliche für Innere Mission, die den Hauptauftrag an der »Theologischen Schule« hatten, zu regelmäßigem Predigtdienst sowie zur Seelsorge in der Anstaltsgemeinde verpflichtet waren. Zunehmend löste sich die Einrichtung aus dem Anstaltsmilieu und der einseitig theologisch »positiven« Ausrichtung. (Vgl. Kuhlmann 2005)

2.13 Was machte für von Bodelschwingh die Diakonik diakonisch? Antwort: Die Verbindung von biblischer Theologie und diakonischer Praxis, von Hand und Kopf.

Die Diakonie wurde nun akademisch als eigenständiger Handlungsbereich der Kirche in der Praktischen Theologie thematisiert; so 1919 bei Friedrich Niebergall (1866-1932), 1928 bei Martin Albert Ernst Richard Schian (1869-1944) oder 1932 bei Johannes Steinbeck (1873-1967). Es blieb bei einer monographischen Thematisierung; eine »Theorie der Diakonie« entstand nicht. (Vgl. Strohm 1999: 801-803)

Auf Anregung des »Centralausschusses für Innere Mission« erfolgte 1927 die Gründung des »Instituts für Sozialethik und Wissenschaft der Inneren Mission« durch Reinhold Seeberg[17] (1859-1935) an der Humboldt-Universität in Berlin. Dieses Institut wurde 1938 von den Nationalsozialisten geschlossen. Der Bücherbestand wurde 1954 zur Grundausstattung des Heidelberger Diakoniewissenschaftlichen Instituts.[18]

Für die Diakoniegeschichtsschreibung und -forschung gibt es im zwanzigsten Jahrhundert zwei Theologen, »die in ihrer Bedeutung schlichtweg singulär für die diakoniehistorische Forschung sind« (Her-

---

17 Seeberg, streng konservativer Balte, Nachfolger Adolf Stöckers bei der Freien kirchlich-sozialen Konferenz, radikaler Nationalist und Antisemit, war (Vize-) Präsident des Zentralausschusses für Innere Mission (seit 1918 bzw. 1923), öffnete die theologische Ethik für »eugenische« und »rassehygienische« Diskurse. (Vgl. Graf 2004: Sp. 1089). In der dritten Auflage seiner Ethik (Seeberg 1936: 267 ff.) belässt er die Disposition im Ganzen, ergänzt Unterkapitel wie ein solches zu den Juden. Er sieht »Eugenik« (incl. der Zwangssterilisationen Behinderter) und »Rassehygiene« nicht als »widerchristlich« oder der christlichen Ethik entgegengesetzt, er denkt gar einen »ethischen Nationalsozialismus« eines »Volk[es] in Waffen«.

18 Heidelberg steht für den Siegeszug des Begriffes »Diakoniewissenschaft« (insbesondere nach 1957, der Fusion von Innerer Mission und Evangelischem Hilfswerk). Der Begriff »Innere Mission« tritt leider zurück, »Diakonik« kommt wieder etwas auf.

mann 2008b: 11-15): Martin Gerhardt (1894-1952)[19] und Jochen-Christoph Kaiser (geb. 1948)[20].

Liebestätigkeit/Innere Mission/Diakonie sind immer noch unterschiedlich verortet. Daran hat sich wenig geändert: in Heidelberg gehört die Diakoniewissenschaft zur Praktischen Theologie und hat starke Management-Orientierung, in Marburg ist es die Kirchengeschichte, die Bezug bietet. In Bethel sind es Kirchengeschichte aber auch Betriebswirtschaft und Ethik, die Diakoniewissenschaft und Diakoniemanagement ausmachen. In Tübingen entdecken Ethik bzw. Praktische Theologie zu Zeiten, dass es so etwas wie Diakoniewissenschaft gibt. Diakoniewissenschaftlich ausgerichtete Lehrstühle finden sich an Universitäten in Leipzig, Halle-Wittenberg, Frankfurt/Main, Wuppertal-Bethel, Marburg, München, Bonn, Oslo und Uppsala. Und natürlich an Evangelischen Hochschulen wie Berlin, Bochum, Darmstadt, Dresden, Freiburg, Hamburg, Ludwigsburg, Moritzburg und Nürnberg.

Die letzten 40 Jahre haben durch andere Bezugswissenschaften der Diakonik bzw. Diakoniewissenschaft für klare Akzente gesorgt: Die 70-Jahre brachten durch die Nähe zur aufkommenden Sozialen Arbeit die entsprechenden politischen, soziologischen, sozialarbeiterischen Methoden, Themen, Ausrichtungen: Diakoniewissenschaft verhält sich zu »personenbezogener sozialer Dienstleistung«, versteht sich auch als Menschenrechtsprofession, ist auch Gemeinwesen-orientiert, lebensweltlich ...

---

19   Gerhardt, Privatdozent für Kirchengeschichte in Erlangen, wurde 1923 Archivar im Rauhen Haus in Hamburg und verfasste die erste wissenschaftliche Wichern- und Fliedner-Biographie. Seine Bodelschwingh-Biographie schloss Alfred Adam ab. Die Krise der Inneren Mission durch den sog. Devaheim-Skandal (1931/32) und die Gefährdung der Freien Wohlfahrtspflege im III. Reich warfen ihre Schatten. 1937 wurde er Ordinarius in Göttingen. 1948 legte er sein »Jahrhundert Innere Mission« vor, das auch das III. Reich nicht aussparte. Bis in die 1980er sollte die Aussparung dieser Zeit ansonsten die Regel werden. Bei der Entnazifizierung verlor er seinen Lehrstuhl; sein Tod verhinderte Pläne für eine Kirchengeschichte des 19. Jahrhunderts als Rahmung der Inneren Mission.

20   Kaiser ist seit 1994 Professor für Kirchengeschichte der Neuesten Zeit und historischen Frauenforschung in Marburg. Er hat sich überragende Verdienste um die Erforschung der Geschichte der Diakonie erworben und historische Fragen immer auch in aktuelle historische, sozialpolitische oder diakoniewissenschaftliche Diskurse eingebunden.

2.14 Was machte für die 70er-Jahre die Diakonik diakonisch? Antwort: Die Öffnung zur politischen Verortung und konsequente sozialarbeiterische Professionalisierung.

Neueste Publikationen verweisen auf aktuelle Herausforderungen von Ökonomisierung: Sozialmarkt und Wettbewerb, Leitbildprozesse, Qualitätskultur und diakonisches Management. »Diakonie auf dem Prüfstand« (Gohde 2007), »Diakonie unternehmen« (Haas/Krolzik 2007), »Diakonische Unternehmenskultur« (Hofmann 2010), »Spannungsfelder« (Ruschke 2007), »Qualitätsentwicklung« (Hanselmann 2007) und ein trotziges bisschen »Barmherzigkeit« (Benedict 1995. 2008). Diese Herausforderungen stellen Diakonie und diakonische Unternehmen auf eine harte Probe; stellen sie womöglich in Frage. Schlagworte sind »Wichern III«. Neue Steuerungsmodelle versuchen Markt und Wettbewerb zu regeln, Leitbilder umzusetzen. Rückgriff auf Nachkriegsformeln (»Lebensäußerung von Kirche«) helfen zunächst wenig. Entfallende »Quersubventionen« erschweren theologisch-ethische Schwerpunktsetzungen, sozialanwaltliche Funktionen sind erschwert. Die neue Wettbewerbsstrategie scheidet nachfrageunfähige, nicht marktfähige Bedürftige von nachfragefähigen KundInnen. Es droht Produktorientierung vor Beziehungsorientierung. (Vgl. Eurich 2005: 58-70)

2.15 Was macht heute die Diakonik diakonisch? Antwort: Die Auseinandersetzung mit dem Sozialmarkt, der Ökonomisierung und der Suche nach diakonischer Unternehmenskultur.[21]

---

21 Vgl. Gebhard (2002: 238-277) zu einer Theologie vergessenen Ökonomisierung oder der Ethik als »fünftem Rad« am Wagen der Ökonomie.

3. Ertrag in Denkanstößen

3.1 Diakoniewissenschaft ist nach wie vor durch Seelsorge im eigentlichen Sinn bestimmt. Sie muss ethisch fundiert sein. Sie denkt groß vom Menschen: seine Würde ist unantastbar. Von daher ist das Adjektiv »seelsorglich« treffender als »seelsorgerlich«; es geht um die Handlungsqualität einer Intervention nicht um die Zuordnung zu einer Berufsgruppe.

Nitzsch bestimmte die Diakonik als »eigenthümliche Seelenpflege« [»cura specialis«]. Sie hat es mit KundInnen, KlientInnen zu tun ... aber es gibt diesen Mehrwert. Diakoniewissenschaft rechnet damit, dass Menschen Resilienzkräfte, spirituelle Ressourcen haben. Dass Menschen immer mehr sind als die Summe ihrer Taten, Fähigkeiten. Und wir geben auf sie acht.

SeelsorgerIn zu sein – ein Ehrentitel. Ein Vertrauensvorschuss. Dafür bedarf es der Qualifizierung und der ständigen Fortbildung. Mann bzw. Frau können nicht qualifiziert genug dafür sein.

Nur angedeutet werden kann die seit den 1970er-Jahren erfolgte Emanzipation der Sozialen Arbeit und die Professionalisierung der sozialen Berufe, die zunächst auf Distanz von Moral und Ethik gingen, dafür Macht- und Herrschaftsdiskurse führten.[22] Mittlerweile sind Ethikkodizes und klassisch gewordene Menschenrechtserklärungen Teil des Selbstverständnisses der Sozialen Arbeit, selbstredend auch der Diakoniewissenschaft.[23]

---

22 Vgl. Eisenmann 2006: 248: »Schneider sieht für eine Distanz gegenüber ethischen Reflexionen verschiedenen Gründe, über die durchaus diskutiert werden kann. So macht er zum einen das Bemühen um Professionalisierung der sozialen Berufe dafür verantwortlich, dass ›möglichst wenig an die von der christlichen Nächstenliebe geprägten Traditionen erinnern und auch die Distanz zum Laienhelfer deutlich gemacht werden« soll. Zum anderen glaubt er eine Ablehnung von Moral und Ethik, ›in einer sich politisch verstehenden Interpretation soziale[r] Arbeit‹ zu sehen, da es hierbei nicht um Normen und Werte gehen würde, ›sondern um Interessen, Macht und Herrschaft‹. Wenn auch eine radikale Politisierung der Sozialen Arbeit in den 70er Jahren überwunden sei, so meint er dennoch nach wie vor das Festhalten einer berufsbezogenen Interpretation ›an der Distanz zu Moral und Ethik‹ ausmachen zu können.«
    Lob-Hüdepohl/Lesch (Hrsg.) 2007 »taufen munter«: Soziale Arbeit beginnt mit dem barmherzigen Samariter ... und wird von der Notwendigkeit einer »ethische[n] Referenztheorie« her begründet.
23 »Nürnberger Kodex« (1947; Selbstbestimmungsrecht und Menschenwürde von

3.2 Diakoniewissenschaft – Arbeit voller Hingabe. Spirituell. Barmherzig. Empathisch.

Nitzsch sprach vom »helferische[n] Standesgeist« und beschrieb ihn mit »gefühlte[r] Freiheit und demüthige[r] Würde im Dienen für Seele und Leib der Menschen«.

Zur Diakoniewissenschaft gehört ein Ethos, das Wissen, wofür es sich einzusetzen lohnt. Hingabe (Joh 13,1) ist der Weg, den die Liebe geht. Wir haben, wofür zu leben es sich lohnt.[24] Das ist alte Tradition der Diakonie nicht erst seit Löhes Diakonissenspruch; auch wenn es uns heute eher selten das Leben kosten wird.

Zu den Herausforderungen der Diakoniewissenschaft gehört eine besondere Spiritualität, die durch die Verschränkung von Tat und Kontemplation, durch Empathie und Visionen dem Evangelium ganzheitlich Raum geben will. Diese Spiritualität ist Gestaltungsaufgabe, die immer nur in Ansätzen eingelöst werden konnte. Traditionell waren es die Bereiche des »Geistlichen Profils« und gottesdienstlichen Lebens, der »Dienstgemeinschaft«, der Architektur und des – kollektiven – Selbstverständnisses.

PatientInnen); Deklaration von Helsinki (1964, ethische Grundsätze in der medizinischen Forschung); Frauenrechtskonvention (1980); Konvention über die Rechte des Kindes (1989); Allgemeine Erklärung über das menschliche Genom und Menschenrechte (1997), Bioethikkonvention des Europarates (1997), Entwurf der Charta der Grundrecht der EU (2000); UN-Konvention zum Schutz und der Förderung der Rechte und der Würde der Menschen mit Behinderungen (2005).

24 »Was will ich? Dienen will ich./ Wem will ich dienen? Dem Herrn in Seinen Elenden und Armen./ Und was ist mein Lohn?/ Ich diene weder um Lohn noch um Dank, sondern aus Dank und Liebe; mein Lohn ist, daß ich darf!/ Und wenn ich dabei umkomme? Komme ich um, so komme ich um, sprach Esther, die doch Ihn nicht kannte, dem zu Liebe ich umkäme und der mich nicht umkommen läßt./ Und wenn ich dabei alt werde?/ So wird mein Herz grünen wie ein Palmbaum, und der Herr wird mich sättigen mit Gnade und Erbarmen. Ich gehe mit Frieden und sorge nichts!« (Diakonissenspruch von Wilhelm Löhe (1808-1872), Gründer der Diakonissenanstalt Neuendettelsau (1854); zit. nach Lauerer 1954: 111).
Bei aller Verkehrung und patriarchalem Missbrauch ist m.E. das Grundanliegen dieser Formel weiterhin im Dialog zu halten: Hingabe, Ausrichtung auf das Vorbild der dienenden Liebe (»Herr«) und »Seine[] Elenden und Armen«. Wenn dies gebührend emanzipatorisch und herrschaftskritisch ausgelegt und angewandt wird, dann beinhaltet diese Formel ein spannendes kritisches Korrelativ. (Vgl. Moltmann-Wendel 2006: 17-31).

3.3 Herrschaftskritisch. Prophetisch. Anwaltlich. Emanzipatorisch?

Nehmen wir den Mund nicht zu voll, aber lassen wir uns herausfordern: denn all das soll gedacht werden bei ihrer [der Diakonie] institutionellen Gestalt, ihrem engen Verhältnis zu den Kirchen und ihrer traditionellen Staatsnähe!

Ein hoher Anspruch. Es kann aber nicht sein, dass vor dem Haus das Kronenkreuz der Diakonie hängt, daneben das Schild »gGmbH« und im Haus Leiharbeiter und outgesourctes Personal front. Diakonie hat ihren Preis ... und ihre Schmerzgrenzen. Wenn Diakonie nur drauf steht und nicht drin ist, dann sind Grenzen erreicht. Dann muss über Konsequenzen nachgedacht werden.

Die organisierte Diakonie muss sich in besonderer Weise nach ihren Hierarchien, dem Gehaltsgefälle, den Konflikten, den Profiten befragen lassen. Es gibt Auf- und Abstiege, Machtkonflikte, Sparzwänge, Interessenkonflikte und Wettbewerbsorientierung. Auch hier kann und soll sich diakonische Kultur bewähren.

Ein Beispiel, bei dem das Schweigen bzw. Leisetreten von Kirche und Diakonie schwer zu verstehen ist, sind die aus Serbien und Montenegro kommenden und insbesondere in Bayern hart attackierten Asylsuchenden. Als ob die »nur« wegen ein paar Euro mehr kämen ... Es sind in hohem Maße Mitglieder der größten und in Europa diskriminiertesten Minderheit der Sinti und Roma – auch aus historischen Gründen könnten Diakonie und Caritas etwas mehr Solidarität zeigen und Verständnis leben. In Berlin wird ein Denkmal für ermordete Sinti und Roma eingeweiht, während zugleich Angehörigen dieser Minderheit die Solidarität entzogen wird.

3.4 Bußfertig. Geschichtsbewusst.

Die christliche Liebestätigkeit, die Innere Mission und die Diakonie haben mit viel Eifer viel bewirkt. Eine hohe Kunst des Helfens und Rettens ist entstanden. Aber das Ethos des Helfens und Rettens hat auch »totale Institutionen« (Goffman 1973) hervorgebracht, die Heime, Asyle und Anstalten verfolgt eine Spur der Gewalt und des Missbrauchs. »Erziehung zur Armut« (Jütte 1986: 101-118) war zwar »gut« gemeint, doch problematisch durchgeführt. Kinder zeitlich und ewig zu retten, dabei

das eigene Seelenheil zu riskieren, führte die Schattenseite des Rettenden herauf, die »kognitive Dissonanz« (Festinger 1978)[25]. Heimskandale
sind so alt wie die Heime und gehören nicht nur in die »langen 1960er-
Jahre«. Missbrauch von Behinderten ist so alt wie die »Krüppelfürsorge«
(vgl. Schmuhl 2011).
Die Innere Mission kennt aus ihrer Geschichte Heim- und Finanzie-
rungsskandale. Trotz eigener Bedenken gab es Anpassung, taktisches
Verhalten, zu viel Staatsnähe. Vermeintlich verantwortungsethisch
wurden bei Missbrauch, Zwangssterilisationen und Krankenmorden
schmerzliche bzw. mutlose Kompromisse geschlossen. Diakoniewissenschaft kann daher nur *nach* Grafeneck und *nach* Hadamar[26] betrieben
werden. Diakoniewissenschaft muss Machtdiskurse, Menschenrechts-
diskurse und Exklusionsdiskurse führen.

**3.5 Diakoniewissenschaft ist armutsorientiert und sozialpolitisch
verantwortet:**

gegen menschenunwürdiges Wohnen, gegen fehlende Bildungsgerechtigkeit; für das Menschenrecht auf Nahrung. Gerecht. Politisch.
Insofern ist in Zeiten neoliberaler Politik und fehlender Armutsbekämp-
fung ernsthaft zu Fragen: »20 Jahre Tafel – (k)ein Grund zum Feiern?«

**3.6 Diakoniewissenschaft steht für Professionalität als »kirchliche
Sozialwissenschaft« (Räbiger). Zur Ausübung von Diakonie
im Sozialstaat bedarf es geregelter Berufe und organisierter
Form.**

3.7 Diakoniewissenschaft steht für Kirche auf dem Marktplatz.

Sie erkennt und verteidigt die Würde des Menschen im Bruch-
stückhaften, das »Leben als Fragment« (Henning Luther) bei »Behinderten« *wie* Nicht-Behinderten. Wenn Würdediskurse nur aus der
Asymmetrie der Betreuungsdiskurse erwachsen, aus der prinzipiellen

---

25 Dies bezeichnet einen emotionalen Zustand, der als unangenehm empfunden
    wird, weil eine logische Differenz und Unvereinbarkeit zwischen Wünschen, Ab-
    sichten, Idealen und Wahrnehmung wahrgenommen wird – oder die derzeitige
    Realität mit früheren Erfahrungen, Idealen nicht übereinstimmt.
26 Zur Auseinandersetzung mit Ulrich Bach und einer »barrierefreien Theologie«
    »nach Hadamar«, vgl. Bach 2006; Gebhard 2002: 54 ff. und Krauß 2010.

Segregation Krank/»Behindert« – Gesund, dann entsteht »Apartheits-theologie« (Bach).

3.8 Diakoniewissenschaft kann heute nicht ohne »Diversity-Kompetenz« praktiziert werden.

Das Zeugnis der Liebe muss interkulturell und interreligiös deutlich werden, ungeachtet der direkt (u.a.: Alter, Geschlecht, Bildungsabschluss, Funktion/Status/Titel, Sprache, Abteilung/Gruppe, Ethnie, Behinderung, Nationalität, Familie, Gewicht) bzw. indirekt wahrnehmbaren Diversity-Merkmale[27] wie Religion, sexuelle Orientierung, Werte/Einstellungen, Mitgliedschaft in einer Gewerkschaft, Vergütung/Einkommen.

3.9 Diakoniewissenschaft denkt Kontrastgesellschaft oder »Präfiguration des Kommenden«. Sie verkörpert den »Wärmestrom des Christentums« (Ernst Bloch) und glaubt die Verheißung des Reiches Gottes. Darin ist sie kulturschaffend und kulturtätig.

4. Schluss

»Auf dem versuchten Weg [der Eingliederung der Inneren Mission in die Praktische Theologie], so scheint es, vermag diese Wissenschaft dem gerecht zu werden, was in der inneren Mission als Tatbestand und als Forderung vor ihr steht, sie vermag es, ohne ihrem eigenen systematischen Zusammenhang Schaden zu leiden und ohne dem mit Recht ihr zuerkannten reformatorischen Zug untreu zu werden. So führt sie die jungen Theologen vor eine große Zahl von brennenden Zeitfragen, eröffnet ihnen den Blick in eine Fülle von Aufgaben und erfüllt zugleich ihre eigenen Aufgabe, an der Aufhebung der Spannung zwischen Idee und Wirklichkeit mitzuarbeiten.«[28]

---

27 Hays-Thomas 2005: 3-30 betont die Konstruktion von Unterschiedlichkeit bzw. Differenz. »Diversity« ist für sie »differences among people that are likely to affect their acceptance, work performance, satisfaction, of progress in an organisation« (a.a.O.: 12).

28 Vgl. Simons 1894: 159-172, 172.

Literatur

Achelis, Ernst Christian (1890 f., [2]1898, [3]1911): Praktische Theologie, Band 1 f. Freiburg.

Albert, Jürgen (1983/84): »Diakonik – Geschichte der Nichteinführung«. In: Pastoraltheologie 72. Jahrgang, 1983/84, April, S. 164-177.

Bach, Ulrich (2006): Ohne die Schwächsten ist die Kirche nicht ganz. Bausteine einer Theologie nach Hadamar. Neukirchen-Vluyn.

Bassermann, Heinrich (1909): »Äußere und innere Mission in ihrem Verhältnis zur praktischen Theologie« (1891). In: Beiträge zur praktischen Theologie. Leipzig.

Baumgarten, Otto (1913): Art. »Vereinswesen: II. Evangelisches. 1. Geschichtliche Entwicklung«. In: RGG [1]1909 ff., Band V. Tübingen, Sp. 1629-1635.

Benedict, Hans Jürgen (1995): »Wenn die Posaune einen undeutlichen Ton gibt ... Stichworte für eine streitbare Diakonie«. In: Impulse – Werkstatt Fachhochschule Bd. 4. Hamburg.

Benedict, Hans-Jürgen (2008): Barmherzigkeit und Diakonie. Von der rettenden Liebe zum gelingenden Leben. Stuttgart.

Böll, Heinrich (1958): »Eine Welt ohne Christus«, in: Karlheinz Deschner (Hrsg.): Was halten Sie vom Christentum? 18 Antworten auf eine Umfrage. München.

Bourdieu, Pierre (1987): Die feinen Unterschiede. Kritik der gesellschaftlichen Urteilskraft. Frankfurt am Main.

Bourdieu, Pierre/Wacquant, Loic J. D. (1996): Reflexive Anthropologie. Frankfurt am Main.

Bülck, Walter (1934): Praktische Theologie. Leipzig.

Burk, M. Johann Christian Friedrich (1838 f.): Evangelische Pastoral-Theologie in Beispielen. Aus den Erfahrungen treuer Diener Gottes zusammengestellt und hauptsächlich seinen jüngeren Amtsbrüdern gewidmet. Von [...], Stadtpfarrer in Großbottwar, Band I f. Stuttgart.

Cremer, August Hermann (1904): Pastoraltheologie. Stuttgart.

Ebrard, Johann Heinrich August (1854): Vorlesungen über Praktische Theologie. Königsberg.

Ehrenfeuchter, Friedrich (1859): Die praktische Theologie, Erste Abteilung. Göttingen.

Eisenmann, Peter (2006): Werte und Normen in der Sozialen Arbeit. Stuttgart.

Eurich, Johannes (2005): »Nächstenliebe als berechenbare Dienstleistung. Zur Situation der Diakonie zwischen Ökonomisierung, theologischem Selbstverständnis und Restrukturierung«. In: ZEE [Zeitschrift für Evangelische Ethik], 49. Jahrgang (2005), Heft 1, Januar-März 2005. Gütersloh, S. 58-70.

Festinger, Leon (1978): Theorie der kognitiven Dissonanz. Bern u.a.

Fichtner, Horst (1939): Hauptfragen der Praktischen Theologie. Schwerin.

Funke, Alex (1983/84): »Diakonie und Universitätstheologie – eine versäumte Begegnung?«. In: Pastoraltheologie, 72. Jahrgang, 1983/4, April, S. 52-164.

Gaupp, Carl Friedrich (1848-1852): Praktische Theologie, Band I f. Berlin.

Gebhard, Dörte ([2]2002): Menschenfreundliche Diakonie. Exemplarische Auseinandersetzungen um ein theologisches Menschenverständnis und um Leitbilder. Neukirchen-Vluyn.

Gohde, Jürgen (2007): Diakonie auf dem Prüfstand. Stuttgart.

Goffman, Erving (1961): Über die soziale Situation psychiatrischer Patienten und anderer Insassen. Frankfurt am Main [Orig.: Asylums. Essays on the Social Situation of Mental Patients and other Inmates. Chicago 1961].

Von der Goltz, Eduard (1929): Die Praktische Theologie. Halle an der Saale.

Grethlein, Christian/Meyer-Blanck, Michael (Hrsg.) (1999): Geschichte der Praktischen Theologie. Dargestellt anhand ihrer Klassiker. Leipzig. [= Arbeiten zur Praktischen Theologie, hrsg. von Bieritz, Karl-Heinz/Engemann, Wilfried/Grethlein, Christian, Bd. 12].

Grethlein, Christian/Schwier, Helmut (Hrsg.) (2007): Praktische Theologie. Eine Theorie- und Problemgeschichte. Leipzig 2007. [= Arbeiten zur Praktischen Theologie, hrsg. von Engemann, Wilfried/Grethlein, Christian/Hermelink, Jan, Bd. 33].

Haas, Hanns-Stephan/Krolzik, Udo (Hrsg.) (2007): Diakonie unternehmen. Alfred Jäger zum 65. Geburtstag. Stuttgart.

Habermas, Jürgen (1973): Legitimationsprobleme im Spätkapitalismus. Frankfurt am Main.

Hanselmann, Paul Gerhardt (2007): Qualitätsentwicklung in der Diakonie. Leitbild, System und Qualitätskultur. Stuttgart.

Harnack, Theodosius (1877f): Praktische Theologie, Band I f. Erlangen.

Harms, Claus (1830-1934, [3]1878): Pastoraltheologie in Reden an Theologiestudierende, Band I-III. Gotha.

Haslinger, Herbert (2009): Diakonie. Grundlagen für die soziale Arbeit der Kirche. Paderborn/München/Wien/Zürich.

Hauschildt, Eberhard (2007): »Praktische Theologie und Mission«. In: Grethlein, Christian/Schwier, Helmut (Hrsg.): Praktische Theologie. Eine Theorie- und Problemgeschichte. Leipzig, S. 457-509. [= Arbeiten zur Praktischen Theologie, hrsg. von Engemann, Wilfried/ Grethlein, Christian/Hermelink, Jan, Bd. 33].

Hays-Thomas, Rosemary (2005): »Why now? The contemporary focus on managing Diversity«. In: Stockdale, Margret S./Crosby, Fayer J. (eds.): The Psychology and management of workplace Diversity. Malden/Oxford/Carlton, S. 3-30.

Hennig, Martin (1912): Quellenbuch zur Geschichte der Inneren Mission. Hamburg.

Hermann, Volker (2005): »Theodor Schäfer (1846-1914) als Diakoniewissenschaftler im Kaiserreich«. In: Friedrich, Norbert/Jähnichen, Traugott (Hrsg.): Sozialer Protestantismus im Kaiserreich. Problemkonstellationen - Hermann, Volker (2008a): »›... die Forderung einer eigenen Disziplin ›,Diakonik‹ ist erst wenige Jahre alt‹ [...]. Eine kleine Skizze der Diakoniewissenschaft im 19. und 20. Jahrhundert«. In: Eurich, Johannes/Oelschlägel, Christian (Hrsg.): Diakonie und Bildung. Heinz Schmidt zum 65. Geburtstag. Stuttgart.

Hermann, Volker (2008b): »Johann Hinrich Wichern - Martin Gerhardt - Jochen-Christoph Kaiser. Eine Skizze der Diakoniegeschichtsforschung«. In: Kaiser, Jochen-Christoph (Hrsg.): Evangelische Kirche und sozialer Staat. Diakonie im 19. und 20. Jahrhundert. Stuttgart, S. 11-15.

Hofmann, Beate (²2010): Diakonische Unternehmenskultur. Handbuch für Führungskräfte. Mit Beiträgen von Baberske-Krohs, Beate/Coenen-Marx, Cornelia/Haussecker, Otto/Nothnagel, Barbara und Rasch, Dörte. Stuttgart.

Hüffell, Johann Jacob Ludwig (1835 f.): Ueber das Wesen und den Beruf des evangelisch-christlichen Geistlichen. Ein Handbuch, Band I f. Gießen.

Jenett, Ulrike (2001): Nüchterne Liebe. Theodor Schäfer, ein lutherischer Diakoniker im Deutschen Kaiserreich. Hannover.

Jütte, Robert (1986): »Disziplinierungsmechanismen in der städtischen Armenfürsorge der Frühneuzeit«. In: Sachsse, Christoph/Tennstedt, Florian (Hrsg.): Soziale Sicherheit und soziale Disziplinierung. Beiträge zu einer historischen Theorie der Sozialpolitik. Frankfurt am Main, S. 101-118.

Kleinert, Paul (1880/1812): »Zur praktischen Theologie«. In: Köstlin, Julius/Riehm, Eduard (Hrsg.): Theologische Studien und Kritiken, Jahrgang 1880, Zweites Heft. Gotha 1880, S. 273-333; Jahrgang 1882, Erstes Heft. Gotha 1882, S. 7-104.

Knoke, Karl (1889; ⁴1896): Grundriß der Praktischen Theologie. Ein Hülfsmittel beim Studium der praktischen Theologie für Kandidaten und Studenten der Theologie. Göttingen.

Krais, Beate/Gebauer, Gunter (2002): Habitus. In: Einsichten. Themen der Soziologie. Bielefeld.

Krause, Gerhard (Hrsg.) (1972): Praktische Theologie. Texte zum Werden und Selbstverständnis der praktischen Disziplin der evangelischen Theologie. Darmstadt. [= Wege der Forschung, Bd. 264].

Krauß, Anne (2010): Barrierefreie Theologie. Erlangen.

Krimm, Herbert (Hrsg.) (1960-1966): Quellen zur Geschichte der Diakonie, Bd. I-III. Stuttgart. [Bd. I: Altertum und Mittelalter. Stuttgart 1960; Bd. II: Reformation und Neuzeit. Stuttgart 1963; Bd. III: Gegenwart. Stuttgart 1966].

Krumwiede, Hans-Walter (1965): »Die Gründung der Inneren Mission in Hannover. Geschichte und theologische Grundlagen.« Vortrag zur Feier des 100jährigen Bestehens des Landesvereins für Innere Mission (Evangelischer Verein) Hannover am 24. August 1965 in der Kirche der Henriettenstiftung. In: JGNKG 63, FS Hermann Dörries. Hannover, S. 213-235.

Kuhlmann, Frank Michael (2005): Die Kirchliche Hochschule Bethel. Grundzüge ihrer Entwicklung 1905-2005. Bielefeld. [= Benad, Matthias (Hrsg.): Schriften des Instituts für Diakonie- und Sozialgeschichte an der Kirchlichen Hochschule Bethel, Bd. 13].

Lauerer, Hans (1954): 100 Jahre Diakonissenanstalt Neuendettelsau, 1854-1954. Neuendettelsau.

Lob-Hüdepohl, Andreas/Lesch, Walter (Hrsg.) (2007): Ethik Sozialer Arbeit. Ein Handbuch. Paderborn.

Marheineke, Philipp Konrad (1837): Entwurf der Praktischen Theologie. Berlin .

Meyer, Johannes (1923): Grundriß der Praktischen Theologie. Leipzig/Erlangen.

Moll, Carl B. (1853): Das System der Praktischen Theologie im Grundrisse dargestellt. Halle.

Moltmann-Wendel, Elisabeth (2006): »Frömmigkeit und autonomes Handeln«. In: Adelheid M. von Hauff (Hrsg.): Frauen gestalten Diakonie, Band 2: Vom 18. bis zum 20. Jahrhundert. Stuttgart, S. 17-31.

Müller, Alfred Dedo (1954): Grundriß der Praktischen Theologie. Berlin.

Mühlum, Albert/Walter, Joachim (1998): »Diakoniewissenschaft zwischen Theologie und Sozialarbeit. Anstöße zu einer Neuorientierung«. In: Götzelmann, Arnd/Herrmann, Volker/Stein, Jürgen (Hrsg.): Diakonie der Versöhnung. Ethische Reflexion und soziale Arbeit in Ökumenischer Verantwortung. Stuttgart, S. 277-289.

Nathusius, Martin Friedrich (1893): »Die heutige praktische Theologie in ihren neuesten Erscheinungen (Knoke/Achelis/Krauss).« In: »Halte was du hast.« Zeitschrift für Pastoraltheologie. Unter Mitwirkung von Braun, Friedrich/Kleinert, Paul/Köstlin, Heinrich Adolf, hrsg. von Sachsse, Eugen, XVI. Jahrgang. Berlin 1893, 1. Stück: S. 22-38, 2. Stück: S. 98-110).

Niebergall, Friedrich (1918 f.): Praktische Theologie: Lehre von der kirchlichen Gemeindeerziehung auf religionswissenschaftlicher Grundlage, Band 1 f. Tübingen.

Nitzsch, Carl Immanuel (1847-1867): Praktische Theologie, Teile I-III [in vier Bänden]. Bonn.

Palmer, Christian (1860): Evangelische Pastoraltheologie. Stuttgart.

Philippi, Paul (1983/84): »Diakonik – Diagnose des Fehlens einer Disziplin«. In: Pastoraltheologie, 72. Jahrgang, 1983/84, April, S. 177-186.

Räbiger, Julius Ferdinand (1880): Theologik oder Encyklopädie. Leipzig.

Reimpell, Johannes Chr.: »Beiträge zur Vorgeschichte und Geschichte der Inneren Mission«. In:. Monatsschrift für Innere Mission, 5 (1885): S. 401-424; 6 (1886): S. 49-81; 7 (1887): S. 197-209. 231-258. 294-306; 8 (1888): S. 137-160. 177-190; 10 (1890): S. 323-343. 358-379. 404-419; 14 (1894): S. 410-434. 466-485.

Rössler, Dietrich (1967): »Prologomena zur Praktischen Theologie. Das Vermächtnis Christian Palmers.« In: Zeitschrift für Theologie und Kirche 64 (1967), S. 357-371.

Rothe, Richard (1845-1848): Theologische Ethik, Bd. 1-3 [in zwei Bänden]. Wittenberg.

Ruschke, Werner M. (2007): Spannungsfelder heutiger Diakonie. Stuttgart.

Schäfer, Theodor (³1890): Art. »g. Diakonik«. In: Otto Zöckler (Hrsg.): Handbuch der theologischen Wissenschaften in encyklopädischer Darstellung mit besonderer Rücksicht auf die Entwicklungsgeschichte der einzelnen Disziplinen [...], Bd. IV. Praktische Theologie. München, S. 511-597.

Schäfer, Theodor (³1911): »Diakonik«. In: Ernst Christian Achelis (Hrsg.): Lehrbuch der Praktischen Theologie, Bd. 3.

Schäfer, Theodor (⁵1914): Leitfaden der Inneren Mission zunächst für den Berufsunterricht in Diakonen- und Diakonissenanstalten. Hamburg.

Schian, Martin (1921 f.): Grundriß der Praktischen Theologie, Bd. 1 f. Giessen.

Schleiermacher, Friedrich Daniel Ernst (1811; ²1830): Kurze Darstellung des theologischen Studiums zum Behuf einleitender Vorlesungen. Leipzig.

Schleiermacher, Friedrich Daniel Ernst (1850): Praktische Theologie nach den Grundsätzen der evangelischen Kirche im Zusammenhange dargestellt (1830). In: Sämtliche Werke I/13. Berlin.

Schmuhl, Hans-Walter (²2011): »Als wären wir zur Strafe hier«. Gewalt gegen Menschen mit geistiger Behinderung – der Wittekindshof in den 1950er und 1960er Jahren. Bielefeld.

Schneider-Harpprecht, Christoph (2007): »Diakonik«. In: Grethlein, Christian/Schwier, Helmut (Hrsg.): Praktische Theologie. Eine Theorie- und Problemgeschichte. Leipzig, S. 733-792. [= Arbeiten zur Praktischen Theologie, Hrsg. von Engemann, Wilfried/Grethlein, Christian/Hermelink, Jan, Bd. 33].

Seeberg, Reinhold (³1936): Christliche Ethik. Stuttgart.

Simons, Eduard (1894): »Das System der Praktischen Theologie und die Innere Mission«. In: Zeitschrift für praktische Theologie 16 (1894), S. 112-124, zit. nach Krause, Gerhard (1972) (Hrsg.): Praktische Theologie. Texte zum Werden und Selbstverständnis der praktischen Disziplin der evangelischen Theologie. Darmstadt, S. 159-172. [= Wege der Forschung, Band CCLXIV]

Steinbeck, Johannes (1928-1932): System der Praktischen Theologie, Bd. 1 f. Leipzig.

Strohm, Theodor (1999): Art. »Diakoniewissenschaft«. In: RGG ⁴1998 ff., Band II, Sp. 801-803.

Uhlhorn, Gerhard (1895): Die christliche Liebestätigkeit. Neukirchen 1959 [unveränderter fotomechanischer Nachdruck der zweiten verbesserten Auflage. Stuttgart 1895].

Vilmar, August Friedrich Christian (1872): Lehrbuch der Pastoraltheologie, nach dessen akademischen Vorlesungen herausgegeben von Dr. Karl Wilhelm Piderit. Gütersloh.

Wichern, Johann Hinrich (1849): »22. Die innere Mission der deutschen Evangelischen Kirche. Eine Denkschrift an die deutsche Nation, im Auftrage des Centralausschusses für die innre Mission, verfasst von [...], (1849)«. In: SW 1, 1962. Berlin/Hamburg, S. 175-366.

Wagner, Heinz (1983/84): »Ein Versuch der Integration der Diakonie in die Praktische Theologie«. In: Pastoraltheologie, 72. Jahrgang, 1983/84, April, S. 186-194.

Zezschwitz, Carl Adolf Gerhard von (1864): Innere Mission, Volkserziehung und Prophetentum. 32 Vorträge geh[alten] in Frankfurt am Main. Frankfurt am Main.

Zezschwitz, Carl Adolf Gerhard von (1876): System der Praktischen Theologie. Paragraphen für academische Vorlesungen. Leipzig.

Zimmer, Friedrich (1895): Die Grundlegung der Praktischen Theologie. Berlin.

Jo Jerg

Das Recht auf Inklusion! Die »Lebensweltorientierten Integrativen Wohngemeinschaften« im Spiegel der UN-Behindertenrechtskonvention[1]

Der folgende Beitrag gibt zunächst einen Einblick in die »Lebensweltorientieren Integrativen Wohngemeinschaften« (kurz: LIW) in Reutlingen. Im Anschluss wird die Behindertenrechtskonvention der Vereinten Nationen (UN-BRK) in wenigen zentralen Aspekten vorgestellt und der Bezug der UN-Konvention zur LIW hergestellt. Vor diesem Hintergrund werden Konsequenzen für ein selbstbestimmtes Leben im Bereich Wohnen thematisiert. Ziel ist es, die Möglichkeiten eines gemeinsamen Wohnalltags von Menschen mit mehr oder weniger Assistenzbedarf im Lichte der UN-BRK kritisch zu betrachten.

1. Die Reutlinger »Lebensweltorientierten Integrativen Wohngemeinschaften«[2]

Die Reutlinger LIW haben ihren Beginn in der Elternselbsthilfe der Arbeitsgemeinschaft Integration Reutlingen e.V. (AGI) im Mai 1991. Mit einer Einladung der Elternselbsthilfe an Träger wurden die ersten konzeptionellen Gedanken potenziellen Bündnispartnern zur Diskussion vorgestellt. Nach fünf Jahren Entwicklungsarbeit konnte gemeinsam mit der Bruderhaus Diakonie Reutlingen die erste Wohngemeinschaft (WG) gegründet werden. Fünf Jahre später ging die zweite LIW in Reutlingen an den Start.

---

1   Der Artikel ist eine gekürzte Überarbeitung des Beitrags in: Arbeitsgemeinschaft Integration Reutlingen (Hrsg.) 2012: »Zuhause in integrativen Wohngemeinschaften«, Reutlingen.
2   Ausführliche Beschreibung der Kennzeichen der LIWs siehe Jerg 2008, Jerg 2011.

Zunächst in Kürze einige zentrale Merkmale der LIWs:

Gemietete Wohnhäuser im Wohngebiet

Ein Besuch einer der Wohngemeinschaften beginnt mit Einsichten, die nicht mit den gängigen Vorstellungen von Wohnangeboten für Personen mit Assistenzbedarf einhergehen. Von außen ist nichts zu erkennen, was auf diese besondere Wohnform aufmerksam macht – außer, dass man vermutet, dass hier eine Wohngemeinschaft leben könnte. Auf den Türklingeln und Briefkästen sind die Namen der MieterInnen. Sobald die Türschwelle überschritten ist, wird klar, hier wohnen junge Leute zusammen: bunt, vielfältig und lebendig. Kein Hinweis eines institutionellen Zusammenhangs wird sichtbar wie zum Beispiel keine Mitarbeiterzimmer/Dienstpläne im Flur.

Zusammenleben von Menschen mit mehr und mit weniger Assistenzbedarf in einer Wohngemeinschaft

Jeweils vier Personen mit und vier Personen ohne Unterstützungsbedarf leben in den Wohngemeinschaften. Die Zusammensetzung der Wohngemeinschaft – das zentrale Merkmal dieser Wohnform – eröffnet weit über die dezentrale Struktur eines Wohnangebots für Menschen mit Unterstützungsbedarf hinaus eine andere Perspektive auf das Konstrukt »Normalität« und »Behinderung«. Die dadurch veränderten Zuschreibungs-, Aushandlungs- und Gestaltungsprozesse innerhalb der Wohngemeinschaften bleiben nicht ohne Folgen für die Wahrnehmung und (Be-) Deutung des Sozialraums. Wichtig ist, dass der Anteil der Personen ohne Unterstützungsbedarf zumindest gleich hoch ist, um das alltägliche Zusammenleben nicht zu sehr mit Assistenzleistungen zwischen den MieterInnen ohne und denjenigen mit Unterstützungsbedarf zu gestalten. Noch besser wäre nach den Erfahrungen der letzten Jahre, wenn mehr Menschen ohne Assistenzbedarf in der WG wohnen würden: Die Situation ist durch Normalität bestimmt, und Assistenzzeiten können besser abgedeckt werden.

Wohnen ohne Behinderungs-Grenzen

Die Teilhabe einer Person in der Wohngemeinschaft, die rund um die Uhr Assistenz benötigt, ist ein besonderes Kennzeichen der »Lebensweltorientierten Integrativen Wohngemeinschaft«. Sie ist eine Bedingung der Elternselbsthilfe gewesen, die in die Konzeption aufgenommen wurde und garantiert, dass der Personenkreis mit hohem Assistenzbedarf nicht von dieser Wohnform ausgeschlossen wird. Diese Vorgabe ist eine große Herausforderung für die Wohngemeinschaft, vor allem für die Träger, hier ausreichend Assistenz rund um die Uhr für so eine kleine Einheit zur Verfügung zu stellen. Dies gibt der Wohngemeinschaft einen unverwechselbaren und besonderen Charakter, weil niemand ausgeschlossen wird und immer jemand da sein muss. Gleichzeitig leistet dieser Personenkreis einen wichtigen Beitrag zur Gestaltung der WG und gibt den MitbewohnerInnen der Wohngemeinschaft sehr viel.

Privates Wohnen im Einzelzimmer
Das Zimmer in der Wohngemeinschaft kann nach dem eigenen Geschmack eingerichtet werden. Es ist auch ein Rückzugsraum, den andere nur mit der Zustimmung der MieterIn betreten können.

Die kleinen und feinen Unterschiede – Assistenz benötigen alle MieterInnen
Der Alltag zeigt, dass alle MieterInnen eine Unterstützung benötigen. Auch die sogenannten »nichtbehinderten« MieterInnen haben Alltagsprobleme zu regeln und zeigen, dass sie Unterstützung benötigen. Die Unterstützungsressourcen der hauptamtlichen MitarbeiterInnen werden auch von diesen MieterInnen in Anspruch genommen. Für alle MitbewohnerInnen wird sichtbar: »Jeder hat sein Päckchen zu tragen.« Das ist auch für einige MieterInnen, die einen höheren Assistenzbedarf haben, eine ganz neue Erfahrung. Es ist sogar unter diesen Lebenszusammenhängen normal, dass nicht einfach zu bestimmen ist, wer in der WG sein Leben für sich zufriedenstellend und sozial verträglich meistert. Manchmal brauchen auch sogenannte »nichtbehinderte« MieterInnen mehr Assistenz als die MieterInnen mit Assistenzzuschreibungen. Aus einer anderen Perspektive kann diese Realität auch positiv beschrieben werden mit der Erfahrung, dass alle WG-Mitglieder mehr verbindet als trennt. Der Alltag fordert von allen Mitgliedern, dass sie aufstehen, Frühstück organisieren, arbeiten, Aufgaben in der Gemeinschaft übernehmen. Dadurch wird der Aspekt »Behinderung« sekundär. Das ist nur in einer LIW erfahrbar.

Grundsatz der LIW ist, gemeinsam zu wohnen. Förderung und Pädagogik sind nicht das zentrale Programm. Gelernt wird voneinander im Alltag. Lernen heißt auch, Fehler machen zu dürfen, Konflikte auszutragen etc. und sich auf Augenhöhe zu begegnen.

Die Pflege für die Person mit hohem Assistenzbedarf wird inzwischen von einem Pflegedienst separat geleistet. Das ist für ein Zusammenleben und die Rollenverteilung von Vorteil und kann die Abhängigkeitsverhältnisse leichter in Balance halten.

Wohnen mit Anschluss an das bisherige soziale Netz – ablösungsfreundliche Übergänge

Die LIW ermöglicht eine individuelle Ablösung vom Elternhaus. Aufgrund der Nähe zu den bisherigen Netzwerken werden auch weitere persönliche Kontakte, Beziehungen und Treffpunkte aufrechterhalten. Dadurch können bisherige Strukturen und Beziehungen gepflegt und ein ausschließliches Angewiesensein auf die WG verhindert werden.

Professionelle Begleitung

Zur Unterstützung, Begleitung und Koordination im Alltag stehen der LIW hauptamtliche Fachkräfte im Umfang von 1,2 Stellen (120%) zur Verfügung, die durch FSJ(der)Innen (Freiwilliges Soziales Jahr) unter anderem unterstützt werden, die alle nicht in der Wohngemeinschaft wohnen. Die WG ist Arbeitsplatz.

Die Aufgabe für die hauptamtliche Fachkraft besteht vor allem darin, die inklusive Haltung zwischen den BewohnerInnen herzustellen und in Bewegung zu halten und die Organisation des Alltags im Vorausblick zu managen. Es gilt darauf zu achten, dass alle – besonders die Personen mit einem höheren Assistenzbedarf – ihre Interessen und Bedürfnisse äußern und gleichberechtigt im Alltag mitwirken und mitentscheiden können. Auch den Kontakt zu den Eltern/gesetzlichen BetreuerInnen von Personen, die mit dem Wohnen einen institutionellen Wohnplatz belegen, gilt es zu klären, abzustimmen bzw. auszuhandeln – von der Anfrage nach einem WG-Zimmer bis zur täglichen Gestaltung nach dem Einzug, den Möglichkeiten der Selbstbestimmung und dem Assistenzbedarf. Mit den Personen, die ohne einen festgestellten Assistenzbedarf in die WG ziehen, gilt es die Aufgaben, vor allem die Doppelrolle MitbewohnerIn und AssistentIn kritisch zu reflektieren und sie in Assistenzaufgaben einzuweisen. Im Zentrum steht die Herausforderung, eine Beteiligungskultur für alle zu entwickeln und dafür bedarf es der Fähigkeit, die Ressourcen jedes einzelnen

Beteiligten zu sehen beziehungsweise zu entdecken und einbinden zu lernen.

Ein interessantes Phänomen in den WGs ist die Identifikation der MitarbeiterInnen mit dieser Wohnform. Die hauptamtlichen Fachkräfte bleiben auf den Personalstellen und bieten somit eine sehr hohe Kontinuität für die WGs und ihre MieterInnen.

PraktikantInnen oder Zivis ziehen des Öfteren nach dem Praktikum oder Zivildienst als MieterIn in die WGs ein, weil diese Lebensqualität eine hohe Anziehungskraft hat und somit auch deutlich macht, dass diese Wohnform für sogenannte »nichtbehinderte« Menschen genauso attraktiv ist und überhaupt nicht mit betreutem Wohnen oder Ähnlichem in Verbindung gebracht wird.

Organisationsstruktur

Die Entscheidungsinstanz der Wohngemeinschaft bildet die wöchentliche bzw. 14-tägige Wohngemeinschaftsbesprechung. Sie ermöglicht eine Teilhabekultur aller BewohnerInnen an den Entscheidungsprozessen, von der Essensplanung bis zu Lösungsmöglichkeiten bei Konflikten in der Wohngemeinschaft. Sie wird auch als Forum genutzt, um eigene Themen einzubringen.

Elternbeteiligung

Eltern können spontan zu Besuch kommen, nehmen an gemeinsamen Festen teil und kennen sich zum Teil untereinander. Dies hat für Eltern eine entlastende Funktion.

Ein regelmäßiger Austausch mit der hauptamtlichen Fachkraft (Eltern-Stammtisch) gibt beiden Seiten Gelegenheit, über die Entwicklungen in der Wohngemeinschaft an einem neutralen Ort zu sprechen – unabhängig von den Gesprächen bei Besuchen der Eltern in der Wohngemeinschaft. In erster Linie dienen die Gespräche dazu, Ängste und Sorgen von Eltern zu bearbeiten, Informationen auf kurzem Weg und zeitnah auszutauschen und Kontakte zwischen den Eltern herzustellen.

Die Eltern entwickeln in der Regel schnell eine hohe Identifikation mit dieser Wohnform und bringen sich mit ihren Ressourcen ein. Vor allem können sie individuell ihren Ablösungsprozess gestalten. Da dies ein gegenseitiger Prozess ist, der aber bei beiden PartnerInnen unterschiedlich verlaufen kann, gestaltet sich dieser Prozess in der Regel nach gängigen Generationsmustern. Die Söhne und Töchter wollen nicht mehr so oft nach Hause oder von den Eltern Besuch bekommen. Die Eltern müssen damit klar kommen, dass ihre »Kinder« erwachsen werden und das Loslassen erlernen. Viele Eltern haben damit zu kämpfen, finden aber nach kürzerer oder längerer Zeit auch den Einstieg in die neue Rolle.

Sozialräumliches Denken

Für die LIW sind die Gegebenheiten vor Ort wie zum Beispiel die Infrastruktur sehr bedeutsam und lebensnotwendig, um ein selbstbestimmtes Leben zu entwickeln. Sozialräumliches Denken geht davon aus, dass Menschen mit ihren Bedürfnissen und Interessen wahrgenommen werden und vor diesem Hintergrund Aktivitäten entwickeln. Gleichzeitig sollen die Ressourcen im Stadtteil genutzt werden. Der Sozialraum ist aber nur bedingt relevant. Wie anderswo auch ist der Sozialraum – also die Gestaltung von Beziehungen in unmittelbarer räumlicher Nähe – ein Thema für Familien mit Kindern und für ältere Leute. Junge Erwachsene versuchen diesem engen Raum zu entfliehen und suchen die Orte auf, an denen der eigene Lebensstil mit anderen geteilt werden kann. Hier wird sichtbar, dass sozialräumliches Denken nicht an Stadtteilgrenzen aufhört. Für Menschen, die einen höheren Assistenzbedarf haben, sind Orte und Räume interessant, in denen Begegnungen inklusiv möglich sind bzw. zum Teil auch Orte und Räume, die Peerskontakte ermöglichen.

Das Leben in den Innenräumen der WG ist besonders bedeutsam. In der Regel kommt viel Besuch ins Haus, es ist immer »etwas los«, sodass das Bedürfnis, nach außen zu gehen, nicht so stark entsteht.

Kooperative Trägerschaft zwischen einer Einrichtung der Behindertenhilfe und einem Elternselbsthilfeverein

Träger der Wohngemeinschaft ist die BruderhausDiakonie Reutlingen (großer Träger der Freien Wohlfahrtspflege) in Kooperation mit der »Arbeitsgemeinschaft Integration Reutlingen e.V.« (Elternselbsthilfe), die das Wohnkonzept entwickelte. Die unterschiedlichen Interessen und Kompetenzen dieser Partnerschaft zu bündeln, ist eine Herausforderung, ermöglicht aber, kritische Rahmenbedingungen nicht aus den Augen zu verlieren.

Zwischen Wohntraum und bedeutsamer Lebensabschnitts-erfahrung

Diese neue Wohnform ist für alle MieterInnen – unabhängig vom Assistenzbedarf – eine sehr prägende Zeit- und Raumerfahrung in der Lebensbiografie. Dies ist auch ein Grund bzw. ein Zeichen für den Erfolg dieser Wohnform. Alle lernen viel durch diese Begegnungen und machen ganz neue Erfahrungen, die als wertvoll und eine große Bereicherung empfunden werden. Es ist für die sogenannten »nichtbehinderten« MieterInnen ebenso eine große Herausforderung, selbstbestimmt zu wohnen und das Helfersyndrom, das fast alle mitbringen, abzulegen. Hier werden die Parallelen der Lebenswelten wieder deutlich und die Frage der Unterscheidung »behindert«/»nichtbehindert« hinfällig – Verschiedenheit wird zu Normalität.

Vor dieser Kurzbeschreibung soll nun die Einbettung in die Anforderungen der UN-BRK erfolgen. Dafür werden zunächst die zentralen Aspekte der UN-BRK vorgestellt.

2. Die UN-Behindertenrechtskonvention

Für Menschen mit Behinderung und Angehörige kann man die UN-Konvention als ein »Geschenk« bezeichnen, weil durch die Ratifizierung des Parlaments in Deutschland 2009 der inklusive Gedanke der selbstverständlichen Teilhabe, der bis heute kaum umgesetzt ist, einen verbindlicheren Rahmen bekommt. Von außen ist es zunächst ein schönes Geschenkpäckchen. Es wird sich in den nächsten Jahren zeigen, wie gehaltvoll der Inhalt werden kann.

Für andere Akteure wie zum Beispiel Leistungserbringer und Leistungsträger ist die UN-Konvention zwar auch ein Geschenk, aber ein schwieriges, weil mit den vorhandenen Strukturen und limitierten Ressourcen eine notwendige Herausforderung darin besteht, eine doch völlig andere Entwicklung von Hilfen auf den Weg zu bringen. Die UN-Konvention bietet die Gelegenheit, etwas »gut zu machen« – im doppelten Sinne: eine kritische Reflexion der exklusiven Angebote der letzten Jahrzehnte zu leisten und in die Zukunft gewandt, eine anspruchsvolle Qualitätsentwicklung der Unterstützungsformen zu realisieren. Die UN-Konvention bietet durch ihre klar formulierten Ziele hinsichtlich einer gleichberechtigten Teilhabe eine herausfordernde Basis. Durch die Ratifizierung der Konvention in Deutschland im Jahre 2009 ist Inklusion von heute auf morgen aber eine gemeinsame Grundlage geworden und nicht mehr ein Nordstern einiger TräumerInnen.

Was ist die UN-Konvention? Die UN-Konvention ist eine genaue Beschreibung und Übersetzung der allgemeinen Menschenrechte für den Personenkreis Menschen mit Beeinträchtigungen. Die Menschenrechte beziehen sich einerseits auf die grundlegenden Fragen der Würde, des gleichen Rechts und des Freiheitsverständnisses; andererseits nehmen die Menschenrechte konkreten Bezug auf einzelne Teilbereiche des Lebens zum Beispiel Bildung, Arbeit, Freizeit, Gesundheit, Politik, Leben in der Gemeinde (vgl. Beauftragter der Bundesregierung für die Belange behinderter Menschen 2010).

Grundsätze der UN-Konvention

Die UN-Konvention umfasst acht allgemeine Grundsätze. Zentral und durchgängig bedeutsam ist die Achtung der Menschenwürde. Menschenwürde schließt den Respekt der Autonomie und die Freiheit, eigene Entscheidungen zu treffen, mit ein und ist in einem doppelten Sinne zu verstehen: Achtung der eigenen Würde und Achtung der Würde der anderen.

Weitere zentrale Gedanken der UN-Konvention beziehen sich u.a. auf Nichtdiskriminierung, Akzeptanz der Vielfalt und Gleichberechtigung. Diese Grundsätze ziehen sich durch alle Artikel der UN-Konvention durch. Sie speisen auch die Hoffnung, dass letztendlich bei Gerichtsprozessen diese Grundsätze eine entscheidende Rolle spielen können.

In den Diskussionen über die Bedeutung der UN-Konvention wird immer wieder die Nichtdiskriminierung oder Akzeptanz der Vielfalt thematisiert. Das bedeutet die Verpflichtung, Barrieren in allen gesellschaftlichen Bereichen abzubauen und Barrierefreiheit zu garantieren.

Partizipation/Teilhabe, Inklusion und Chancengleichheit meint die volle und wirksame soziale Teilhabe an der Gesellschaft. Behinderung wird als Teil der menschlichen Vielfalt und der Menschheit und somit als eine Loslösung von defizitären Behinderungsbildern verstanden.

Die UN-Konvention beinhaltet viele Artikel, die die »Lebensweltorientierten Integrativen Wohngemeinschaften« und die BewohnerInnen betreffen, die aber nicht in der Wohngemeinschaft zu entscheiden sind. Dies betrifft zum Beispiel den Artikel 12 »Gleiche Anerkennung vor dem Recht«. Die Umsetzung und ihre Konsequenzen wären für die

Wohngemeinschaft bedeutsam, wenn zum Beispiel eine assistierende Selbstbestimmung statt einer Stellvertretungsregelung gewährleistet wird. Voraussetzung wäre, dass auch der Status der gesetzlichen BetreuerInnen auf die UN-Konvention abgestimmt ist.

Definition von Behinderung in der UN-Konvention

Bedeutsam für den Geist der UN-Konvention ist das zugrunde liegende Verständnis von Behinderung. Behinderung wird in der UN-Konvention weg von der Person hin zu gesellschaftlichen Barrieren verstanden. Behinderung resultiert aus der Beziehung zwischen Personen mit Beeinträchtigungen und den in Grundhaltungen und Umweltfaktoren bestehenden Barrieren – und das so, dass dies die vollständige und wirksame Beteiligung der Betroffenen auf der Grundlage der Gleichheit mit anderen hindert (vgl. Präambel e) der UN-Konvention).

Diese Sichtweise legt offen, dass Behinderung relativ ist und bestätigt die Tatsache, dass – je nach Gesellschaft und ihrer Kultur – Haltungen und Bedingungen dafür Sorge tragen, dass Behinderung entsteht oder die gleichberechtigte Teilhabe in allen gesellschaftlichen Bereichen ermöglicht wird.

3. Die Reutlinger »Lebensweltorientierten Integrativen Wohngemeinschaften« im Spiegel der UN-Konvention

Die UN-Konvention stellt sehr hohe Anforderungen an die Praxis der Behindertenhilfe – sofern wir diese überhaupt noch so bezeichnen dürfen. Die folgende Darstellung ist kein 1:1 Abgleich der Konvention mit den Wohngemeinschaften. Dazu wäre eine umfassende empirische Erhebung notwendig. Es ist eine erste Spurensuche über die Zusammenhänge.

Grundsätze: Artikel 1

»Zweck dieses Übereinkommens ist es, den vollen und gleichberechtigten Genuss aller Menschenrechte und Grundfreiheiten durch alle Menschen mit Behinderungen zu fördern, zu schützen und zu gewährleisten und die Achtung der ihnen innewohnenden Würde zu fördern« (Artikel 1 der UN-BRK). Dieser Artikel betrifft alle Personen – auch Menschen mit hohem Assistenzbedarf. Die UN-Konvention besteht auf den unterschiedlichen Ausdruckformen menschlichen Seins.

Der Respekt vor der Vielfalt bedeutet eine positive Würdigung der Behinderung als Bestandteil der Vielfalt.

Dieses Prinzip ist in den Wohngemeinschaften im Grundsatz gegeben. Ich möchte ein Kennzeichen aufgreifen, um zu verdeutlichen, dass dieser umfassende Grundsatz der Spur nach positiv zu bewerten ist und sich an der Auflösung des Gegensatzes normal – behindert in den LIW aufzeigen lässt.

Auflösung von gängigen Bildern und Denkweisen in der WG

Das Leben in der Wohngemeinschaft strukturiert sich in vielen Bereichen immer noch nach Behinderung – Normalbehinderung: Die einen gehen in die Werkstatt, die anderen gehen in den unterschiedlichsten Bereichen arbeiten oder studieren. Die einen verdienen dabei ihren Unterhalt, die anderen haben einen kleinen Ertrag und sind auf Unterstützung angewiesen.

Trotz dieser Unterscheidungen entwickelt sich in der WG zwischen den BewohnerInnen eine egalitäre Differenz, das heißt Gleichheit ohne Angleichung (vgl. Prengel 1995). Die sogenannte Behinderung tritt in den Hintergrund, und die Personen mit Stärken und Schwächen werden zur/zum MitbewohnerIn – das geht soweit, dass die/der BewohnerIn mit hohem Assistenzbedarf nicht mehr unter diesem Etikett »schwerstbehindert« wahrgenommen wird. Dahinter steht die umfassende Würde im Sinne: Ich bin in erster Linie der Peter, die Anita usw. In unseren Diskussionen innerhalb der Arbeitsgemeinschaft Integration Reutlingen e.V. haben wir schon öfter darüber diskutiert, dass dieser gegenseitige Anerkennungsprozess einmal genauer untersucht werden sollte, weil dies einen Kern der LIW darstellt, der Inklusion erspüren und auf die WG bezogen erleben lässt. Wenn Mütter nach Jahren immer noch von einem Traum sprechen, begründen sie dies mit dem Respekt, mit dem ihren Töchtern und Söhnen in den LIW begegnet wird.

Wohnen

Für das Wohnen ist der Artikel 19 der UN-Konvention zentral. Darin wird auf unterschiedlichen Ebenen die Wahlfreiheit der Menschen mit Unterstützungsbedarf vorgegeben.

Behinderte Menschen sollen selbst entscheiden:
- An welchem Ort möchte ich wohnen?

- Mit welcher Person oder mit welchen Personen möchte ich wohnen?
- Sie können ihre Wohnform aussuchen, also auch alleine wohnen.
- »Wohnen ohne Behinderungs-Grenzen« - auch für Menschen mit hohem Assistenzbedarf.

In den Wohngemeinschaften existiert ein normales Bewerbungsverfahren. Ein Probewohnen ist für alle neuen BewohnerInnen ein gegenseitiger Test und eine Gleichstellung, da sich alle dieser Vorgehensweise unterziehen müssen. Alle entscheiden auch mit, wer einzieht. Nur wer will, zieht ein - keine Zwangsbeglückung.

Realität ist aber auch, dass nur wenige Reutlinger BürgerInnen mit Behinderungserfahrung in den Genuss kommen können, sich für eine WG zu bewerben. Dafür gibt es noch zu wenige Angebote, und diese Teilhabeform ist noch zu stark vom Engagement der Eltern abhängig.

Was kann ich wählen? - eine zentrale Frage für Menschen mit Behinderung. In den Wohngemeinschaften sind hier unterschiedliche Freiheiten und Barrieren zu erkennen, die in der folgenden Darstellung beispielhaft angesprochen werden.

Unterstützung

»Sie bekommen die nötige Hilfe da, wo sie wohnen. Niemand muss in ein Heim ziehen, nur weil er oder sie Unterstützung braucht. Die Unterstützung soll zu der Person kommen« (Artikel 19, Leichte Sprache). Diese drei Grundsätze werden in den Wohngemeinschaften unterschiedlich realisiert. Es gibt Ausschlusskriterien für den Personenkreis, der durchgängig auf den Rollstuhl angewiesen ist. Hintergrund sind bauliche Barrieren, die nicht beseitigt werden können. Barrierefreier Wohnraum ist ein großes Problem bei der Entwicklung von gemeindeintegrierten Wohnangeboten. Die Hilfe kommt in der Regel in die Wohngemeinschaft, inzwischen auch für alle MieterInnen - auch für den Personenkreis mit hohem Assistenzbedarf.

»Alle Menschen haben ein Recht auf Privat-Sphäre. Auch behinderte Menschen - egal wo sie wohnen. Das heißt: Niemand darf in die Wohnung oder das Zimmer kommen, ohne zu fragen. Niemand darf die Post lesen, ohne zu fragen.« (ebd.)

Die Wohngemeinschaften bieten selbstverständlich jeder MieterIn ein Einzelzimmer, das frei gestaltet werden kann. (Ca. 60% der Menschen, die heute in Heimen wohnen, leben noch in Mehrbettzimmern mit begrenzter Privatsphäre.)

Partnerschaft

»Behinderte Menschen können sich ihre Partner und Partnerinnen genauso aussuchen wie alle Menschen. Sie können wie alle Menschen heiraten. Sie können wie alle Menschen Kinder bekommen, wenn sie Kinder wollen.«

Das Thema Partnerschaft ist in den LIW ein eher privates Thema, das durch das Erleben und die Erfahrungen von Paarbeziehungen Gegenstand des Alltags wird. Die Lebensentwürfe Heiraten, Familie und Kinder, die in der UN-Konvention so selbstverständlich zugestanden werden, sind noch mit Denkverboten belegt.

Angemessene Vorkehrungen

»Angemessene Vorkehrungen bedeuten notwendige und geeignete Änderungen und Anpassungen, die keine unverhältnismäßige oder unbillige Belastung darstellen und die, wenn sie in einem bestimmten Fall erforderlich sind, vorgenommen werden, um zu gewährleisten, dass Menschen mit Behinderungen gleichberechtigt mit anderen alle Menschenrechte und Grundfreiheiten genießen oder ausüben können« (Artikel 2). Es gibt sehr unterschiedliche Bewertungen, welche individuellen Unterstützungsleistungen eingehalten und eingerichtet werden müssen. Perspektivisch gibt es hier meines Erachtens nur eine Chance, wenn die individuellen Hilfen ausschließlich auch individuell bemessen werden und die unterschiedlichen Leistungsträger ihren jeweiligen Beitrag leisten. Ein trägerübergreifendes Budget wird hierzu in der Praxis notwendig werden. Darüber hinaus müssen die Kommunen infrastrukturelle Maßnahmen für barrierefreies Wohnen unterstützen und fördern.

Deutschland ratifizierte das Fakultativprotokoll und räumt damit ein Individualbeschwerderecht vor dem UN-Ausschuss für die Rechte behinderter Menschen in Genf ein. Es ist deshalb auch mancherorts nur mithilfe von Prozessen eine grundlegende Werteentscheidung für Menschen mit Behinderungen zu erreichen.

Zwischen Dienstleistung und Gemeinschaft oder Vielfaltsgemeinschaft – Der Geist der UN-Konvention und das Herz der WG

Die eigentliche Stärke der Wohngemeinschaften ist die Vielfaltsgemeinschaft. Diese ist nicht mit einem Artikel der UN-Konvention zu fassen, sondern kann in vielen Artikeln der UN-Konvention als Geist und Grundlage gesehen werden.

Die LIW sind eine Normalität – viele jungen Menschen, die von zu Hause ausziehen, ziehen in eine Wohngemeinschaft, weil sie vielleicht nicht alleine leben wollen beziehungsweise weil sie sich auch keine eigene Wohnung von ihrem Einkommen leisten können. Als junger Mensch lernt man dort viel Neues – praktische Fertigkeiten wie zum Beispiel Kochen, aber auch über das Zusammenleben mit anderen Menschen.

Alle Möglichkeiten einer Dienstleistungsgesellschaft können dazu führen, dass ich zwar für Pflege, Assistenz, usw. die gewünschte Unterstützung erhalte. Was dabei aber nicht gekauft werden kann, ist die Vielfaltsgemeinschaft und ich betone hier die Vielfalt (vorausgesetzt die Wohngemeinschaft funktioniert – das heißt ist eine lebendige Gemeinschaft). Das Leben sollte auch lebendig erfahren werden und das bestätigen die BewohnerInnen in vielen Gesprächen.

Meine These: Die LIW sind von ihrer Zusammensetzung der MieterInnen in ihrer Vielfalt schon ein Zukunftskonzept. Sie leben von der nicht auf Minuten berechneten Unterstützung, verbinden sich schon mit bürgerschaftlichem Engagement junger Menschen und tragen zur Bewusstseinsbildung nichtbehinderter Menschen bei. Alle MieterInnen ohne Unterstützungsbedarf bestätigen, dass ihr Bild von »Behinderung« durch das Zusammenleben eine grundlegende Veränderung erfahren hat. Dies hat vor allem auch nachhaltige Wirkungen, weil diese jungen Menschen diese Erfahrung während ihrer WG-Zeit und nach dem Auszug aus der Wohngemeinschaft in die Gesellschaft transportieren und somit für ein anderes Bild von Lebenswelten von Menschen mit höherem Unterstützungsbedarf weiter vermitteln.

Heiner Bielefeld vom Deutschen Institut für Menschenrechte betont, dass die Konvention ein verstärktes »Zugehörigkeitsgefühl« (Präambel m) im Sinne einer gleichberechtigten sozialen Inklusion einfordert. Eine selbstverständliche Zugehörigkeit wird in den Wohngemeinschaften ermöglicht und stellt ein besonderes Kennzeichen dar. Eine

Mitbewohnerin bringt diese Gegenseitigkeit treffend zum Ausdruck: »Man lernt auch für sich jeden Tag noch was Neues dazu in so einer WG, ob ich jetzt eine Behinderung habe oder nicht.«[3] Unter diesem Aspekt der Teilhabe und der Teilgabe könnten noch viele wichtige Lern- und Anerkennungsprozesse erläutert werden, u.a. die Zufriedenheit der MieterInnen mit und ohne Behinderungserfahrung.

4 Das Recht auf Inklusion – Herausforderungen und Konsequenzen

Die UN-Konvention erfordert auf allen Ebenen – vom Staat bis in die Kommune – eine erkennbar planmäßige Politik, die alle in der Konvention verbrieften Rechte achtet und verwirklicht. Heiner Bielefeld spricht hierbei von der Weiterentwicklung durch die »Anerkennung von Behinderung als Bestandteil menschlichen Lebens und Zusammenlebens zur Humanisierung der Gesellschaft« (Bielefeld 2009: 4). Die UN-Konvention stellt uns vor große Herausforderungen im Bereich der Behindertenhilfe und Kommunalentwicklung. Im Grunde erfordern diese vielfältigen Veränderungen eine radikale Richtungsänderung.

Blicken wir zunächst auf die LIW:

Weiterentwicklung und Verbreitung der LIW

Einige zentrale Herausforderungen für die Weiterentwicklung der LIW im Sinne der UN-Konvention betreffen neue Wege, um die unbefriedigenden und schwierigen Rahmenbedingungen in Urlaubs- und Krankheitszeiten zu verbessern. Hier muss eine Wahlfreiheit gewährleistet werden, damit jede/r Bewohner/in entscheiden kann, ob sie/er »daheim« bleiben will und nicht zu den Eltern heim muss. Hierbei bedarf es noch der Entwicklung von inklusiven Freizeitangeboten, des Ausbaues von barrierefreiem Wohnraum, formaler Gleichstellung von Menschen mit Behinderung durch Trennung von Vertragsangelegenheiten (unter anderem Mietvertrag unabhängig von Begleitleistungen), Qualifizierung von und Bewusstseinsbildung bei Professionellen und BürgerInnen im Hinblick auf inklusive Lebenswelten.

---

3   Aus dem Film: exklusiv inklusiv wohnen. Integrative Wohngemeinschaften Reutlingen. Ein Projekt der Arbeitsgemeinschaft Integration Reutlingen e.V., Reutlingen 2010.

Nach über 15 Jahren LIW-Erfahrung stellt sich die Frage, warum dieses Angebot und seine positiven Erfahrungen so wenig in der Entwicklung von Hilfen von Menschen mit Unterstützungsbedarf zum Tragen kommen. Eigentlich müssten Träger und Fachkräfte diese Wohnform präsentieren und dafür werben. Es sind immer wieder Eltern, die diese Angebote einfordern, obwohl viele dabei große Sorgen haben und sich die Frage stellen, ob dieses System funktioniert, verlässlich von Trägern angeboten wird und eine ausreichende Begleitung gewährleistet. Es gibt vereinzelt immer wieder neue Standorte, an denen diese Wohnform der LIW entwickelt wird, aber die Träger tragen dieses Konzept nicht weiter. Kritisch betrachtet kann dies als Stillstand bezeichnet werden. Es steht außer Frage, dass Selbstbestimmung und Teilhabe in dieser Wohnform einen besonderen Stellenwert und realen Bezug bekommen. Deshalb ist es vor dem Hintergrund der theoretischen Anforderungen der UN-Konvention nicht begreifbar, warum Träger diese Entwicklung nicht forcieren. Obwohl der Gewinn – so sind die Reaktionen aus allen integrativen Wohngemeinschaften – auf beiden Seiten liegt, sind die Struktur und die damit verbundene Macht der Träger stärker. Mit anderen Worten: Die Dominanz der Rentabilität und Dividende von Wohnangeboten unter organisatorischen Gesichtspunkten von Institutionen strukturieren das Feld. Eine LIW ist ohne Zweifel mit vielen kurzfristigen Arrangements und »Störfaktoren« verbunden und nicht eine Wohnform für reibungslose Abläufe. Es ist zu hoffen, dass die nachkommenden jungen Menschen mit Unterstützungsbedarf aufgrund von inklusiven Erfahrungen in ihrer Lebensbiografie ihre Interessen stärker durchsetzen können und für Vielfalt und Inklusion sorgen.

Über die LIW hinaus bei geht es um die Entwicklung konkreter Aktionspläne bei der Umsetzung der UN-Konvention auf Landesebene und in den Kommunen, die auf eine breite Basis gestellt werden müssen. Und dies nach dem Grundsatz der Partizipation: »Nichts über uns – ohne uns«.

Innovationshemmnisse oder die Logik der Institutionen

Ein zentrales Schlüsselthema ist der Personenkreis mit einem hohen bzw. umfassenden Assistenzbedarf. Landauf und landab ist vor allem folgende Entwicklung zu beobachten: Große Träger verstehen ihren Konversionsprozess oder Veränderungsbedarf darin, ihre zentrale Angebote in »kleinere« Wohneinheiten mit 24-Personen-Wohneinheiten in die Fläche, in die Städte und Gemeinden zu bringen. Damit werden für Jahrzehnte die Angebotsstrukturen bestimmt. Das schafft Fakten, weil die Plätze belegt werden müssen. Die Folge ist, dass der Weg zur Inklusion dadurch erschwert wird. Selbstbestimmungsrechte wie die Wahlmöglichkeiten der Menschen mit Behinderungen werden dadurch eingeschränkt. Aus der bestehenden Logik der Institutionen mag diese Herangehensweise wirtschaftlich begründet vernünftig erscheinen. Dem Gedanken der UN-Konvention werden sie nicht gerecht werden können.

Wenn wir derzeit in Baden-Württemberg überwiegend über die schulische Inklusion reden und sehen, dass Sondereinrichtungen bzw. die Sonderschulpflicht unverträglich mit der UN-Konvention werden können, bleibt die Frage des Wohnens nicht davor verschont. Auch hier gilt das Wahlrecht: Menschen mit Behinderung »(sind) nicht verpflichtet, in besonderen Wohnformen zu leben« (Artikel 19a). Dies macht eine Änderung der Förderung von Wohnangeboten erforderlich.

Fehlende Top-down-Strategien – Intentionen der politischen Richtlinien

Inklusiv ausgerichtete Wohnbauvorhaben, die individuell und passgenau planen, werden heute nicht belohnt, sondern eher benachteiligt, weil sie einen Planungsprozess entwickeln, bei dem sie mit aufwändigen Vorgehensweisen die Interessen und Bedürfnisse von zukünftigen AssistenznehmerInnen erkunden. In einem zum Teil mehrjährigen Entwicklungsprozess werden mit Bauträgern neue Wohnangebote erarbeitet, die von Ort zu Ort unterschiedlich sind. Dies ist mit einem hohen Personalaufwand, der nicht finanziert wird, verbunden.

Investitionsförderprogramme fördern im Wesentlichen immer noch größere Wohneinheiten, die unter einer Dezentralisierung als einen ersten Schritt in integrative Angebote betrachtet werden können.[4] Die alltägliche Praxis kapituliert noch oft vor den Vorgaben der UN-Behindertenrechtskonvention in den einfachsten Fragen. Die freie Auswahl, mit wem ich zusammenleben möchte ist für die Organisation von

---

,4   Vgl. Entwurf zur Verwaltungsvorschrift des Ministeriums für Arbeit und Sozialordnung, Familie, Frauen und Senioren für die Gewährung von Zuwendungen für Investitionen in Behinderteneinrichtungen vom 14.03.2013. Zu hoffen ist, dass diese neuen Richtlinien, die 25% der Mittel für neue inklusive Angebote vorsehen, tatsächlich genutzt werden, um inklusiv ausgerichtete Vorhaben zu fördern und damit einen Wandel einzuläuten.

Einrichtungen nicht mit ihren Planungsvorhaben kompatibel. Letztendlich ist dieser Prozess nur dann zu verändern, wenn Menschen, die auf eine besondere Unterstützung angewiesen sind, selbst das Geld in die Hand bekommen, um ihre Unterstützung zu suchen.

Schärfung des Inklusionsbegriffs

Es ist unstreitig, dass die Ratifizierung der UN-Behindertenrechtskonvention in Deutschland viele Diskussionen über Inklusion in der Gesellschaft belebt hat. Das Thema hat an Gewicht gewonnen - sei es auf dem Deutschen Evangelischen Kirchentag, im Fernsehen oder in der alltäglichen Zeitungsberichtserstattung. Diese Öffnung muss weiter vorangetrieben werden.

Gleichzeitig wird durch die vielfältige Vereinnahmung des Begriffs Inklusion der Inhalt so verwässert, dass am Ende die Frage wirklich zu stellen ist, was hinter dem Etikett oder in der Verpackung von Inklusion wirklich noch drin liegt. Nicht selten ist nichts mehr vom Grundgedanken erkennbar. Das zeigt sich an dem nicht selten verwendeten Begriff der »umgekehrten Inklusion«. Mit dieser Herangehensweise wird deutlich, dass durch die Einbindung von einigen sogenannten nichtbehinderten Kindern zum Beispiel in eine Sonderschule, die Schule inklusiv werden soll. Die gleiche Entwicklung zeigt sich bei ausgesonderten Einrichtungen auf der »grünen Wiese«, die als inklusiver Stadtteil deklariert werden. Eine Strategie, die in erster Linie dazu dient, bestehende Verhältnisse und Strukturen nicht in einen offenen und gemeinsamen Alltag in sozialräumlichen Bezügen zu führen. In diesem Sinne bedarf es eines offenen und kritischen Diskurses über Selbstbestimmung, Teilhabe und Inklusion und einer klaren Abgrenzung zu fragwürdigen Vereinnahmungstendenzen.

Entwicklung einer Verantwortungsgemeinschaft

In den letzten Jahren hat sich auf dem Weg zu inklusiven Angeboten häufig gezeigt, dass es wichtig ist, die Bürgerinnen und Bürger mitzunehmen.

Die UN-Konvention stellt unter anderem unter dem Artikel 4 »Allgemeine Verpflichtungen« oder Artikel 8 »Bewusstseinsbildung« die gesamtgesellschaftliche Verantwortung aller gesellschaftlichen Mitglieder zur Verwirklichung von Inklusion ins Blickfeld. Dadurch wird ein Spielraum eröffnet, der alle bisher auf das pädagogische Feld begrenzten Vorgehensweisen durchbricht. Hierfür müssen neue Zusammenschlüsse und Strukturen in den Kommunen geschaffen werden, die aber nicht von heute auf morgen entstehen. Eine langfristige Strategie der Bewusstseinsbildung ist zu entwickeln. Die integrativen Wohngemeinschaften können konkrete Alltagserfahrungen weitergeben. Zu klären bleibt: Welchen Beitrag werden die AkteurInnen in Politik, Verwaltung, Einrichtungen und Initiativen zur Selbstbestimmung, Teilhabe und Empowerment der Menschen mit Behinderung leisten? Eine dauerhafte Zukunft der LIW benötigt die gemeinsame Verantwortung von Kommunen, Landkreisen, Trägern, Bürgerinnen und Bürgern – auch BürgerInnen mit Behinderungserfahrung.

Literatur:

Arbeitsgemeinschaft Integration Reutlingen e.V. (Hrsg.) (2012): »Zuhause in integrativen Wohngemeinschaften«. Reutlingen.

Beauftragter der Bundesregierung für die Belange behinderter Menschen (2010): Die UN-Behindertenrechtskonvention. Übereinkommen über die Rechte von Menschen mit Behinderung. Berlin.

Deutsches Institut für Menschenrechte/Bielefeldt, Heiner (2009): Essay – Zum Innovationspotential der UN-Behindertenrechtskonvention. Berlin.

Jerg, Jo (2011): »Gemeindeorientierte und alternative Wohnformen für Menschen mit hohem Unterstützungsbedarf«. In: Maier-Michalitsch, Nicola J. u.a. (Hrsg.): »Leben pur – Wohnen und Freizeit. Wenn Menschen mit schweren und mehrfachen Behinderungen erwachsen werden und die Zukunft gestalten«. München.

Jerg, Jo/Schumann, Werner (2008): Exklusiv inklusiv wohnen. Reutlingen.

Jerg, Jo (2001): Lebensweltorientierte Integrative Wohngemeinschaft – Leben in Widersprüchen. Reutlingen (derzeit vergriffen).

Jerg, Jo (1998): »Koi Wunder!« Erste Erfahrungen in einer integrativen, lebensweltorientierten Wohngemeinschaft. Reutlingen, (vergriffen). Download (22.02.2011): http://bidok.uibk.ac.at/library/jerg-wunder.html.

Prengel, Annedore (1995): Pädagogik der Vielfalt – Verschiedenheit und Gleichberechtigung in Interkultureller, Feministischer und Integrativer Pädagogik. Opladen.

Bernhard Mutschler

»Der HERR behüte deinen Ausgang und Eingang von nun an bis in Ewigkeit« (Ps 121,8) Theologische Vorüberlegungen zum geistlichen Handeln im Spannungsfeld Pflege[1]

Die Bedeutung von Pflege, Pflegewissenschaft und Pflegestudiengängen steigt seit Jahren kontinuierlich an. Dies macht sich an verschiedensten Stellen innerhalb der Gesellschaft bemerkbar, nicht zuletzt in Forschung und Lehre einer Evangelischen Hochschule. Die Ursachen für die Bedeutungszunahme sind vielfältig; nicht alle sind unerfreulich. Erfreulich ist in jedem Fall, *dass Menschen andere Menschen pflegen* und sich deren Bedürftigkeit zu Herzen nehmen. Leider geschieht dies heutzutage oft genug mit beinahe letzter Kraft. Dies hängt auch mit den Rahmenbedingungen und der Wertschätzung Pflegebedürftiger innerhalb einer Gesellschaft zusammen (Marya 2011: 194). Seit den ersten Tagen des Christentums sind Kirche und Diakonie in wechselnden, im Laufe der Jahrhunderte und bis heute so verschiedenartigen Organisationsformen wie Familie, Gemeinde, Klöster, Orden, Gemeinschaften, Krankenhäuser, Schulen, Heimen, Diakonie-/Sozialstationen im Handlungsfeld Pflege aktiv. Ein durchgängig wichtiges Motiv dabei ist die Suche nach einer Begegnung mit dem »Christus im anderen«. Locus classicus dafür ist Jesu Erzählung vom Weltgericht, Mt 25,31–46. In dieser führt der König und Weltenrichter sechs exemplarische Werke der Barmherzigkeit auf: Hungrige speisen, Durstigen zu trinken geben, Fremde aufnehmen, Nackte bekleiden, sich um Kranke kümmern, Gefangene besuchen. In der Mitte der Erzählung steht ein Spitzensatz: »Das ist die ganze Wahrheit: Was ihr von alledem für Menschen getan habt, die man gerne übersieht und übergeht, das habt ihr für mich getan« (Übertragung Ritzhaupt 2009), besser bekannt in der klassischen Übersetzung von Martin Luther: »Wahrlich, ich sage euch: Was ihr getan

---

1   Erarbeitet im Zusammenhang der Tagung »Menschen im Spannungsfeld Pflege begleiten« für Fach- und Führungskräfte in Pflege und Behindertenhilfe des Karlshöher Diakonieverbands (Monbachtal, 19.–21.10.2012); der Beitrag wurde aus Platzgründen stark gekürzt.

habt einem von diesen meinen geringsten Brüdern, das habt ihr mir getan« (Mt 25,40).

Der Auftrag und das Vorbildhandeln Jesu von Nazareth führen über pflegerisches Handeln (»Leibsorge«) hinaus zu Fragen nach Bedingungen und Möglichkeiten geistlichen Handelns im Spannungsfeld der Pflege (Seelsorge). Denn der Mensch lebt weder »vom Brot allein« (Dtn 8,3; Mt 4,4; Lk 4,4) noch von Gesundheit oder körperlicher Aktivität und Vitalität. Dies umso weniger, wenn Letztere in Frage gestellt und als nahezu vollkommen defizitär erlebt werden. Im Kontext der Pflege werden grundlegende Fragen nach Sinn, Sein, Wegen und Übergängen des Lebens häufig persönlich und bedrängend. Im 450. Jahr des Heidelberger Katechismus können solche Fragen knapp und präzis mit dessen allererster Frage zusammengefasst werden: »Was ist dein einziger Trost im Leben und im Sterben?« Jegliche Antwortversuche auf Fragen wie diese bleiben notwendigerweise fragmentarisch und persönlich (Antwort des Heidelberger Katechismus bei Weber 1986: 15 f.). Doch die Annahme menschlicher Endlichkeit in der Kraft des Glaubens verhilft zu großer innerer Freiheit. Insofern sind eigene Antworten, die auch im Sterben trösten, ganz und gar lebensdienlich (Moltmann 2012: 10).

Im Folgenden werden in Gestalt von zwölf Thesen Vorüberlegungen zum geistlichen Handeln im Spannungsfeld Pflege entfaltet. Sie beginnen mit Psalm 121 und Gedanken zum eigenen Gottesbild ausgehend von Beobachtungen zu diesem Psalm (unten im Text Nummer 1–3). Anschließend kommen Menschen mit Pflege- und Assistenzbedarf als Teil des »Leibes Christi«, der Gemeinde, in den Blick (Nr. 4). Die Bedeutung innerer Kraftquellen im Spannungsfeld Pflege (Nr. 5–6), Grundsätze und Konkretionen im seelsorglichen Umgang mit Pflegebedürftigen (Nr. 7–8) sowie Möglichkeiten geistlichen Handelns (Nr. 9–11) sind die weiteren Schritte. Am Ende folgt ein knapper theologisch-poetischer Text zur Begleitung auf der einen großen Reise des Lebens (Nr. 12), die in den Spuren des Psalmdichters mit »Wallfahrt« bezeichnet werden kann (Ps 121,1).

Psalm 121 (Übersetzung nach Martin Luther)

[1]Wallfahrtslied
Ich hebe meine Augen auf zu den Bergen.
Woher kommt mir Hilfe?

²Meine Hilfe kommt vom Herrn,
der Himmel und Erde gemacht hat.
³Er wird deinen Fuß nicht gleiten lassen,
und der dich behütet, schläft nicht.
⁴Siehe, der Hüter Israels
schläft und schlummert nicht.
⁵Der Herr behütet dich;
der Herr ist dein Schatten über deiner rechten Hand,
⁶dass dich des Tages die Sonne nicht steche
noch der Mond des Nachts.
⁷Der Herr behüte dich vor allem Übel,
er behüte deine Seele.
⁸Der Herr behüte deinen Ausgang und Eingang
von nun an bis in Ewigkeit.

Das eigene Gottesbild ausgehend von Psalm 121

1. Die Frage nach dem eigenen Gottesbild betrifft nichts weniger als das religiöse *Fundament des eigenen Lebenshauses* und die auf diesem Fundament beruhenden eigenen *Handlungsmöglichkeiten* gleichsam als Fenster (des Lebenshauses) zur Außenwelt. In der Frage des Gottesbildes verdichten sich die eigene Lebens- und Handlungsorientierung wie in einem Brennglas. »Denn wo dein Schatz ist, da ist auch dein Herz«, so Jesus in der Bergpredigt (Mt 6,21).

2. Psalm 121 kann in *vier Strophen à vier Zeilen* (= jeweils ein Halbvers) gegliedert werden (Hossfeld 2008: 432 f.). Auf den Themasatz im Ich-Stil (Vers 1f.) folgen drei Strophen mit umgekehrter Sprechrichtung im Du-Stil (Vers 3–8). Dadurch entsteht der Eindruck eines äußeren, inneren oder fiktiven *Wechselgesprächs*. Diesem literarischen Kunstgriff eignet ein weisheitlicher Charakter. Vers 1f. stellen eine These auf, Vers 3–6 entfalten sie umfassend in zwei einander ergänzende Richtungen, und Vers 7f. systematisieren und schließen sie grundlegend ab. Die innerhalb des Psalters einzigartige Kontextualisierung durch die Überschrift als *Lied zur Wallfahrt* (Vers 1a) sowie die zahlreichen Texthinweise auf Pilgerschaft und Unterwegssein öffnen diesen Psalm weit für einen Anschluss an verschiedenste Stationen und Situationen einer Lebensreise.

3. Die Aussagen der vier Strophen von Psalm 121 lauten knapp zusammengefasst: (1) Der Himmel und Erde erschaffen hat (nämlich

Adonai-Gott), bringt auch mir Hilfe (Vers 1f.). (2) Adonai-Gott passt rund um die Uhr auf das Du auf gegenüber allen Gefahren vom Boden (von der Erde) her (Vers 3f.). (3) Adonai-Gott passt rund um die Uhr auf das Du auf gegenüber allen Gefahren von der Luft (vom Himmel) her (Vers 5f.). (4) Adonai-Gott passt negativ (Böses abwehrend) und positiv (Leben erhaltend) auf das Du auf – rund um die Uhr und in Ewigkeit (Vers 7f.). Die Gesamtaussage der kunstvollen Komposition dieses Vertrauenspsalms lautet: *Von Gott kommen mir Hilfe, Fürsorge, Begleitung (Schutz) und Bewahrung (Lebenserhaltung).* Damit liegt ein gewichtiger Entwurf für die Prägung und Entwicklung eines eigenen Gottesbildes vor. Ohne entsprechende Vokabeln zu verwenden, ist es von Zuspruch (Trost), Vertrauen, Zuversicht und Geborgenheit geprägt.

Menschen mit Pflege- und Assistenzbedarf gehören zum »Leib Christi«, zur Gemeinde

4. Abseits der eigenen Biographie zeigen insbesondere Erfahrungen im Berufsfeld Pflege (Heilpflege, ambulante Pflege, Krankenhaus, Altenpflege, Hospiz): Das irdische, physische Leben ist alles andere als »heil«. Gerade Pflegebedürftige sind offensichtlich und ständig von der Krise einer fortschreitenden *Desintegration ihres Lebens* bedroht (Korsch 2006: 20 f.): Über viele Jahre Bekanntes wird brüchig, Gefestigtes wird als zerbrechlich erfahren oder löst sich auf. Das neu Erlebte bringt oft eine immense Verunsicherung für Angehörige und Pflegebedürftige mit sich. Jedoch steht auch ihr Leben unter dem großen Ja Gottes zu seiner ganzen Schöpfung: »Siehe, es war sehr gut« (Gen 1,31; vgl. 1 Tim 4,4). *Auch pflege- und assistenzbedürftige Menschen sind ganz und gar von Gott gewollt* (Kohler/Mutschler 2013: 15 f. 55–57; Rose 2005: 103 f.) und nicht etwa als »lebensunwert« (Erinnerungen an Grafeneck oder Hadamar mahnen! Vgl. Bach 2006) oder als »bestraft« aufzufassen (Joh 9,2f.). *Zum Leib Christi* und damit zu Gemeinde und Kirche gehört ausdrücklich das Schwache als von Gott erwählt hinzu (1 Kor 1,27–31; 2 Kor 12,9 = Jahreslosung 2012). Entgegen menschlichem Augenschein ist es von Gott geschaffen, geliebt und erwählt. Mehr noch, von welchem Menschen könnte man allen Ernstes behaupten, er oder sie habe *keinen* Assistenz- oder Pflegebedarf? Alle Menschen sind Teil eines globalen Patientenkollektivs (Bach 1981: 127).

Zur Bedeutung innerer Kraftquellen im Spannungsfeld Pflege

5. Innere Kraftquellen stellen ein schier unerschöpfliches persönlich-spirituelles Kräftereservoir für den Einsatz im Spannungsfeld Pflege dar (Jes 40,6-8.28-31). Voraussetzungen dafür sind allerdings ihre regelmäßige Pflege, ein immer wieder vorgenommener Rückzug auf sich selbst (Auszeit) und besonders ein *Rückbezug auf die inneren Kraftquellen*, seien sie intermittierend (d.h. mit Unterbrechung), seien sie stetig fließende Quellen. Religiöse Kraftquellen bilden zusammen mit privaten Kraftquellen, arbeitsfeldbezogenen Kraftquellen und Kraftquellen aus der eigenen Person und Biographie das Ensemble der inneren Kraftquellen (Kumbruck 2009: 16-18). Es lohnt, sich dieser Kraftquellen bewusst zu werden und sie zu pflegen, zum Beispiel den Humor (Zimmer 2012: 25-37). Denn Menschen mit gut ausgebildeten und regelmäßig gepflegten inneren Kraftquellen verfügen über eine höhere *Resilienz* (Widerstandsfähigkeit).

6. Innere Kraftquellen stärken die eigene Widerstandskraft gegenüber sehr belastenden Situationen und gegenüber schwierigen Personen. Sie tragen zum Erhalt äußerer (körperlicher) und innerer (seelischer) Gesundheit und Arbeitskraft auch in längeren Phasen von Stress und starker Beanspruchung bei. Ihre *stabilisierende, schützende und heilsame Wirkung* bezieht sich auf (1) die Pflegepersonen selbst (Kumbruck 2008: 14 f.), (2) deren korrekte Arbeitsleistungen (Pflegeabläufe, Vermeidung von Pflegefehlern) und (3) last, but not least die Patientinnen und Patienten. Deren Befinden sowie das Heilungsgeschehen können durch ein einfühlsames und situationsbejahendes Pflegeverhalten ebenfalls *positiv beeinflusst* werden (vgl. Mk 2,3-5, stellvertretender Glaube; Marya 2011: 70 f.).

Die Schwachen stärken und alles Lebendige achten – Grundsätze und Konkretionen

7. Schwächen und Stärken von Menschen sind als Teile des Leibes Christi miteinander zu verbinden und gegenseitig zu tragen (Gal 6,2). Dies entspricht einem christlichen, evangelischen und diakonischen Selbstverständnis der Gemeinde. »Der Herr stützt alle, die fallen, und richtet alle Gebeugten auf« (Ps 145,14). Leitlinie sowohl für das Handeln der Gemeinde als auch für Pflegepersonen könnte daher folgendes Motto sein: *die Schwachen stärken und alles Lebendige achten.* Das Werk der Hände Gottes hat seinen Sinn, seine Würde und seine Berechtigung

nicht kraft menschlicher Zustimmung (Approbation), sondern kraft göttlicher Schöpfung und Setzung. Wo die menschliche Wahrnehmung schwierig und problematisch geworden ist, ist sie in der *Kraft des Geistes* Gottes und Jesu nachzubuchstabieren, in der Spur seines heilsamen und tröstenden Wortes zu meditieren und so vielleicht neu zu entdecken. Am Pflegebett ist Christus zu finden, »wir entdecken ihn zusammen mit den Kranken« (Moltmann 2012: 12).

8. Was diese Grundsätze im Einzelfall konkret bedeuten, kann letztlich nur persönlich durchdacht, durchlebt, mit durchlitten und verantwortet werden. Gespräch und Austausch sind dabei notwendig und hilfreich. Erfahrungen von Schwachheit, Ungewissheit und einem Leben zwischen hier und dort können (und möchten) im Verlauf des Pflegeprozesses einmünden in dreierlei: eine *allmähliche Akzeptanz* von Begrenztheit und Desintegration, eine sowohl gegenüber Menschen mit Pflegebedarf als auch gegenüber den mitbetroffenen Angehörigen und dem Umfeld *einfühlsame Begleitung* und schließlich eine *wachsende Zuversicht* einer vielleicht anfänglich eher vagen Hoffnung auf die noch ausstehende göttliche Integration allen Lebens (Korsch 2006: 19-21), die durch viele biblische Worte verbürgt und begründet ist (zum Beispiel Röm 8,18-40). Neben die somatische und psychosomatische Medizin tritt dadurch eine Form der *sozialen Medizin* (Korsch 2006: 19). Für diese sind Diakoninnen und Diakone in einzigartiger Weise ausgebildet und unter anderem durch ihre individuelle Berufs- und Lebenserfahrung stetig fortgebildet. Es gilt, *das Fragmentarische eines Menschen*, das in der Pflege offensichtlich, leidvoll und schonungslos zutage tritt, *zu achten und zu stärken*. Im Hintergrund steht die Gewissheit von Ps 145,19: »Er (der HERR) tut, was die Gottesfürchtigen begehren, und hört ihr Schreien und hilft ihnen.«

Möglichkeiten geistlichen Handelns

9. In einer Abschied und Veränderungen zulassenden, aber dem Leben zugewandten Haltung gibt es viele Möglichkeiten geistlichen Handelns. Dieses ist nicht etwa auf ein besonderes, »zweites« Handeln zu beschränken und zu beziehen, sondern vollzieht sich auch *mitten im so genannten Alltagsgeschäft.* »Welche vom Geist Gottes geleitet werden, die sind Söhne und Töchter Gottes« (Röm 8,14). So vollzieht sich das geistliche Handeln mitten im pflegenden und heilenden Handeln. Es achtet auf den Aufbau von *Vertrauen* auf mehreren Ebenen: in Heilungs-

prozesse, in die Behandlung durch professionelle Kräfte sowie in die Treue, Begleitung und Bewahrung durch den Gott des Lebens. Eine aufgeschlossenere Haltung gegenüber Körper und Körperlichkeit als in der traditionellen Kirchengeschichte, Familien- und Sittengeschichte, Theologie und Frömmigkeit üblich kann Bestandteil geistlichen Handelns sein. Dieses geschieht wesentlich durch Begegnung und Gespräch, Ermunterung und Berührung (zu verschiedenen Aspekten siehe Diakonisches Werk der EKD/Kottnik/Giebel 2011).

10. *Soziale und diakonische Zuwendung* nimmt Krankheit und Pflegebedürftigkeit als Vorboten des Todes wahr und bleibt sensibel für Betroffene, Angehörige, Pflegende und weitere Personen im Umfeld. Im Kontext von geteiltem Leben und gemeinsamer Todesnähe von Menschen mit und ohne Pflegebedarf (vgl. Röm 14,7-9) finden als weitere Möglichkeiten geistlichen Handelns auch *Gebet* und *Fürbitte, Meditation* und *Krankenabendmahl, Berührung* (Handauflegung, Salbung) und *Segnung,* das *Singen von Liedern aus dem gemeinsamen Liedschatz der Kirche* (zum Beispiel Paul Gerhardt) oder die *Rezitation biblischer Vergewisserungstexte* wie zum Beispiel Vertrauenspsalmen (Verse aus Ps 4; 23; 27; 62; 73; 90, 123; 124; 126; Heckel 1997: 174-191; zu Bibelübersetzungen Mutschler 2013: 21 f.) oder das Zusprechen von Trostworten ihren Raum. Professionelles, geistliches und mitmenschliches Handeln sind im Arbeitsfeld Pflege zwar aus methodischen Gründen als drei Bereiche unterscheidbar, aber aus diakonisch-berufsethischen und theologischen Gründen nicht mehr zu trennen (Kumbruck 2008: 14-21).

11. Alles Handeln für »unsern kranken Nachbarn auch« (so im Abendlied von Matthias Claudius, vgl. EG 482,7; Kranefuss 2011: 174 f.) geschieht im Geist der Weggefährtenschaft, des *Miteinander-Unterwegsseins* von Menschen mit und ohne Pflegebedarf. Im Blick auf diese Grundsituation des Lebens ist Psalm 121 durchaus vieldeutig mit »Wallfahrtslied« überschrieben und vom *Vertrauen auf den Allerhöchsten* geprägt: Von Gott kommen mir Hilfe (Vers 1f.), Fürsorge (Vers 3f.), Begleitung (Vers 5f.) und Bewahrung (Vers 7f.). Denn die Endlichkeit menschlicher Wege, die Zerbrechlichkeit menschlichen Lebens, ist auf unverbrüchliche Weise *umschlossen von Gottes Unendlichkeit und Treue* sowie von seinem festen Willen zum Wiederaufrichten (Ps 145,13f.). Neutestamentlich gewendet: Menschliches Dienen gründet im Dienen Christi (Lk 22,27; Mutschler 2008: 39-41).

»Der HERR behüte deinen Ausgang und Eingang von nun an bis in Ewigkeit« (Ps 121,8) – Begleitung auf der Wallfahrt des Lebens

12. Inspiriert durch Psalmenmeditation und berührt durch Erfahrungen und theologische Überlegungen im Spannungsfeld Pflege wird abschließend poetisch, meditativ und elementar verdichtet, was in zwölf prosaischen Thesen deutlich mehr Zeilen einnimmt:

Das Leben zerbricht an so vielen Stellen,
ich weiß nicht genau, aus welchen Quellen
uns Heilung und Erhaltung zukommt.
Doch weiß ich genau, dass wir nicht allein
auf dem Weg sind, sondern mein
Jesus und Christus wird mit uns sein,
uns heilen und lieben und trösten zartfein.
Er ist es, der zu uns kommt
voller Wärme und Liebe und Leben,
mit seinem Glanz und Licht uns bescheint und sonnt.

Literatur

Bach, Ulrich (1981): Das annehmen, was Gott will. Die Vision vom »Patienten-Kollektiv« Kirche. In: Lutherische Monatshefte 20, S. 124–127.

Bach, Ulrich (2006): Ohne die Schwächsten ist die Kirche nicht ganz. Bausteine einer Theologie nach Hadamar. Neukirchen-Vluyn.

Bibel (1985): Die Bibel nach der Übersetzung Martin Luthers. Mit Apokryphen. Revidierte Fassung von 1984. (Hgg.) Evangelische Kirche in Deutschland/Bund der Evangelischen Kirchen in der DDR. Stuttgart.

Heckel, Ulrich (1997): Schwachheit und Gnade. Trost im Leiden bei Paulus und in der Seelsorgepraxis heute. Stuttgart.

Hossfeld, Frank-Lothar/Zenger, Erich (2008): Psalmen 101–150. Übersetzt und ausgelegt von Frank-Lothar Hossfeld und Erich Zenger (Herders Theologischer Kommentar zum Alten Testament. Freiburg et al.

Kohler, Monika/Mutschler, Bernhard (2013): Andachten feiern mit Menschen mit Assistenzbedarf. Überlegungen und praktische Hinweise zur Gestaltung (Schriften der Evangelischen Hochschule Ludwigsburg 14). Stuttgart.

Korsch, Dietrich (2006): Heil und Heilung. Über das Verhältnis von Religion und Gesundheit. In: Was macht uns gesund? Heilung zwischen Medizin und Spiritualität. Mit Beiträgen von Ascheraden, Christoph von/Frick, Eckhard/ Koch, Anne/Korsch, Dietrich/Nöring, Margrit/Overmans, Isabel/ Renz, Monika/Vogt, Andreas/Weis, Joachim (Tagungsberichte der Katholischen Akademie der Erzdiözese Freiburg). Wetzstein, Verena (Hrsg.). Freiburg im Breisgau, S. 9–22.

Diakonisches Werk der EKD/Kottnik, Klaus-Dieter/Giebel, Astrid (Hrsg.) (2010): Spiritualität in der Pflege. Neukirchen-Vluyn.

Diakonisches Werk der EKD/Stockmeier, Johannes/Giebel, Astrid/Lubatsch, Heike (Hrsg.) (2013): Geistesgegenwärtig pflegen. Existenzielle Kommunikation und spirituelle Ressourcen im Pflegeberuf. Band 1: Grundlegungen und Werkstattberichte. Neukirchen-Vluyn. Band 2: DiakonieCare Curriculum, Forschungsergebnisse, Organisationsentwicklung. Neukirchen-Vluyn.

Kranefuss, Annelen (2011): Matthias Claudius. Hamburg.

Kumbruck, Christel/Derboven, Wibke/Wölk, Monique (2009): Wie manifestieren sich innere Kraftquellen in der Pflege (in diakonischen Einrichtungen)? Texte aus dem SI. Hannover.

Kumbruck, Christel (2008): Forschungsbericht Spiritualität in der diakonischen Pflege – quo vadis? Texte aus dem SI. Hannover.

Ludewig, Christel (2008): Pflege und Spiritualität. Ein ABC mit Texten, Ritualen und kleinen Übungen. Gütersloh.

Marya, Sabine (2011): Nur wer gut für sich sorgt, kann für andere sorgen. Ein Selbsthilfe-Leitfaden für pflegende Fachkräfte und Angehörige. Neumünster.

Moltmann, Jürgen (2012): Christuserfahrungen in Krankheiten und Heilungen. Rede auf dem dritten Christlichen Gesundheitskongress vom 22.-24. März 2012 in Kassel. Online: http://www.christlicher-gesundheitskongress.com/fileadmin/Redaktion/kongress_2012/pdfs/Moltmann_Juergen_ChristlicherGesundheitskongress2012.pdf (20.10.2012).

Mutschler, Bernhard (2008): Theologische Antworten aus Lk 22,24–30 (Rangstreit der Jünger) auf die Frage: Was bedeutet »Evangelisch – Diakonisch«?. In: Evangelisch – Diakonisch. Edtbauer, Richard/Köhler-Offierski, Alexa in Zusammenarbeit mit Puch, Hans-Joachim/Schwendemann, Wilhelm (Hrsg.) (Evangelische Hochschulperspektiven 4). Freiburg im Breisgau, S. 31-47.

Mutschler, Bernhard (2013): Beziehungsreichtum. Bibelhermeneutische, sozialanthropologische und kulturgeschichtliche Beiträge. Tübingen.

Rose, Christian (2005): »Und siehe, es war (nicht) sehr gut?!« Theologische Gedanken zu Heil(ung) und Behinderung. In: Selbstbestimmung, Assistenz und Teilhabe. Beiträge zur ethischen, politischen und pädagogischen Orientierung in der Behindertenhilfe (Schriftenreihe der Evangelischen Fachhochschule Reutlingen-Ludwigsburg 1). (Hrsg.) Jerg, Jo/Armbruster, Jürgen/Walter, Albrecht. Stuttgart, S. 88-104.

Weber, Otto (Hrsg., ³1986): Der Heidelberger Katechismus (GTB 258). Gütersloh.

Zimmer, Claudia Madeleine (2012): Lachen erlaubt. Humor in Gesundheitsberufen. Mit 7 Abbildungen (Top im Gesundheitsjob). Berlin/Heidelberg.

Wolfgang Sartorius

Wer wenig im Leben hat, braucht viel im Recht- Rechtsverwirklichung in der Praxis eines Trägers der Wohnungslosenhilfe

Vortrag anlässlich der Verabschiedung von Prof. Hans-Ulrich Weth

Lieber Herr Weth, sehr geehrtes Auditorium!

Vorab ein kurzer Film, der exemplarisch zeigt, wie Rechtsverwirklichung in der Wohnungslosenhilfe funktionieren kann. Er gibt einen ersten, ambivalenten Einblick in die Praxis und zeigt einerseits ein offenbar funktionales Hilfenetz einschließlich erfolgreicher Rechtsdurchsetzung. Andererseits einen Menschen in prekärer Lebenslage. Dank Hartz IV so dürftig bemittelt, dass er nur mittels Tafelladen und Flaschensammeln über den Monat kommt. Ist sie das, die schöne neue Welt der Herren Hartz und Schröder, der Damen Merkel und von der Leyen? Die Welt, lieber Herr Weth, wie Sie sie sich wünschten, ist das sicher nicht!

Es ist eine Welt der Ausgrenzung. Die steht in einem diametralen Spannungsverhältnis zur Teilhabeidee. Ausgrenzung meint einen Zustand der Unterversorgung, der dauerhaft und extrem ist. Er kommt weitgehend dem Ausschluss vom gesellschaftlichen Leben gleich. Menschen in sozialer Ausgrenzung und Wohnungsnot im Sinne §§ 67 ff. SGB XII gehören zur Gruppe der marginalisierten Personen in Deutschland. Ihre Biografien bilden häufig mehrere Dimensionen sozialer Ungleichheit ab, die in ihrer Akkumulation extreme Ausgrenzung bewirken. Kommt zusätzlich die Ungleichheitsdimension »Macht« ins Spiel wird es existenziell, wie wir gleich am Beispiel von Frau K. sehen werden (vgl. Huinink/Schröder 2008: 107 ff.). Apropos »Frau«: Der Anteil wohnungsloser Frauen steigt seit Jahren. Wir reagieren darauf mit differenzierten, frauenspezifischen Angeboten – und doch werde ich das Gefühl nicht los, dass gerade das Thema »Ungleichbehandlung der Geschlechter« eine leidvolle Geschichte hat, die noch nicht zu Ende ist. Dazu später mehr.

Punkt 1: Frau K. – Chronologie einer Ausgrenzung

Frau K. (22 Jahre alt) ist seit Oktober 2012 mittellos, da das komplette Arbeitslosengeld 2 einschließlich Kosten der Unterkunft aus Sanktionsgründen vom Jobcenter nicht mehr bezahlt wird. Kindergeld wird seit August 2012 nicht mehr gewährt. Frau K. droht durch die Mietsanktionierung ihre Wohnung zu verlieren. Am 10.10.2012 findet ein Termin mit der persönlichen Ansprechpartnerin des Jobcenters statt, bei dem die Sozialarbeiterin der ERLACHER HÖHE, die Frau K. ambulant betreut und beim Behördengang als Beistand (§ 13 Abs. 4 SGB X), nochmals auf soziale Schwierigkeiten und Mietrückstände hinweist. Zugleich legt die Sozialarbeiterin gegen die drei Sanktionen Widerspruch ein. Diese Rechtsdienstleistung ist berufstypisches Handeln in der Arbeit mit Menschen in sozialer Ausgrenzung und Wohnungsnot. § 2 Abs. 1 Rechtsdienstleistungsgesetz regelt: Rechtsdienstleistung ist jede Tätigkeit in konkreten fremden Angelegenheiten, sobald sie eine rechtliche Prüfung des Einzelfalls erfordert. § 8 Abs. 1 Nr. 5 Rechtsdienstleistungsgesetz stellt klar: Wohlfahrtspflege darf Rechtsdienstleistungen erbringen, die abzusichern sind durch eine Person, der die entgeltliche Erbringung dieser Rechtsdienstleistung erlaubt ist oder mit Befähigung zum Richteramt (vgl. Edtbauer/Kievel 2009: 260). Dies haben wir via Beratungsvertrag mit einem Anwalt geregelt.

Aber: die persönliche Ansprechpartnerin von Frau K. bleibt hart und die Kosten der Unterkunft (§ 22 SGB II) bleiben weiterhin sanktioniert. Daher wird ein Anwalt eingeschaltet. Er beantragt Akteneinsicht und legt erneut Widersprüche ein. Eine aufgrund der Dringlichkeit eigentlich gebotene einstweilige Anordnung nach § 86b Sozialgerichtsgesetz scheint ihm nach Prüfung der inhaltlichen und verfahrensrechtlichen Sachverhalte nicht möglich. Am 18.12.2012 stellt Frau K. einen Antrag auf Übernahme der Mietschulden als Darlehen. En passant wird ihr mündlich mitgeteilt, dass die Kosten der Unterkunft (§ 22 SGB II) wieder angewiesen und rückwirkend übernommen werde. Leider sind die verunsicherten Vermieter nicht mehr bereit die Kündigung rückgängig zu machen. Die Sozialarbeiterin der Erlacher Höhe kann lediglich ein neues Zeitfenster bis zum 31.01.2013 aushandeln. Aber Frau K. findet in der verblieben Frist keine neue Wohnung. Die Folge: Frau K. wird ab 01.02.2013 im intensiv betreuten Wohnen für Frauen nach §§ 67 ff. SGB XII aufgenommen. Die Vollsanktion wird formal am selben Tag aufgehoben – aber da ist Wohnungslosigkeit bereits eingetreten!

Und noch mehr ist passiert. Aufgrund der Sanktionen konnte sie:
- die gerichtlichen Auflagen, einen Sozialtrainingskurs in der Kreisstadt (30 km entfernt), nur durch weiteres Schwarzfahren erfüllen, keine Bewerbungen schreiben, da sie Porto und Kopien nicht bezahlen konnte und musste damit gegen die EGV verstoßen, was gegebenenfalls zu neuen Sanktionen führtSie hätte ohne die Hilfe der Sozialarbeiterin die Termine beim Jobcenter nicht wahrnehmen und keine Lebensmittelgutscheine holen können, wegen fehlendem Fahrgeld (Wohnung 19 km vom Jobcenter entfernt)

Die Kosten für Steuerzahlende haben sich von ehemals circa 600 € ALG II (inklusive Kosten der Unterkunft (§ 22 SGB II)) annähernd verfünffacht, denn das Intensiv Betreute Wohnen (gem. §§ 67 ff. SGB XII) ist nun ebenfalls zu zahlen.

Von außen betrachtet ist da eine junge Frau, die auf ihrem Weg ins Erwachsenwerden noch nicht alle jugendtypischen Verhaltensmuster hinter sich lassen konnte. »Ungekonnt-unglückliche Versuche auf dem Weg ins Erwachsenwerden« hat Walther Specht das genannt. Für Arbeitslosengeld 2-Beziehende führt das zu Problemen. Im Fall Frau K., so die Überzeugung der eifrigen Sachbearbeiterin des Jobcenters, sei »eine pädagogische Sanktion« erforderlich – deshalb verliert die junge Frau »auf behördliche Verordnung« ihre Wohnung. Soweit, so schlecht. Wie sich in der Folge klärte, waren Sanktionen eins und zwei rechtlich unbegründet. Erst Sanktion drei war berechtigt und rückte mit Wegfall von Sanktion eins und zwei auf zur ersten Sanktion. Da aber gemäß § 31a SGB II bei Unter-25-Jährigen frühestens die 2. Sanktion zur Einstellung sämtlicher Leistungen hätte führen dürfen, war die Entscheidung der persönlichen Ansprechpartnerin zur Totalsanktionierung eine grandiose Fehlentscheidung. Sie löste den Wohnraumverlust aus. Schadensersatz- und Amtshaftungsfrage gem. § 839 BGB i.V. Art 34 GG stehen im Raum. »Auf die Straße geharzt« – einfach weil es für Frau K. eine unglückliche Verkettung von Umständen war? Weil sich eine Sachbearbeiterin zur Schicksalsgöttin aufschwang? Weil die Behörde das Recht absichtlich beugte, um irgendwelche Zielvorgaben aus Nürnberg zu bedienen? Ich denke, die Ungleichheitsdimension »Macht« schlug hier durch. Und Frau K. ist kein Einzelfall. Rechtsverwirklichung heißt: Rechte haben und diese Rechte umsetzen können. Eigentlich ganz selbstverständlich. Wir leben in einem sozialen Rechtsstaat. Menschenwürde ist sein höchstes Gut und deshalb an erster Stelle in der Verfassung verankert. Dass Verwaltung und Justiz an Recht gebunden sind, unterliegt der Ewigkeitsgarantie des Grundgesetzes (Artikel 79 GG). Aufgrund der Rechtsschutzgarantie (Artikel 19 Abs. 4 GG) muss jeder Bürger, jede Bürgerin ihr beziehungsweise sein Grundrecht auf Rechtsschutz durchsetzen können. Und zwar unabhängig davon, ob er oder sie über Einkommen und Vermögen verfügt oder nicht. Gerade im Kontext existenzsichernder Leistungen verpflichtet das Bundesverfassungsgericht die Gerichte in ständiger Rechtsprechung, sich schützend und fördernd vor die Grundrechte der Hilfesuchenden zu stellen.

Am Beispiel von Frau K. sehen wir aber, dass verfassungsrechtliche Vorgaben nicht immer, nicht immer vollständig und schon gar nicht immer mit Respekt vor hilfeberechtigten Menschen umgesetzt werden. Der behördlich verursachte Wohnungsverlust verstößt gegen das Grundrecht auf Wohnung. Er ist unverhältnismäßig. Weil aber Wohnen hierzulande ein Menschenrecht ist, ist es aus meiner Sicht auch ein Menschenrechtsverstoß.

Punkt 2: Ein Blick zurück, Stichwort: Ungleichbehandlung der Geschlechter

Lassen Sie sich auf eine gedankliche Reise zurück ins Jahr 1785 ein. Wir fahren nach Paris, in die Stadt der Liebe, der Schönheit und der französischen Revolution. Die Frauenrechtlerin Olympe de Gouges reicht ihr Stück »Zamore et Mirza« bei der Comédie Française ein. Überaus mutig behandelt sie darin die Sklaverei in den französischen Kolonien. Mit der Folge, dass sie verleumdet und in die Bastille abgeführt wird. Im Revolutionsjahr 1789 hat das brisante Stück Premiere, die zu einem politischen Krawall ausartet. Schleunigst wird es abgesetzt. De Gouges wird aus allen politischen Lagern angefeindet. Sie wird leidenschaftliche Verfechterin der Menschenrechte der Frau, der Bürgerinnenrechte. Das ist nötig, denn die Revolutionäre schließen die weibliche Mehrheit der Bevölkerung aus ...1791 verfasst sie die »Déclaration des droits de la femme et de la citoyenne«, als Protest gegen die Männerprivilegien, die nun in den Verfassungsrang erhoben waren. Der dritte Stand siegt, die Rechtsgleichheit aller Männer setzt sich durch. Da der Souverän aber Frauen von der Volkssouveränität ausschließt, nennt de Gouges das neue Regime »Tyrannei«. Sie fordert von der Nationalversammlung ihre »Erklärung der Rechte der Frau und Bürgerin« zu verabschieden. Artikel 1 lautet: »*Die Frau wird frei geboren und bleibt dem Manne gleich in alle Rechten.* Artikel 10: »*Die Frau hat das Recht, das Schafott zu besteigen. Gleichermaßen muss ihr das Recht zugestanden werden, eine Rednertribüne zu besteigen.*« Artikel 16 sagt: »*Eine Verfassung aber, an deren Ausarbeitung nicht die Mehrheit der Bevölkerung mitgewirkt hat, wird null und nichtig.*« Unter der Terrorherrschaft Robespierres wird ihr vom Revolutionstribunal ein kurzer Prozess gemacht. Am 3. November 1793 stirbt sie auf der Place de la Concorde unter der Guillotine.

Warum erzähle ich Ihnen diesen Teil europäischer Rechtsgeschichte? Ganz einfach: Erstens, weil ich kritisch anfrage, ob es in gewisser Weise europäischer Geistes- und Rechtstradition entspricht, manche Gruppen stärker auszugrenzen und zu diskriminieren als andere? Zweitens, weil ich es unverzichtbar finde, immer wieder an Frauen zu erinnern, die in einer männlich dominierten Geschichtsschreibung Gefahr laufen, in Vergessenheit zu geraten! Olympe de Gouges ist für mich so eine großartige Frau, die es verdient, nicht vergessen zu werden. Ich vermute, es stünde bei uns in Sachen Gleichberechtigung der Geschlechter noch schlechter, hätte Olympe de Gouges nicht so mutig und weitsichtig gehandelt!

Nun fragen Sie: was hat das mit der Überschrift »Wer wenig im Leben hat, braucht viel im Recht!« zu tun? Ich frage zurück: Kann es sein, dass Frauen in Sachen Rechtsverwirklichung auch heute noch besonders benachteiligt sind, etwa in der Praxis des SGB-II-Vollzugs? Wie wirkt sich soziale Ungleichheit bezüglich der Möglichkeiten zur Rechtsverwirklichung speziell bei Bürgerinnen aus? (Dies zu beforschen könnte lohnenswert sein!) Ist es nur ein Zufall, dass Frau K. als Frau betroffen ist von dieser Ungleichheitsdimension »Macht« als Asymmetrie in Austauschbeziehungen, oder ist sie betroffen weil sie Frau ist? Darüber steht die gesellschaftspolitische Frage: Weshalb reagiert Politik so träge auf die seit mindestens 15 Jahren steigende Zahl von Frauen in Bedarfslagen gem. §§ 67 ff. SGB XII? Hier existieren nach meiner Überzeugung strukturelle Benachteiligungen, die letztlich auf Kosten gelingender Rechtsverwirklichung gehen.

Solche Fragen haben Sie, Herr Weth, in über 30 Jahren als Hochschullehrer mit Generationen von Studierenden diskutiert und vertieft. Sie haben ihnen Werkzeuge in die Hände gegeben, um als Sozialarbeiterinnen und Sozialarbeiter in der rauen Wirklichkeit rechtlich bestehen zu können. Um denen helfen zu können, deren Rechte zunehmend eingeschränkt werden. Um parteilich Soziale Arbeit machen zu können und damit sozialer Ungleichheit entgegenzuwirken. Sie haben Ihren Blick oft auf benachteiligte Menschen gerichtet und energisch dagegen gehalten. Letzten Endes um dafür zu sorgen, dass Menschenwürde zum Tragen kommt. Denn Würde umfasst das Recht, Rechte zu haben. Anders funktioniert das nicht.

Ihre Tätigkeit war aber nicht nur um der jungen Menschen willen, denen Sie berufliche Handlungskompetenz vermittelten, notwendig. Sondern auch wegen der Ab- und Umbauprozesse unserer sozialen Sicherungssysteme und des Rechtssystems an sich. Das möchte ich mit wenigen Zitaten aus einem Ihrer Aufsätze unterstreichen (Weth 2009: 35, 36):

»Mit der Agenda 2010 wurde ein paradigmatischer Umbau des sozialstaatlichen Organisations-, Leistungs- und Regelungssystems eingeleitet, dessen Verwerfungen und Anpassungen auch rechtliche Klärungen notwendig machen.«

»Neue Steuerungsformen bei den Sozialleistungsträgern (Stichworte: vom Amt zur Agentur, Zielvereinbarungen, Planungsbriefe, Konfliktmanagement, Fallmanagement, Budgetierung etc.) prallen auf individuelle Rechtsansprüche und erfordern rechtliche Konfliktlösungen.«

»Hohe Fallzahlen, unzureichende Verwaltungsverfahren und - Abläufe, begrenzte Mitarbeiterkapazitäten, starke Personalfluktuation, unzureichende Schulung und anderes bewirken Qualitätsmängel bei der Beratungs- und Entscheidungspraxis der Sozialleistungsträger.«

Ich komme zurück auf Frau K. Sie wurde Opfer der beschriebenen Entwicklung. Die Praxis Sozialer Arbeit sieht so aus, dass sich Leistungsberechtigte in ihren Möglichkeiten der Rechtswahrnehmung und Rechtsdurchsetzung vor Hindernisse gestellt sehen. Meine These dazu: je brisanter die Notlage, desto problematischer sind Hürden für Betroffene per se ...

– Da gibt es Landkreise und Städte, die eine Notwendigkeit eigenständiger Hilfe gem. §§ 67 ff. SGB XII bestreiten, ihr allenfalls »Brückenfunktion« zubilligen. Öffentliche Träger, die noch nicht mal Zahlen zur LIGA-Stichtagserhebung in Baden-Württemberg melden und so Bedarfe zu verschleiern versuchen! Da werden Menschen – vermeintlich gut gemeint, manchmal mit dem Inklusionsticket verbrämt – auf vorrangige Hilfeangebote verwiesen, wohl wissend, dass sie den Weg dorthin ohne Hilfe niemals schaffen. Selbstbestimmung? Wunsch und Wahlrecht nach § 9 SGB XII? Fehlanzeige.

- Da gibt es Landkreise und Städte, die paternalistisch wissen was Menschen brauchen. Die nach »Gutsherrenart« Hilfezeiträume begrenzen, obwohl der Gesetzgeber solche Zeitgrenzen nicht kennt, sondern allein der Hilfebedarf relevant für Maß und Dauer der Hilfe ist. Respekt vor Menschen? Von wegen.

- Noch immer bestehen strukturelle Mängel in den Verwaltungsverfahren der SGB-II-Leistungsträger; zum Beispiel die nicht rechtskonform erfolgende Beratung nach § 14 SGB I. Zum anderen ergeben sich Benachteiligungen aus verfahrensrechtlichen Eingriffen, die der Gesetzgeber unter anderem im SGB II vorgenommen hat. Auch dagegen haben Sie, lieber Herr Weth, mit Veröffentlichungen angeschrieben. Und in Vorträgen Position bezogen. Sie haben mit Ihrer Expertise zum Beispiel Unterschriftsaktionen gegen Verschärfungen in Beratungs- und Prozesskostenhilfe maßgeblich unterstützt. Und sich in Kontroversen mit Politik begeben, zum Beispiel im Rahmen von Anhörungen im Bundestag und in der Fachliteratur.

Ganz leicht lässt sich ein Trend am verschärften § 39 SGB II zeigen, der aufschiebende Wirkung von Widerspruch und Klage aussetzt. Damit werden Hürden aber so hoch gelegt, dass Leistungsberechtigte ohne Hilfe keine Chance haben, zu ihrem Recht zu kommen. Denn wer die aufschiebende Wirkung vom zuständigen Sozialgericht wieder herstellen lassen will braucht dazu – allein schon aufgrund der verfahrensrechtlichen Komplexität – anwaltliche Hilfe. Rein hypothetisch darf unterstellt werden: Der Gesetzgeber wird bei der Verschärfung im Jahr 2008 gewusst haben, dass im SGB II den Widersprüchen zu 60% ganz oder teilweise stattgegeben wird. Und dass die Erfolgsquote bei Klagen nahezu 50% betrug. Auch 2011 lagen die Erfolgsquoten bei Widersprüchen und Klagen noch bei enormen 36,1 bzw. 44,4%! Sie sind beredte Zeugnisse realer Verwaltungspraxis. Sofern meine Hypothese zuträfe wäre zu konstatieren: Der Gesetzgeber hat gar kein Interesse daran, dass alle Menschen in diesem Land zu ihrem Recht kommen. Rechtsungleichheit ist gewollt, zieht man Bilanz nach acht Jahren mit Hartz IV. Und sie hat System (vgl. Diakonie Deutschland 2009, Diakonie-Texte 07.2009 und Diakonie Deutschland 2012, Diakonie-Texte 05.2012)

Auch im Sozialgerichtsgesetz und in der Prozesskostenhilfe (§§ 114 ff. Zivilprozessordnung) wurden in den letzten Jahren Verschärfungen vorgenommen. Im Augenblick wird politisch wieder damit gezündelt. Wie bei der Beratungshilfe soll nun bei der Prozesskostenhilfe die Rechtsverfolgung stärker unter ökonomischen Gesichtspunkten geprüft werden (vgl. Diakonie Deutschland 2013). Es ist zu befürchten, dass der Respekt vor Rechtssuchenden einmal mehr dem ökonomischen Totschlagargument unterliegen wird. Ach ja, das gute, alte Armenrecht ...

»Die Änderungen des Sozialgerichtsgesetzes« – so haben Sie, Herr Weth, geschrieben – *»nehmen dem sozialgerichtlichen Verfahren viel von seiner früheren vertrauensbildenden Bürgerfreundlichkeit. Sie erschweren einkommensarmen Rechtsuchenden bei geringen Streitwerten die Rechtsdurchsetzung.«* (vgl. Weth 2009: 48)

»Vertrauensbildende Bürgerfreundlichkeit« – wie weit weg davon sind wir inzwischen?!

Letzten Endes ist mit der Diakonie Deutschland und einem dort erarbeiteten Positionspapier, an dem Sie, lieber Herr Weth, maßgeblich mitgewirkt haben, das Fazit zu ziehen: *»Bei einer ganzheitlichen Betrachtung muss man zu dem Ergebnis kommen, dass sich die untersuchten Restriktionen, die zwar auf unterschiedlichen Ebenen wirken, aber doch ineinandergreifen und sich ergänzen, in ihren tatsächlichen Auswirkungen als ›systematische Entrechtung von unterstützungsbedürftigen Bürgern‘ darstellen.«* (vgl. Weth 2009: 49)

Punkt 3: Warum ist es wichtig, angehende Sozialarbeiterinnen und Sozialarbeiter mit sehr guten Rechtskenntnissen und Handlungskompetenzen auszustatten? Mindestens drei Antworten fallen mir ein:

- Weil Art. 20 und 28 des Grundgesetzes, die den sozialen Rechtsstaat definieren, zunehmend weniger ernst genommen werden vom Gesetzgeber; aber Menschenwürde bleibt ein leichtverletzliches Gut.

- Weil Leistungsgesetze schnell und handwerklich oftmals schlecht gemacht werden und wie z.B. das SGB II derart mit unbestimmten Rechtsbegriffen gespickt sind, dass dem Fehlgebrauch in der Rechtsanwendung Tür und Tor geöffnet sind. Weil Leistungsgesetze unverhältnismäßig scharf umgesetzt werden, wodurch Menschen häufig unter die Räder geraten – Frau K. steht als Beispiel dafür.

Diejenigen, die jetzt denken, das seien Einzelfälle, denen sei gesagt: Im letzten Jahr sind alleine im SGB II 1.025.000 Sanktionen ausgesprochen worden! Über eine Million Mal sah sich der Staat veranlasst, das Verhalten seiner Bürger und Bürgerinnen – im Wortsinn bürgerliches Verhalten – zu sanktionieren. Man fühlt sich beinahe an das Jahr 1953 erinnert, als Bert Brecht der damaligen DDR-Regierung ins Stammbuch schrieb: *»Das Volk hat das Vertrauen der Regierung verscherzt. Wäre es da nicht doch einfacher, die Regierung löste das Volk auf und wählte ein anderes?«*

Kommen wir ein letztes Mal zu Frau K. zurück. Wir haben den Fall mit dem zuständigen Behördenleiter skandalisiert. Ich zitiere aus seiner Antwortmail an mich nach vorheriger, intensiver Debatte: *»... Sie sollten wissen, dass ich kurz danach den betreffenden MitarbeiterInnen die Anweisung gegeben habe, zukünftig vor jeder 100 %- Sanktionierung, die auch Auswirkungen auf die Leistungen der Unterkunft hat, mit dem Sozialdienst bzw. dem jeweiligen Sozialbetreuer Kontakt aufzunehmen. Außerdem ist mit den Jugendlichen vorher ein gemeinsames Gespräch zu führen, in dem diese ausführlich auf die Konsequenzen bei Fehlverhalten hingewiesen werden. Bei entsprechender Vorgehensweise dürften Fälle, in denen eine unvermeidbare 100%-Sanktionierung zum Verlust des Wohnraumes führt, wirklich die Ausnahme darstellen ...«* Meine Antwort an ihn: *»... Klasse, dass Sie da so konsequent sind und klar Anweisungen geben die verhindern sollen, dass ähnlich missliche Fälle entstehen. Ich neige dazu, aus Ihrem vorbildlichen Handeln einen Aphorismus zu machen:* **»Wir können zwar eine schlechte Sozialpolitik nicht verhindern, aber wir können versuchen, das Beste draus zu machen ...«**

Ja, meine Damen und Herren, es trifft zu: »Wer wenig im Leben hat, braucht viel im Recht.« Um diesem Recht aber zum Durchbruch zu verhelfen braucht es Männer und Frauen in der Hochschullehre und in Sozialer Arbeit, denen Recht mehr bedeutet, als die bloße Regelung von Rechtsbeziehungen. Professionell Handelnde, die vor allem ethische Dimensionen des Rechts erkennen, die sich in Begriffen wie Gerechtigkeit, Rechtsgleichheit, Chancengleichheit ausdrücken. Die fühlen und andere spüren lassen, dass Recht mehr ist als Normen ausdrücken können. Dass Recht im sozialen Rechtsstaat zutiefst mit einer Vorstellung von Würde verbunden sein muss, wie sie das Grundgesetz vorgibt. Denn: Würde umfasst das Recht, Rechte zu haben. Ihnen Herr Weth, dafür zu danken, dass Sie dies Generationen von Studierenden gelehrt und als Mitglied im Fachausschuss Recht der Evangelische Obdachlosenhilfe in Deutschland e.V. über Jahrzehnte in Grundsatzpapieren eingefordert, mit Fallbeispielen und juristischer Expertise belegt haben, ist hier und heute der richtige Ort und die richtige Zeit. Danke deshalb:

- als Sozialarbeiter, der wie viele andere persönlich von Ihnen lernen durfte;
- als Vorstandsmitglied für die Ev. Obdachlosenhilfe in Deutschland mit Grüßen des Vorstandsgremiums;
- als stellvertretender Aufsichtsratsvorsitzender für die Diakonie Deutschland im Namen von Präsident Stockmeier.

Sie haben in Ihrem beruflichen Handeln als Hochschullehrer und darüber hinaus durch Weitergabe Ihres großen Wissensschatzes, gereift auf Ihrem ethischen Fundament, durch Ihre juristische Expertise und Ihre eindeutige Positionierung für diejenigen gewirkt, die Jesus wohl als »die unter die Räuber Gefallenen« bezeichnet hätte. Danke dafür! Sie haben manches von dem erreicht, was Bert Brecht, gleichsam als persönlichen kategorischen Imperativ, in die Worte gefasst hat: *»Dass der Mensch dem Menschen ein Helfer werde.«*

Wir haben viel von Ihnen gelernt und Ihnen vieles zu verdanken. Danke für Ihr großes Engagement, für alle juristische und politische Arbeit über Jahrzehnte. Danke für Ihren großen, persönlichen Einsatz, der weit über das an einen Hochschullehrer Erwartbare hinausgeht.

Literatur

Diakonie Deutschland (2013): Stellungnahme der Diakonie Deutschland – Evangelischer Bundesverband zum Gesetzentwurf der Bundesregierung: Gesetz zur Änderung der Prozesskostenhilfe- und des Beratungshilfegesetzes auf Bundestagsdrucksache 17/11472.
Diakonie Deutschland (Berlin 2009): Diakonie Texte 07.2009 Zur Rechtsstellung einkommensarmer Menschen. Berlin.
Diakonie Deutschland (2012): Diakonie-Texte 05.2012. Rechtssicherheit und Fairness bei Grundsicherung nötig. Diakonie-Umfrage ergibt: SGB-II-Rechtsansprüche regelmäßig nicht umgesetzt. Berlin.
Edtbauer, Richard/Kievel, Winfried (2009): Grundsicherungs- und Sozialhilferecht für soziale Berufe. 1. Auflage, München.
Huinink, Johannes/Schröder, Thorsten (2008): Sozialstruktur Deutschlands. Konstanz.
Weth, Hans-Ulrich (2009): Effektiver Rechtsschutz im Bereich existenzsichernder Sozialleistungen noch gewährleistet? In: Sartorius, Wolfgang (Hrsg.): Wer wenig im Leben hat, braucht viel im Recht. Beiträge zu Rechtsberatung und Rechtsverwirklichung im SGB II. Reutlingen.

https://frauenrechte.de/online/index.php/themen/eine-welt/frauenrechte-weltweit/507-geschichte-frauenrechte-sind-menschenrechte-marie-olympe-de-gouges-.html, aufgerufen am 23. Juni 2013.

http://www.gutzitiert.de/zitat_autor_bertolt_brecht_thema_volk_zitat_24969.html, aufgerufen am 23. Juni 2013.

http://www.o-ton-arbeitsmarkt.de/o-ton-statistik/entwicklung-der-klagen-und-widerspruche-im-sgb-ii, aufgerufen am 26. Juni 2013.

http://www.o-ton-arbeitsmarkt.de/o-ton-statistik/mehr-sanktionen-gegen-hartz-iv-bezieher-wegen-arbeitsverweigerung-2, aufgerufen am 23. Juni 2013.

Elke Schierer

Spot on: Fachkräfte der stationären erzieherischen Hilfen betreten die Bühne der Sozialen Arbeit

Fachkräfte, die in stationären Erziehungshilfeeinrichtungen in der Regel bei freien Trägern tätig sind, stellen einen großen Teil der sozialpädagogischen Fachkräfte in den erzieherischen Hilfen dar. Im Folgenden wird diesen Fachkräften und ihren Kompetenzen sowie ihrem Selbstverständnis ein Gesicht gegeben.

Seit Inkrafttreten des SGB VIII zu Beginn der 90er Jahre des vorigen Jahrhunderts entwickelte sich innerhalb der Kinder- und Jugendhilfe eine breite Angebotspalette an erzieherischen Hilfen, die von den Fachkräften unterschiedlichste Entwicklungen in Bezug auf ihre Professionalität erfordert: ambulante, flexible Betreuungssettings, Betreuung der gesamten Familie, Netzwerkarbeit mit einzelnen Kindern und Jugendlichen, sozialpädagogische Beratungsarbeit, um nur einige Formen zu nennen. Von diesem Wandel waren und sind die stationären erzieherischen Hilfen gleichermaßen betroffen. Seit Inkrafttreten des SGB VIII hat sich konzeptionell und organisatorisch einiges gewandelt, wie beispielsweise dezentralisierte, lebensfeldnahe Wohngruppen, Auflösung der großen stationären Einrichtungen mit mehreren Wohngruppen auf dem Gelände zugunsten einer Dezentralisierung und einer Ausweitung der Angebotspalette in Richtung flexibler, teilstationärer und ambulanter Hilfen, Aufweichung des stationären Settings in Richtung teilstationäre Wochengruppen, Betreutes Jugendwohnen, intensive sozialpädagogische Einzelbetreuung oder stationäre Settings für Familien. Dennoch existiert die stationäre Wohngruppenarbeit im klassischen Setting noch. Die pädagogische Aufgabenstellung hat sich in den letzten 20 Jahren verdichtet, die Betreuung der Kinder und Jugendlichen muss in einer Komplexität der Problemlagen unter zunehmend ökonomischem Druck und gestiegener Fluktuation sowohl der Kinder und Jugendlichen als auch der Fachkräfte stattfinden. Dies hat Auswirkungen sowohl auf die Arbeit, die in der Regel in Teams stattfindet, als auch auf die Fachkräfte, von denen ein großer Teil über 40 Jahre alt ist und nach langjährigem Schichtdienst Gefahr laufen, vom Burnout bedroht zu sein (vgl. AGJ 2011). Die in dieser Arbeit tätigen Fachkräfte werden als Sammelbegriff unter sozialpädagogischen Fachkräften subsumiert, wobei sich bei genauerem Hinsehen offenbart, dass es sich um eine Vielfalt an Ausbildungen handelt, die hier vertreten sind.

Im Jahr 2008/9 wurde vom Evangelischen Fachverband Jugendhilfe aus Berlin-Brandenburg (FEJ) die größte Untersuchung für Mitarbeiter_innen[1] im stationären Bereich durchgeführt (vgl. Liedtke et al. 2010). An der Befragung waren 23 Träger und 93 Einrichtungen beteiligt. Von Seiten der Mitarbeiter_innen wurde von 758 Personen der personenbezogene Fragebogen ausgefüllt. Der Rücklauf lag somit bei 58,1 Prozent. Von diesen Befragten hatten 62,5 Prozent den Beruf der Erzieher_in, die weitaus größte Gruppe[2], 21,1 Prozent Sozialpädagog_in (FH), 6,2 Prozent sind Diplompädago_in (Uni). Insgesamt ist festzustellen, dass nur ein verschwindend geringer Teil von 3 Prozent über keine Ausbildung verfügt und die entsprechenden Nennungen zusammen genommen etwa ein Drittel der Fachkräfte über ein akademisches Studium verfügt (vgl. Liedtke et al. 2010). Bei der Alters- und Geschlechterverteilung zeichnet sich folgendes Bild ab: mit 74 Prozent sind Frauen vertreten, was aufgrund der Historizität zu erwarten war, jedoch im Kontext des gesellschaftlichen Wandels und Bedarfs an geschlechtsrollenspezifischen Rollenbildern für die Jungen, die überdimensional häufig vertreten sind in den stationären Hilfen, ein erhebliches Defizit an männlichen Fachkräften mit 23 Prozent darstellt. Bei der Altersverteilung ist im Vergleich mit einer Studie, die vor zehn Jahren stattfand, der sogenannten »Günther-Studie« festgestellt worden, »dass 86 Prozent der Befragten jünger als 40 Jahre sind. Damit sind zur damaligen Zeit viele Mitarbeiter_innen deutlich jünger gewesen als in

---

1   Die in dieser Arbeit verwendete Schreibweise mit »Gender_Gap« respektiert transsexuelle, transidente, transgender und andere Personen, die sich zwischen den polaren Geschlechtern „männlich" und „weiblich" verorten.

2   Nach Ausführung der Autor_innen der Studie ist diese hohe Zahl dem System in Berlin geschuldet, da dort im Entgeltsystem nur der Erzieher aufgenommen war, d.h. es könnte sein, dass aus diesem Grund für den Bereich „nur" Erzieher_innen eingestellt wurden oder Sozialpädagog_innen sich auf Grund dieses Systems unter Erzieher_in subsumieren. Nach Steinbacher (2012) ist diese Besonderheit des Entgeltsystems u. U. zu vernachlässigen, da 2010 in einer nichtrepräsentativen Studie zum professionellen Handeln von 59 Interviewten im Ruhrgebiet herausgefunden wurde, dass hier der Erzieher_innenanteil mit zweidrittel gegenüber einem Drittel Sozialpädagog_innen ebenfalls hoch war.

der vorliegenden Studie, in der dieser Anteil lediglich 46 Prozent beträgt, ...« (Liedtke et al. 2010: 7).

Für eine Prognose und Beurteilung der Personalsituation hat die AGJ ein Positionspapier (2011) veröffentlicht, das klar zu erkennen gibt, dass der Bedarf an Fachkräften weiterhin bestehen bleiben wird. Die derzeitig zu erwartende Entwicklung zeigt eine Überalterung der Fachkräfte in Gleichzeitigkeit bezüglich der Bevölkerungsstruktur zu wenig Jüngeren, die sich für dieses Arbeitsfeld interessierten. Die AGJ konstatiert einen weiteren Bedarf an Jugendhilfe, der sich durch den Hintergrund des demographischen Wandels des Anteils von Kindern und Jugendlichen an der Gesamtbevölkerung, nicht verringern wird. Es ist zu erwarten, dass in den nächsten Jahren Kinder und Jugendliche auch für die Wirtschaft eine wichtige »Human Ressource« werden, die es zu beachten gilt. Prognostische Berechnungen der demographischen Entwicklung zeigen, dass 2060 der Anteil von Kindern und Jugendlichen nur noch 16,4% an der Gesamtbevölkerung ausmachen werden und auf eine_n Erwerbstätige_n fast ein_e Rentner_in kommt (vgl. Bürger 2010: S. 28 ff.). Das könnte sich die Kinder- und Jugendhilfe zu Nutze machen. Der demographische Wandel sowie das Verlassen von Fachkräften des Arbeitsfeldes vor oder zum Renteneintrittsalter sowie das veränderte Anforderungsprofil an die Tätigkeit in den stationären erzieherischen Hilfen bedingt einen Fachkräftemangel, dem es sich zu stellen gilt (vgl. auch Berner/Spielmann/Strohmaier in Moch/Meyer/Bense 2013: 150).

Strategien und Maßnahmen im Rahmen der Organisationsgestaltung und Personalführung sind hier gefordert (vgl. Grunwald/Steinbacher 2007), die diesem drohenden Fachkräftemangel entgegen steuern. Die Fachverbände der Dachorganisationen begegnen dieser Herausforderung mit Projekten und Programmen, die Lösungen auf den unterschiedlichen Ebenen der Organisation zum Ziel haben (exemplarisch Projekt Chronos diakonisches Werk Württemberg/ http://www.diakonie-wuerttemberg.de/verband/landesgeschaeftsstelle/projektchronos/).

1. Das Arbeitsfeld der stationären erzieherischen Hilfen als Bühne der Akteure

Der Wandel und die weitere Ausdifferenzierung der Arbeitsfelder in der Sozialen Arbeit haben auch vor den stationären erzieherischen Hilfen nicht Halt gemacht. Dies lässt sich hauptsächlich an drei Faktoren fest machen, die sich gegenseitig bedingen: in den letzten zwanzig Jahren wurden die Settings der Hilfen ausdifferenziert (s.o.). Bedingt durch den gesellschaftlichen Wandel gab es eine Veränderung bezüglich des Bedarfes der Kinder, Jugendlichen sowie deren Familien und der gesetzlichen Grundlagen zur Erbringung der Hilfe im SGB VIII. Auf die zwei letzten Faktoren wird im Folgenden kurz eingegangen.

Die lebenslagenspezifischen Eckwerte der Hilfen nach § 33 und 34 SGB VIII, die vom KVJS regelmäßig erhoben werden, sprechen eine eindeutige Sprache: bei einem Eckwert von 1,33 je 1000 Minderjährigen in Baden-Württemberg (von 1000 Minderjährigen befanden sich 1,33 in Hilfen nach § 34 SGB VIII), waren bei Inanspruchnahme von stationären Hilfen ein Kind von 750 aus einer Familie mit leiblichen Eltern, eines von 37 Kindern und Jugendlichen aus einer Familie mit nur einem Elternteil. Am stärksten betroffen von der Inanspruchnahme der stationären Hilfen sind Kinder aus einer Stieffamilienkonstellation: die Wahrscheinlichkeit, dass sie stationäre Hilfe erhalten ist fünfzigfach höher als bei Minderjährigen, die bei beiden Elternteilen leben. (vgl. Bürger 2010: 105). Fatal wäre es, so Bürger (2010: 106), daraus die Erkenntnis zu ziehen, dass alleinerziehende Eltern und Stieffamilien nicht in der Lage sind, ihre Kinder zu erziehen. Die Gefahr überfordert zu sein, ist in diesen familialen Konstellationen auf Grund von prekären Situationen wie zum Beispiel Armut, komplexen Familienkonstellationen, sowohl aus Sicht der Eltern als auch aus Sicht der Kinder besonders groß. Diese sozialstrukturellen Faktoren sind Ausdruck des gesellschaftlichen Wandels und bedingen ein entsprechendes Angebot der Hilfen zur Erziehung in diesem Bereich, ein auf diese Bedingtheiten Eingehen und Umgehen damit: *»Eine wichtige Herausforderung wird darin bestehen, Eltern und Kinder, die in sozial benachteiligten Verhältnissen leben, besonders zielgerichtet zu unterstützen zu fördern, so dass latente Lebenslagen nicht in verfestigte Problemeskalationen münden.«* (Bürger 2010: 108)

Zwischenzeitlich setzen sich Studien dezidiert mit dem Thema der Effekte der erzieherischen Hilfen auseinander: unter anderem die Jule-Studie (1989), die Jugendhilfe-Effekte Studie (2002) und die EVAS-Studie, die regelmäßig seit 1999 bundesweit Kinder und Jugendliche und Ausgangslagen und Wirkungen der Hilfen zur Erziehung beforscht.

Wichtigste Ergebnisse der EVAS-Studie waren unter anderem (Macsenaere/Hermann 2004: 32 ff.):

- Einrichtungen begegnen den Bedarfen der Kinder und Jugendlichen und einem Abbau deren Defizite gelingend, in dem das Methodenspektrum einen hohen Spezialisierungsgrad aufweist, was die individuelle Ausrichtung der Hilfe anbelangt (maßgeschneiderte Hilfe).
- Die Dauer der Hilfe entscheidet mit über den Erfolg der Hilfe. So konnte ab einer durchschnittlichen Verweildauer von zwei Jahren ein nachweisbarerer Erfolg dokumentiert werden.
- Erfolge sind wichtig von Anfang an. Das heißt, konnte im ersten Jahr kein Effekt der Hilfe nachgewiesen werden, war dies auch im Verlauf der Hilfe nicht mehr möglich und war eher die Beendigung der Hilfe mit sinnvollen Alternativen angezeigt.

Weitere Erkenntnisse aus der EVAS Studie 2008 waren:

- Heimerziehung steht am Ende der Hilfsangebote, in 90% der Fälle wurden andere Hilfeformen schon durchgeführt, je intensiver diese waren, desto größer ist die Wahrscheinlichkeit des Scheiterns der stationären Maßnahme.
- Trotzdem weisen 60% der Hilfen, die evaluiert wurden, einen positiven Effekt und somit positive Entwicklungen der Kinder und Jugendlichen auf (Macsenaere/Schemenau 2008: S. 27).

Nicht zu vernachlässigen sind auch nach Macsenaere (2009: S. 7 ff.), der seit Jahren das Thema des Erfolgs erzieherischer Hilfen beforscht, die Kooperation innerhalb des Helfersystems. Dabei kommt dem frühzeitigen Einleiten der Hilfe und der Qualifizierung der Fachkräfte ein hoher Stellenwert zu, da die Hilfe sonst zum Scheitern verurteilt ist. Der Gesetzgeber wirkt seit Inkrafttreten des SGB VIII durch entsprechende Gesetzeslage darauf hin, dass die freien Träger als Leistungserbringer an einen Rahmenvertrag gebunden sind.

Laut SGB VIII müssen Leistungen, die durch freie Träger im Rahmen der stationären Hilfen nach § 34 SGB VIII erbracht werden (vgl. §§ 78a-g), durch einen Rahmenvertrag vereinbart werden, der von Kommissionen, in denen öffentliche und freie Trägervertreter_innen auf Landesebene sitzen, abgeschlossen wird. Es handelt sich hierbei um sogenannte Regelleistungen, die von Fachkräften im Gruppendienst zu erbringen sind in Form von Versorgung, Erziehung, Betreuung, Unterstützung und Kinderschutz nach § 8a SGB VIII sowie individuelle Zusatzleistungen, die je nach individuellem Bedarf des Kindes und Jugendlichen zwischen Kostenträger, örtlich zuständigem Jugendamt, dem freien Träger der Jugendhilfe und den Personensorgeberechtigten im Rahmen eines Hilfeplangesprächs nach § 36 SGB VIII ausgehandelt werden. Die jeweiligen Leistungen werden konkret auf Grundlage des Rahmenvertrags in einer Leistungsbeschreibung von den freien Trägern für ihre stationären Angebote beschrieben und entsprechend mit den jeweiligen Kostenträgern und deren überörtlichen Trägern, zum Beispiel in Baden-Württemberg beim KVJS, verhandelt.

Konkret werden einige Leistungen exemplarisch angeführt:

- *»Leistungen der Alltagsgestaltung und Alltagsbewältigung, die erzieherische Auseinandersetzung mit Kindern und Jugendlichen*
- *Pädagogische Grundleistungen und Förderangebote sowie die Herstellung von Erfahrungsfeldern zum Einüben sozialer Wahrnehmung, sozialer Fertigkeiten und Verhaltensweisen im alltäglichen Zusammenleben der Gruppe*
- *Leistungen der Gesundheits- und Hygieneerziehung«*

(Berner/Spielmann/Strohmaier in Bense/Meyer/Moch 2013: 155)

Das Arbeitsfeld stationäre erzieherische Hilfen und hier konkret Arbeitsplatz Wohngruppe hat sich in den letzten 20 Jahren erheblich verändert. Die Vorgaben der personellen Ausstattung durch den Rahmenvertrag schreiben 4,8 Vollkraftstellen für Innenwohngruppen mit 8 Kindern und Jugendlichen vor. Bei Außenwohngruppen mit 6 Kindern und Jugendlichen, in denen die Fachkräfte in der Regel Regieleistungen mit übernehmen, da sie häufig geographisch gesehen weiter weg von Versorgungsleistungen der Stammeinrichtung sind, werden 3,6 Vollkraftstellen vorgehalten.

Die skizzierten Rahmenbedingungen des Arbeitsfeldes stellen hohe Anforderungen an die Fachkräfte, jedoch auch ein vielfältiges Wirkungsfeld dar.

2. Selbstvergewisserung der Fachkräfte: Dramaturgie zwischen Professionalität und Handlungskompetenz

Wie sind die Fachkräfte für die Anforderungen, die sich aus dem Arbeitsfeld ergeben, gerüstet? Haben die handelnden Fachkräfte ein identitätsleitendes Selbstbild und wie wird dieses im Kontext des fachlichen Selbstverständnisses diskutiert? Ist diese Fragestellung für die Ausübung der sozialpädagogischen Tätigkeit in den erzieherischen Hilfen nach § 34 SGB VIII relevant und zielführend? Zielführend im Hinblick auf eine identitätsstiftende Haltung der Akteure, die in einer Selbstreflexivität ein fachliches Selbstverständnis ermöglicht, das sie befähigt für die Mitgestaltung des organisationalen und fachlichen Wandels. Welchen Anteil hat die Professionalisierung und welchen die Handlungskompetenzentwicklung?

Die Diskussion ist so alt wie die Disziplin der Sozialen Arbeit und hat Geschichte sowohl in der Tradition der Sozialpädagogik als auch der Sozialarbeit. Aus Sicht von Müller schwächten vor allem Peters und Etzioni mit ihrer Auffassung von der ›semi-profession‹ den Wunsch nach Professionalisierung und Einreihung auf Augenhöhe mit anderen wissenschaftlichen Disziplinen (vgl. Müller 1991: 18 ff.). Der Auffassung von Peters, Professionalisierung Sozialer Arbeit sei die Verwissenschaftlichung ihrer Methoden, traten Böhnisch und Lösch mit dem Anliegen entgegen, eine »neue« Fachlichkeit zu definieren: *»Ein klarer Maßstab für ›neue‹ Fachlichkeit ist damit formuliert; und zugleich sind jene Maßstäbe als unangemessen zurückgewiesen, kraft derer die Sozialpädagogik unausweichlich auf einen Status der Semiprofessionalität festgehalten zu werden droht.«* (Müller 1991: 21). Müller (1991: 22) bezieht sich hier auf Olk, der in der neueren Debatte ein Selbstverständnis für die Profession Sozialer Arbeit mit geprägt hat: *»Die Fähigkeit zu dieser Aufgabe der doppelten Vermittlung (von persönlich engagierter und gleichberechtigter Kommunikation mit distanzierter professioneller Problembearbeitung und von Hilfen zur Autonomie mit sozialer Kontrolle) beschreibt Olk mit Begriffen wie ›Entmethodisierung des Methodengebrauchs‹, ›reflexive Steuerung professioneller Interventionen‹ und ›alltagsweltorientierte Handlungskompetenz‹ (vgl. Olk 1986: 206 ff. und 221).«* Sowohl Böhnisch und Lösch als auch Olk müssen sich der Kritik stellen, in ihren Entwürfen für eine »neue Fachlichkeit« zu unkonkret in der Ausformulierung ihrer Postulate zu bleiben.

Hilfreich für die neuere Professionalisierungsdebatte, die sich einer anderen Aufgabe stellt als der von Peters zugewiesenen Verwissenschaftlichung ihrer Methoden, ist der im Zeichen der Aufklärung stehende Entwurf Herbarts, dessen Rede vom ›pädagogischen Takt‹ mit der Aufgabenstellung für den geisteswissenschaftlichen Pädagogen,»...‚ darüber nachzudenken, wie der Praktiker sich eigentlich verhält in Situationen, ›welche die Theorie leer ließ‹ (Herbart 1802: 286).« (Niemeyer in Schröer 2002: 1026), Grundlage neuerer Professionalisierungstheorie liefert. Die Profession stellt sich in der Praxis Situationen, die durch keine Theorie beschrieben sind und genau das macht dieselbe aus.

An diesem Punkt knüpft Thiersch mit der alltagsorientierten Sozialpädagogik an, die nach Müller dem Vorwurf der Semiprofessionalität entgegensteht: »*Sein Anspruch ist zum einen, daß es sachliche Gründe gebe, daß sich die Sozialpädagogik kein spezialistisch beherrschbares Interventionsfeld konstruiert, sondern darauf beharrt, sich auf die vorgegebene Komplexität und Undurchsichtigkeit ihres Feldes einlassen zu müssen.*« (Müller 1991: 23).

In gegenwärtigen Diskussionen stellt sich diese Kernfrage unter einem erweiterten Fokus, der die Professionsdebatte zum einen wie entwickelt definiert: »Sie zielt folglich auf die Rekonstruktion eines *reflexiven Handlungstypus* im Kontext professioneller Aktion« (Dewe/ Otto in Otto/Thiersch 2011: 1135) und zum anderen erweitert im Sinne von in den Kontext stellt von zeit- und kontextbezogenen Paradigmen: Organisation, gesellschaftspolitische Entwicklungen sowie Dienstleistungsorientierung.

Es ist der Frage nachzugehen, wie der gegenwärtige Stand der Diskussion im Hinblick auf diese beiden Seiten einer Medaille ist: das Selbstverständnis und der Stand der Professionalisierungsdebatte im Kontext der entsprechenden Rahmenbedingungen in Bezug auf die Anfordernisse an die Entwicklung der Professionalität im Arbeitsfeld der stationären erzieherischen Hilfen. Es wird zu entwickeln sein, was tun und können Fachkräfte tun, um diese Entwicklung voranzutreiben in ihrem jeweiligen Arbeitsfeld und an ihrem Wirkungsort. Im Sinne Schneiders, die Theoriewissen als »*notwendige, aber keine hinreichende Bedingung zur Ausbildung einer sozialpädagogischen Professionalität bzw. Identität*« (Schneider in Thiersch/Treptow 2011: 49) ansieht und drei Pole sozialpädagogischer Professionalitäts- und *Identitätsentwicklung* identifiziert, ist der gegenwärtige Stand der Entwicklung einzuordnen. Diesen Herausforderungen haben sich die Hochschulen der Sozialen Arbeit, die Fachkräfte selbst und die Praxisorte zu stellen:

1. »Die Grundlegung von Fachlichkeit im *Studium* über die Aneignung grundlegender Inhalte,
2. die *Reflexion biographischer Prozesse* vor und während des Studiums,
3. die Festigung eines professionellen Habitus im (ersten) Arbeitsfeld über unterstützende Reflexionsmöglichkeiten und hilfreiche Rahmenbedingungen«. (Schneider in Thiersch/Treptow 2011: 49)

Galuske (2011: 128) nennt bei den Stationen der Methodendiskussion die unterschiedlichen Blickwinkel: die *Professionalisierungsdebatte* und die *Handlungskompetenzdebatte*. Diese haben unterschiedliche Erkenntnisinteressen und Zugänge. Bei der Professionalität geht es eher um die Sozialdimension und die Stellung Sozialer Arbeit im Vergleich mit anderen Professionen in Bezug auf Macht und Status, bei den Handlungskompetenzen geht es um die Sachdimension und die Frage, über welche motivationalen, kognitiven und normativen Handlungskompetenzen Fachkräfte verfügen müssen, um der Lösung der Aufgaben in den erzieherischen Hilfen gerecht zu werden. Als zentrales Thema werden die Fachlichkeit und die Berufsrolle genannt. (vgl. Steinbacher 2011: 23)

2.1 Identität der Fachkräfte: wer bin ich und wenn ja wie viele?

Mit dieser Fragestellung beginnt ein Suchen und Ringen, das sich zurückverfolgen lässt bis zum Beginn der Sozialen Arbeit als Disziplin und die Professions[3]- und die Professionalisierungsdebatte mit einschließt. Im Sinne des postmodernen Denkens »Wer bin ich und wenn ja wie viele?«(vgl. Precht 2007), ist diese Frage keinesfalls linear wenn überhaupt beantwortbar. Festzuhalten ist, dass die Frage nach der Identität der Sozialen Arbeit und hier spezieller, der erzieherischen Hilfen, den gesellschaftlichen Wandel widerspiegelt: sie ist und bleibt patchworkhaft, sowohl in den Theorien als auch in Bezug auf die Vertreter_innen der Theorien. So hat sich die Soziale Arbeit weiterentwickelt und

---

3   Disziplin beinhaltet die Theoriebildung in der Sozialen Arbeit, die sich an der Richtigkeit und Widerspruchsfreiheit ihrer Erkenntnisse misst, im Gegensatz zur Profession, die das berufspraktische Handeln und dessen Wirksamkeit und Angemessenheit umfasst (vgl. Becker-Lenz/Müller in Becker-Lenz et al. 2009).

den ›großen Erzählungen‹ über das, was Sozialpädagogik sei, Untersuchungen hinzugefügt zu einzelnen Handlungsfeldern (wie zum Beispiel für die Kinder- und Jugendarbeit: Cloos unter anderem 2007; für die Heimerziehung: Wigger 2005), Um eine genauere und differenziertere Aussage zu bekommen, was nun im Einzelnen die Identität der Sozialen Arbeit und somit sinnstiftend für das Tun ist, wären Sekundäranalysen der Studien notwendig (vgl. Köngeter 2009), die Zukunftsmusik sind.

Kleve sieht die Identität der Sozialen Arbeit in der Tradition einer Postmoderne, die sich in Profession und Disziplin niederschlägt:

>*Als Profession vermittelt sie zwischen unterschiedlichen psychophysischen Notwendigkeiten und sozialen Erwartungen, die einhergehen mit unterschiedlichen Not-, Leidens- bzw. Exklusionslagen bezüglich der Teilnahme an gesellschaftlicher Kommunikation und hilft diesbezüglich, ... indem sie soziale Inklusionen, also Teilnahmechancen an gesellschaftlicher Kommunikation, zu reaktivieren versucht. Als Disziplin ist Sozialarbeit ebenfalls eine Vermittlungsinstanz, und zwar bezüglich unterschiedlicher disziplinärer Konzepte, die sie fokussiert auf ihren Gegenstandsbereich und dessen Reflexion*« (Kleve 2007: 65).

Diese Komplexität, Unbestimmtheit und Ambivalenz, in der letztendlich die Adressat_innen der Kinder- und Jugendhilfe auch stecken, zu begreifen und damit umzugehen, ist Gegenstand der Sozialen Arbeit und wirkt sich unweigerlich auf deren Identität aus.

Wo Kleve im Kontext der Systemtheorie uneindeutig bleibt in Bezug auf die Forderung, was diese Identität ausmacht, geht der Lebensweltansatz von Thiersch klar und unumstößlich davon aus, dass es eines sozialpolitischen Mandats auf der Folie einer Reflexivität braucht:

>*Lebensweltorientierte reflexive Jugendhilfe agiert, wie es in der pluralisierten und individuellen Wirklichkeit notwendig ist. Sie muss sich ausweisen in dem, was sie tut, so wie alle Zeitgenossen in der heutigen Zeit und vor allem auch wie ihre Adressaten. Jugendhilfe ist nur da vertretbar, wo sie sich in ihren Entscheidungen begründen kann und sich im kritisch reflexiven Konsens vertritt*« (Thiersch 2009: 40).

Treptow treibt diese Forderung auf die Spitze, in dem er die Bindung der Identität der Sozialen Arbeit an die soziale Gerechtigkeit eine »Invariante« (Bloch) der sozialpädagogischen Ethik nennt. Dies sei, so Treptow »keineswegs gesellschaftlicher Konsens« (Treptow 2011: 3). Dieser Entwurf der Identität Sozialer Arbeit beinhaltet die Forderung nach einer utopischen Idee - nach Blochs Prinzip der Hoffnung - im Unterschied zum gesellschaftlichen Entwurf und der Ausformulierung durch die Politik, die hier keine Klarheit herstellt - Sinn gebend für die Identität Sozialer Arbeit. Dies wäre ein eigener Auftrag und sinnstiftendes Element nach dem Prinzip der Hoffnung - platt gesagt - nach einer besseren Welt, der vor allem der Kinder- und Jugendhilfe gut zu Gesichte stünde.

Die Kinder- und Jugendhilfe als ein Handlungsfeld in der Sozialen Arbeit bewegt sich in ihrem Kontext. Unterschiedliche gesellschaftliche und politische Ebenen, Bezüge und Bedingtheiten sind Vorgaben, nach denen sich die Soziale Arbeit zu richten hat. Nach Fischer-Gese (in Thiersch/Treptow 2011) liegt die Identität der Sozialen Arbeit in ihrer Vielheit und hat die Aufgabe, sich an diese Bedingtheiten, Ebenen und Bezüge anzupassen. Die Frage nach der »sozialen Gerechtigkeit« und der gesellschaftlichen Teilhabe für die Adressat_innen bleibt, wie schon von Böhnisch, Schröer, Thiersch (2005), Rawls (1975), Sen (1973), Marx (1885) und vielen anderen benannt. Fischer-Gese geht in Richtung Lösung:

»Soziale Arbeit muss ihre Themen finden, muss ihre Begriffe besetzen bzw. in ihrem Sinne möglichst widerspruchslos deuten. Sie muss dies so tun, dass ihre Begriffe einerseits in der Gesellschaft verankert sind, andererseits so offen sind, dass sie von deren konstanter Veränderung losgelöst interpretierbar bleiben« (ebd. 2011: 37).

Der Spagat besteht in einer Eigenständigkeit der Identität der Sozialen Arbeit in Bezug auf soziale Gerechtigkeit und gesellschaftliche Teilhabe, wenn sie denn definiert sind, und der Rahmung und Einordnung in die gegebenen Kontexte.

In dieser Quadratur des Kreises befindet sich die Identität der Sozialen Arbeit. Die in ihr steckenden anderen identitätsstiftenden Momente sind darin eingeschlossen. Die Soziale Arbeit kann die Frage nach ihren Theorien, Methoden und Techniken auch in ihrer Vielheit lösen und löst sie. Die Gretchenfrage ist und bleibt die nach der sozialen Gerechtigkeit und der gerechten Teilhabe für ihre Adressat_innen - auch und besonders in den erzieherischen Hilfen.

2.2 Professioneller Habitus der Fachkräfte: an der Haltung werdet ihr sie erkennen

Die Professionalisierung in den erzieherischen Hilfen wirft auch die Frage nach der Eignung und Haltung ihrer Fachkräfte auf. Ein Beispiel aus dem Bildungsbereich von Beichel[4] aufgreifend zeigt, dass es nicht nur um das Reden über professionelles Handeln sondern um das Zuschauen beim Handeln geht: *»Der Lehrer mit Schwerpunkt Musik muss als Solist nicht unbedingt ein Beethoven-Klavierkonzert meisterhaft spielen können - aber wenn er es macht, bestätigt ihm der Hochschullehrer eine Eins und er wird eingestellt«* (Sell 2011: 84).

Offen bleibt hier die Frage, ob den Lehrer diese Kompetenz »meisterhaft Klavierspielen« in die Lage versetzt, sie seinen Musikschüler_ innen zu vermitteln oder ob die Haltung des Lehrers und sein Vorbild zum Klavierspielen das Erlernen des Klavierspielens begünstigt. Hierauf kann an dieser Stelle nicht weiter eingegangen werden.

Übertragen auf die Haltung der Fachkräfte in den erzieherischen Hilfen könnte das Bild sein: die Fachkraft in den erzieherischen Hilfen wird beim Arbeiten mit den Kindern und Jugendlichen beobachtet, welche Haltung[5] sie einnimmt gegenüber den Kindern und Jugendlichen. Es müssen Kriterien für einen professionellen Habitus entwickelt werden, woran dieser zu messen ist. Der Maßstab für »gute« Arbeit auf deren Basis Professionalität messbar gemacht wird, muss die Komplexität professionellen Handelns abbilden (vgl. Sell 2011).

Fachspezifisches Wissen und die Kenntnis von Theorien und Modellen alleine sind nicht ausschlaggebend für hinreichende Professionalisierung, darüber hinaus sind habituelle Elemente für die Praxis der Arbeit mit den Kindern und Jugendlichen sowie deren Familien unabdingbar, die im Zusammenspiel und gegenseitiger Ergänzung wirken (vgl. Dewe 2011). Bourdieus Konzeptualisierungen des Habitus und Oevermanns Ausführungen zum Habitus, von Becker-Lenz und Müller (2009: 200) aufgegriffen, sind an dieser Stelle hilfreich:

---

4   Der Pädagogikprofessor Johannes Beichel plädiert in der Lehrerausbildung für eine Prüfung der Eignung und höhere Gewichtung der Haltung (siehe Sell in EREV 2/2011).

5   Haltung als Teil der Handlungskompetenz nach Modell Spiegel im Bereich „Herz" zu finden (s.u. 3.1).

Pierre Bourdieu :

»Individuen verinnerlichen die objektiven Strukturen ihrer sozialen Umgebung (Interiorisierung ihrer Exteriorität), wodurch Habitusformationen ausgebildet werden, die ihrerseits wiederum Praxis stiften (Exteriorisierung der Interiorität).«

Ulrich Oevermann:

»... unter dem Begriff der Habitusformation jene tief liegenden, als Automatismus außerhalb der Kontrollierbarkeit operierenden und ablaufenden Handlungsprogrammierungen zusammen, die wie eine Charakterformation das Verhalten und Handeln von Individuen kennzeichnen und bestimmen ...«

Oevermann sieht den professionellen Habitus als einen Bestandteil des Gesamthabitus einer Person an (ebd.). Die Frage nach dem Habitus leitet sich vor allem aus der Nichtstandardisierbarkeit von Krisen und dem jeweilig geforderten Handeln ab. In einer Gemengelage zwischen spezifischen und diffusen Bewältigungsformen der Beziehung zeigt sich ein Habitus, der das Handeln leitet:

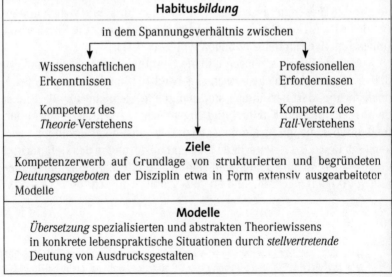

Abb. 1: Zwischen Disziplin und Profession nach Kraimer in Müller (2006: 334)

Einigkeit besteht im fachlichen Diskurs darüber, dass es über Theorie-, Fach- und Methodenwissen hinaus einer inneren Haltung der Fachkräfte bedarf, die nach Maja Heiner (2004) durch eine klare Vorstellung von Berufsrolle und einer inneren Bindung daran durch eine berufliche Identität gekennzeichnet ist.

3. Professionelle Handlungskompetenzen von Fachkräften in den stationären erzieherischen Hilfen

Der Bedarf der Fachkräfte, Handlungskompetenzen zu entwickeln und zu zeigen, erstreckt sich auf unterschiedlichste Anforderungen: ein Hilfeplangespräch mit Eltern, dem Kind/Jugendlichen und Vertretern des Jugendamts führen, ein Kind trösten, Gruppengeldkasse führen, Nachtdienste durchführen, mit Kindern/Jugendlichen an ihren Zielen arbeiten, um nur einige Beispiele zu nennen. Die Erwartung an Fachkräfte ist, dass die Erledigung dieser Aufgaben in einer kompetenten Art und Weise durchgeführt wird, so die Definition von Handlungskompetenzen nach Treptow (2011: 601). Weinert (2001: 27) spricht von *»volitionalen und sozialen Bereitschaften und Fähigkeiten, um die Problemlösungen in variablen Situationen erfolgreich und verantwortungsvoll nutzen zu können.«* Es handelt sich hier nicht um willkürliches und zufälliges Handeln, das als kompetent oder inkompetent gewertet werden kann, sondern der Begriff ist verbunden mit der Forschungsmethode und auf diese angepasste Theorie: *»Dem funktionalen Verständnis sind erfolgreiche Lernprozesse nur dann nachweisbar, wenn operational definierte Aufgabenstellungen auch definiert werden.«* (Treptow 2011: 601)

Der Kompetenzbegriff erfasst nicht das tatsächliche Handeln, eher die vorhandenen Potenziale (vgl. Steinbacher 2011; Heiner 2010). An tatsächlichem Verhalten beobachtbar werden Kompetenzen über die Performanz (vgl. Treptow 2011: 604), wobei Steinbacher (2011) feststellt, dass die Beobachtbarkeit von Kompetenz in Form von Performanz situationsabhängig ist und von einer fehlenden Performanz in bestimmten Situationen nicht zwingend auf eine fehlende Kompetenz geschlossen werden kann.

Die Kontextualisierung der professionellen auf die adressatenbezogene Handlungskompetenz erscheint essentiell, die professionelle Handlungskompetenz der Fachkräfte in den stationären erzieherischen Hilfen hat sich in den Dienst der adressatenbezogenen zu stellen und den Erwerb derselben zu unterstützen:

»Vom ›Erfolg‹ professioneller Handlungskompetenzen kann häufig erst dann die Rede sein, wenn sie nicht auf die Einhaltung von Handlungsregeln begrenzt wird, sondern, wenn sie sich als Kompetenz zur ›Einbeziehung des Anderen‹, also des Arbeitsteams ebenso wie der Adressaten, in der Gestaltung ihrer Lebensbewältigung und Lebensführung bewährt.« (Treptow 2011: 604)

Darüber hinaus stellt die Entwicklung professioneller Handlungskompetenzen das Ergebnis des Lernprozesses beruflicher Sozialisation und Identitätsentwicklung dar, wie von Heiner (2010: 217) in einem Schaubild verdeutlicht wird:

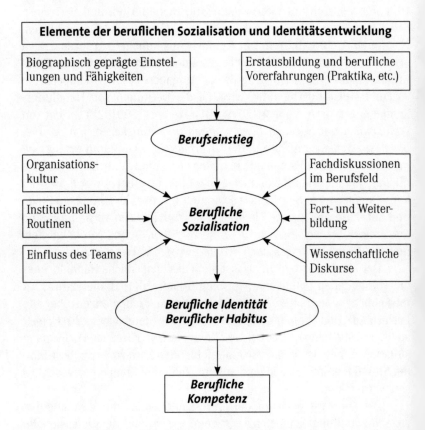

Abb. 2: Elemente der beruflichen Sozialisation und Identitätsentwicklung

3.1 Dimensionen professioneller Handlungskompetenzen für die stationären erzieherischen Hilfen

Einheitliche Dimensionen für die Kategorisierung sozialpädagogischer Handlungskompetenzen wurden bisher nicht definiert. Am häufigsten wird eine Unterscheidung von folgenden Kompetenzbereichen eingeführt:

- Sach- und Fachkompetenz
- Methodenkompetenz
- Selbstkompetenz
- Sozialkompetenz

(vgl. Nieke 2002 in Otto/Rauschenbach/Vogel, Cassée 2007)

Ergänzend zu Steinbachers und Heiners Definition professioneller Handlungskompetenzen (s.o.) werden hier die durch von Spiegel (2011: 96) metaphorisch benannten eingeführt: »Kopf« (Kognition bzw. Wissen), »Herz« (Emotion bzw. berufliche Haltung), »Hand« (praktische Handlungen bzw. Können).

Unter *Wissen* führt von Spiegel aus, dass es übergeordneten Wissens bedarf, um methodisch zu handeln und dieses Wissen sich auf der Ebene der Fallbearbeitung aus Beobachtungs- und Beschreibungswissen, Begründungs- und Erklärungswissen, Wertwissen und Handlungs- und Interventionswissen[6] zusammensetzt. Konkret bedeutet dies, Fachkräfte in den stationären erzieherischen Hilfen benötigen ein Wissen über allgemeine Theorien in der Sozialen Arbeit und spezifisches Wissen von Theorien, Konzepten und Methoden der Kinder- und Jugendhilfe. *Berufliche Haltung* beschreibt die reflexive Kompetenz, das berufliche Wertewissen in Verbindung zu bringen mit dem eigenen

---

6 Beobachtungs- und Beschreibungswissen: es braucht theoretisch begründete und kriteriengeleitete Kategorien zur Produktion eines multiperspektiven Blicks, der Weg geht von einzelfallabhängigen subjektiven Wahrnehmungen und Entscheidungen hin zu entwickelten Kategorien, die u.U. selbst entwickelt sein können.
Begründungs- und Erklärungswissen: Theorien dienen dazu, Fachkräfte bei ihrem Handeln zur Reflexion auf der Folie der Theorie anzuregen und so eine Situation im Kontext der Theorie zu verstehen.
Wertwissen: in einem religiös-ethischen oder auch politischen Wertehorizont entsprechend zu handeln
Handlungs- und Interventionswissen: unterschiedliche Konzepte wie methodische, zielgruppenorientierte oder zielorientierte und somit die Konstruktion von Interventionen aufgreifend (vgl. von Spiegel 2011: 78).

Willen und in einem selbstreflexiven Prozess eine Haltung hervor zu bringen. Die Arbeit in Teams in der stationären Erziehungshilfe bietet hierfür einen geeigneten Rahmen, den es strukturell zu gestalten und individuell zu nutzen gilt.[7] Das *Können* fordert methodisches Handlungswissen und dessen Umsetzung, hier ist Handwerkszeug gefragt. Diese können erlernt werden, sie bauen auf Schlüsselkompetenzen wie Flexibilität und Kommunikationsfähigkeit auf (ebd.).

Heiner führt für die Soziale Arbeit in Deutschland neun relevante Schlüsselkompetenzen an, die vom Berufsverband für Soziale Arbeit (DBSH) benannt wurden:

Strategische Kompetenz, Methodenkompetenz, sozialpädagogische Kompetenz, sozialrechtliche Kompetenz, sozialadministrative Kompetenz, personale und kommunikative Kompetenz, berufsethische Kompetenz, sozialprofessionelle Beratungskompetenz, Praxisforschungs- und Evaluationskompetenz (vgl. Heiner 2010: 55).

Diese lassen sich in von Spiegels Kopf-Herz-Hand-Modell einordnen und haben eine Gültigkeit für die Fachkräfte im stationären Bereich der erzieherischen Hilfen: für diese könnten die entsprechenden Kompetenzen dekliniert und übertragen werden auf das Arbeitsfeld. Diese Ausführungen betreffen vor allem die struktur- und bereichsbezogenen Kompetenzen. Des Weiteren sind prozessbezogene Kompetenzen erforderlich, die im Rahmen eines Zyklusmodelles zum Ausdruck kommen, die struktur- und bereichsbezogenen Kompetenzen fließen in die Umsetzung des Zyklusmodells des Hilfeprozesses mit ein. Es werden prozessbezogen Dimensionen in Beziehung gesetzt: anamnestische Phase, diagnostische Phase, Interventions- und Abschlussphase sowie Evaluation (Heiner 2010; Cassée 2007; Kleve 2003). Der Ablauf eines Hilfeprozesszyklus wird nach Heiner, Cassée und Kleve durch für jede Phase relevante Instrumente gestaltet (zum Beispiel Genogramm, Netzwerkkarte, Hypothesenbildung, Auftragsklärung). Das gezielte und geplante Vorgehen im Sinne einer methodengeleiteten Arbeit gewinnt immer mehr an Bedeutung. Jenseits eines technokratischen Vorgehens soll es den Kindern und Jugendlichen zu einem zielgerichteten Hilfe-

---

7   »Trotz dieser Probleme bringt Teamarbeit in den Hilfen zur Erziehung vielfältige Chancen mit sich. Die besonderen Möglichkeiten der Teamarbeit liegen in der gegenseitigen Kontrolle, Entlastung und Hilfe, in der Einschränkung der Vorurteilsbildung, der Vermeidung von Machtmissbrauch, einer breiten Basis von Problemlösungen und Ideenfindung (quantitativ und qualitativ) sowie einer angemessenen Bewältigung von Konfliktsituationen« (Grunwald/Steinbacher 2007: 188).

verlauf verhelfen, der über die Beziehungsqualität zwischen Fachkraft und Kind oder Jugendlichem eine Struktur- und Prozessqualität des Hilfeprozesses gewährleistet.

4. Resümee:

Spot on: Fachkräfte der stationären erzieherischen Hilfen betreten die Bühne der Sozialen Arbeit – die Fokussierung auf das Arbeitsfeld der stationären erzieherischen Hilfen nach § 34 SGB VIII als Bühne der Sozialen Arbeit und deren Fachkräfte als Akteure derselben erscheint mehrdimensional und im Wandel begriffen. Bedingt durch den gesellschaftlichen und demographischen Wandel wird sich in den nächsten Jahren hier eine Weiterentwicklung und Weiterqualifizierung der Fachkräfte abzeichnen. Nicht zu vergessen neben allen professionstheoretischen Überlegungen ist, dass dieses Arbeitsfeld als Bühne - wie kein anderes der Kinder- und Jugendhilfe - eine hohe Herausforderung an die gesamte Person der Fachkraft darstellt, die in der Regel weitreichende Konsequenzen auf deren Privatleben haben und auch heute noch eher eine Berufung als einen Job darstellen: zum Beispiel Schichtdienst, Leben mit den Kindern und Jugendlichen auf der Wohngruppe, Bildung der Erziehungspartnerschaft mit den Eltern, Begleitung eines Ablösungsprozesses eines Kindes. Die Debatte um die »Große Lösung«, bei der es um eine inklusive Ausrichtung des Kinder- und Jugendhilfesystems geht, wird, so sich die Gesetzeslage entsprechend verändert, vor den stationären Angeboten nicht Halt machen (siehe Positionspapier »Große Lösung« AFET/IGFH) und neue Herausforderungen an die Fachkräfte und deren Qualifizierung stellen.

Zusammenfassend ist festzustellen, dass es um die Herausforderung geht, das berufliche Handeln der Fachkräfte zu entwickeln zum einen auf der Ebene der gesellschaftlichen und sozialpolitischen Wandlungen (siehe hierzu 14. Kinder und Jugendbericht 2013) und auf der Ebene Bewältigung der Aufgaben im operativen Geschäft (vgl. Flad/Schneider/Treptow, 2008: 228).

Was die konkrete Arbeit der Fachkräfte anbelangt, kann vor allem ein Wandel festgestellt werden, der den Fachkräften Sorge bereitet. Zum einen ist eine Entwicklung weg von der personenzentrierten Hilfe direkt am Kind hin zu methodengeleitetem Arbeiten mit dem Kind vor dem Hintergrund einer Zielerreichung, der im Hilfeplan festgelegten

Ziele zu beobachten (wie in Punkt 3 und 3.1 beschrieben). Zum anderen stehen Kernaufgaben der pädagogischen Arbeit mit den Kindern, Jugendlichen und deren Eltern neben Aufgaben, die das Überleben einer Wohngruppe, deren Belegung sichern: Kooperation mit anderen Diensten wie Schule, Jugendberufshilfe, Beratungsstellen, Öffentlichkeitsarbeit, Einwerben von Fördergeldern, Verhandlungen mit dem Kostenträger, Veränderung ihres Angebotsportfolios an die individuellen Bedarfe der Kinder und Jugendlichen im Sinne einer maßgeschneiderten Hilfe (vgl. Flad/Schneider/Treptow 2008: 229). Diese vielfältigen Aufgaben verlangen eine gezielte Planung und strategisches Vorgehen von einzelnen Fachkräften und von den Teams und eine enge Kooperation mit den Leitungskräften. Hier findet ein Paradigmenwechsel statt, der nicht abgeschlossen ist, was die Identität, die Professionalität und die Handlungskompetenzen der Fachkräfte der stationären erzieherischen Hilfen anbelangt: das Anforderungsprofil der Fachkräfte verändert sich von einer ausführenden Fachkraft hin zu einer den Hilfeprozess mit gestaltenden Fachkraft, was auf mehreren Ebenen Lernprozesse erfordert. Diese Lernprozesse anzustoßen, einzufordern und zu gestalten wird die Zukunftsmusik der Fachkräfte in den stationären erzieherischen Hilfen sein mit der Option zur Partizipation an der Ausgestaltung der stationären erzieherischen Hilfen im Rahmen der ihnen gegebenen Möglichkeiten.

Literatur

AFET/IGfH (2011) »Große Lösung« und Inklusion – eine Positionierung der Erziehungshilfefachverbände.   www.afet-ev.de/.../AFET.../AFET-IGfH-Positionspapier_Groe_Lsung. Zugriff 20.04.2013.

Arbeitsgemeinschaft für Kinder- und Jugendhilfe (2011): Fachkräftemangel in der Kinder- und Jugendhilfe. Positionspapier der Arbeitsgemeinschaft für Kinder- und Jugendhilfe, 06./07.04.2011, http://www.agj.de/fileadmin/files/positionen/2011/Fachkraeftemangel.pdf, Zugriff 11.04.2013.

Baur, Dieter/Finkel, Margarete/Hamberger, Matthias/Kühn, Axel (1998): Leistungen und Grenzen von Heimerziehung: Ergebnisse einer Evaluationsstudie stationärer und teilstationärer Erziehungshilfen; Forschungsprojekt Jule/ [Hrsg.: Bundesministerium für Familie, Frauen, Senioren und Jugend] Stuttgart, Berlin, Köln (Schriftenreihe des Bundesministeriums für Familie, Senioren, Frauen und Jugend; Bd. 170).

Becker-Lenz, Roland/Müller, Silke (Hrsg.) (2009): Die Notwendigkeit von wissenschaftlichem Wissen und die Bedeutung eines professionellen Habitus für die Berufspraxis der Sozialen Arbeit.

Berner, Roland/Spielmann, Michael/Strohmaier, Jürgen (2013): Besser als der Ruf ?! – Arbeiten in der Erziehungshilfe bei freien Trägern. In: Bense, Oliver/Meyer, Thomas/Moch, Matthias (2013): Berufseinstieg in die Soziale Arbeit. Ibbenbüren, S. 149-161.

Bundesministerium für Jugend, Familie, Frauen und Gesundheit (Hrsg.) (2013): 14. Kinder- und Jugendbericht. Berlin. http://www.bmfsfj.de/BMFSFJ/Service/publikationen,did=196138.html. Zugriff 20.04.2013.

Bürger, Ulrich (2010): Kinder- und Jugendhilfe im demographischen Wandel. Herausforderungen und Perspektiven der Förderung und Unterstützung von jungen Menschen in Baden-Württemberg. Stuttgart.

Cassée, Kitty (2007): Kompetenzorientierung. Eine Methodik für die Kinder- und Jugendhilfe. Ein Praxisbuch mit Grundlagen, Instrumenten und Anwendungen. 1. Auflage, Bern.

Cloos, Peter (2008): Die Inszenierung von Gemeinsamkeit. Weinheim/Kassel.Dewe, Bernd (2011): Professionelles soziales Handeln. Soziale Arbeit im Spannungsfeld zwischen Theorie und Praxis. 4. Auflage, Weinheim.

Dewe, Bernd; Otto, Hans-Uwe (2011): Profession. In: Otto, Hans-Uwe/Thiersch, Hans/Grunwald, Klaus (Hrsg.): Handbuch Soziale Arbeit. Grundlagen der Sozialarbeit und Sozialpädagogik. 4. völlig neu bearbeitete Auflage, München.Fischer-Gese, Torben (2011): Soziale Arbeit: >>Einheit von Vielfalt<<. In: Thiersch, Hans/Treptow, Rainer (Hrsg.): Zur Identität der Sozialen Arbeit. Positionen und Differenzen in Theorie und Praxis. Sonderheft 10. Lahnstein.Flad, Carola/Schneider, Sabine/Treptow, Rainer (2008): Handlungskompetenzen in der Jugendhilfe. Wiesbaden.

Galuske, Michael (2011): Methoden der Sozialen Arbeit. Eine Einführung. 9. Auflage, Weinheim.

Grunwald, Klaus/Steinbacher, Elke (2007): Organisationsgestaltung und Personalführung in den Erziehungshilfen. Grundlagen und Praxismethoden. Weinheim.

Günder, Richard (2011): Praxis und Methoden der Heimerziehung. Entwicklungen, Veränderungen und Perspektiven der stationären Erziehungshilfe. 4. Auflage, Freiburg.

Heiner, Maja (2010): Kompetent handeln in der Sozialen Arbeit. Basel.

Heiner, Maja (2004): Professionalität in der sozialen Arbeit. Theoretische Konzepte, Modelle und empirische Perspektiven. Stuttgart.

Kleve, Heiko (2007): Postmoderne Sozialarbeit. 2. Auflage, s.l.: VS Verlag für Sozialwissenschaften (GWV). Online verfügbar unter http://ebooks.ciando.com/book/index.cfm/bok_id/17121. Zugriff 18.04.2013.

Kleve, Heiko/Haye, Britta/Hampe-Grosser, Andreas (2003): Systemisches Case Management. Falleinschätzung und Hilfeplanung in der Sozialen Arbeit mit Einzelnen und Familien; methodische Anregungen. 1. Auflage, Aachen.

Köngeter, Stefan (2009): Professionalität in den Erziehungshilfen. In: Becker-Lenz, Roland/Busse, Stefan/Ehlert, Gudrun: Professionalität in der Sozialen Arbeit. Standpunkte, Kontroversen, Perspektiven. 2. Auflage. Hrsg. v. Silke Müller. s.l.: VS Verlag für Sozialwissenschaften (GWV).

Liedtke, Ralf/Schwabe, Mathias/Stallmann, Martina/Vust, David (2010): Mitarbeiterinnen und Mitarbeiter in stationären Erziehungshilfen (1) - eine Untersuchung des Fachverbands Evangelischer Jugendhilfe aus Berlin und Brandenburg. In: Evangelische Jugendhilfe, 1/2010, S. 4-17. http://www.erev.de/dscontent/Publikationen-/?level=Evangelische_Jugendhilfe%2F2010, Zugriff 11.04.2013.

Macsenaere, Michael/Hermann, Timo : Klientel, Ausgangslagen und Wirkungen in den erzieherischen Hilfen. In: Unsere Jugend. 1/2004.

Macsenaere, Michael/Schemenau, Gerhard: Erfolg und Misserfolg in der Heimerziehung. Ergebnisse und Evaluation Erzieherischer Hilfen (EVAS). In: Unsere Jugend.1/2008.

Macsenaere, Michael: (Wirkungs)Forschung in der Heimerziehung. In: Unsere Jugend. 1/2009.

Müller, Burkhard (1991): Die Last der großen Hoffnung. Methodisches Handeln und Selbstkontrolle in sozialen Berufen. Weinheim und München.

Müller, Jürgen (2006): Sozialpädagogische Fachkräfte in der Heimerziehung - Job oder Profession? Kempten.

Niemeyer, Christian (2005): Professionalisierung von Erziehung. In: Wolfgang Schröer (Hrsg.): Handbuch Kinder- und Jugendhilfe. Studienausgabe. 1. Auflage, Weinheim, S. 1069.

Nieke, Wolfgang (2002): Kompetenz. In: Otto, Hans-Uwe/Rauschenbach, Thomas/Vogel, Peter (Hrsg.): Erziehungswissenschaft: Professionalität und Kompetenz. Opladen, S. 13-17.

Precht, Richard: Wer bin ich und wenn ja wie viele? München 2007.

Schneider, Sabine (2011): Das »Pestalozzi-Syndrom« als bleibende Herausforderung der Entwicklung einer sozialpädagogischen Identität. In: Thiersch, Hans/Treptow, Rainer (Hrsg.): Zur Identität der Sozialen Arbeit, Sonderheft 10. Lahnstein. Sell, Stefan: Können die das, was sie sollen und wollen? Die Erziehungshilfe und ihre Profession(en) zwischen Baum und Borke - I. In: EREV, 2/2011, S. 75-86.

Spiegel, Hiltrud von (2011): Methodisches Handeln in der Sozialen Arbeit. 4. Auflage, München.

Steinbacher, Elke (2011): Die Bedeutung der Qualifizierung von Fachkräften in der Jugendhilfe. In: Evangelische Jugendhilfe, 2/2011, S. 21-32. http://www.erev.de/dscontent/Publikationen-/?level=Evangelische_Jugendhilfe%2F2010, Zugriff 11.04.2013.

Thiersch, Hans (2011): Moral und Soziale Arbeit. In: Otto, Hans-Uwe/Thiersch, Hans/Grunwald, Klaus (Hrsg.): Handbuch Soziale Arbeit. Grundlagen der Sozialarbeit und Sozialpädagogik. 4. völlig neu bearbeitete Auflage, München.

Thiersch, Hans (2009): Lebensweltorientierte Soziale Arbeit. Aufgaben der Praxis im sozialen Wandel. 7. Auflage, Weinheim.

Treptow, Rainer (2011): Einleitung des Sonderhefts: Zur Identität der Sozialen Arbeit. Lahnstein, S. 1-4.

Treptow, Rainer (2011): Handlungskompetenz. In: Otto, Hans-Uwe/Thiersch, Hans/Grunwald, Klaus (Hrsg.): Handbuch Soziale Arbeit. Grundlagen der Sozialarbeit und Sozialpädagogik. 4. völlig neu bearbeitete Auflage, München, S. 601-608.

Weinert, Franz E. (2001): Vergleichende Leistungsmessung in Schulen - eine umstrittene Selbstverständlichkeit. In: Weinert, Franz E.(Hrsg.): Leistungsmessung in Schulen. Weinheim und Basel, S. 17-36.

Wigger, Annegret (2007): Was tun SozialpädagogInnen und was denken sie, was sie tun? Professionalisierung im Heimalltag. Opladen.

Christiane Schmieder

Heim und Herd forever? Eine Chronik des Eheleitbildes im Recht

Der Mann muß hinaus
Ins feindliche Leben,
Muß wirken und streben
Und pflanzen und schaffen,
Erlisten, erraffen,
Muß wetten und wagen,
Das Glück zu erjagen.
Da strömet herbei die unendliche Gabe,
Es füllt sich der Speicher mit köstlicher Habe,
Die Räume wachsen, es dehnt sich das Haus.
Und drinnen waltet
Die züchtige Hausfrau,
Die Mutter der Kinder,
Und herrschet weise
Im häuslichen Kreise.
(aus »Das Lied von der Glocke« Friedrich Schiller)

1. Einleitung

Der Deutsche Gesetzgeber ist angehalten, die tatsächliche Durchsetzung der Gleichberechtigung von Frauen und Männern zu fördern und auf die Beseitigung bestehender Nachteile hinzuwirken; nicht nur in der Gesellschaft, sondern auch in Ehe und Familie. Die Entscheidung, traditionelle Rollenmuster endgültig zu durchbrechen zugunsten tatsächlich gleichberechtigter Teilhabemöglichkeiten, fällt dem Gesetzgeber offenbar schwer. Die zugrunde liegenden rechtshistorischen Ursachen, die aktuelle inkonsistente Rechtslage sowie die gesellschaftliche Wirklichkeit sollen in diesem Beitrag erläutert werden.

2. Rechtsentwicklung

Das Bürgerliche Gesetzbuch 1900

Im Jahre 1900 trat das Bürgerliche Gesetzbuch in Kraft mit folgenden für das Eheleitbild relevanten Regelungen (RGBl. 1896: 426 f.).

§ 1354: *Dem Manne steht die Entscheidung in allen das gemeinschaftliche eheliche Leben betreffenden Angelegenheiten zu; ...* § 1356: *Die Frau ist ... berechtigt und verpflichtet, das gemeinschaftliche Hauswesen zu leiten ...*

§ 1358: *Hat sich die Frau einem Dritten gegenüber zu einer von ihr in Person zu bewirkenden Leistung verpflichtet, so kann der Mann das Rechtsverhältnis ohne Einhaltung einer Kündigungsfrist kündigen ...*

Damit wurden die für das damalige rechtliche Eheleitbild charakteristischen Merkmale verankert: das **Direktionsrecht** bzw. Letztentscheidungsrecht des Ehemannes (auch »Eheherrschaft, Duncker 2003: 373), denn es *»entspricht der natürlichen Ordnung des Verhältnisses, dass die Entscheidung in allen das gemeinschaftliche Leben betreffenden Angelegenheiten, ..., dem Mann als dem Haupte der Familie zusteht«* (Mugdan 1899: 1147); die Verpflichtung der Ehefrau zum **Führen des Haushaltes**, denn der deutschen Auffassung und Sitte gemäß ist die Frau nicht nur verpflichtet, sondern auch berechtigt, dem gemeinschaftlichen Hauswesen vorzustehen[1]; sowie das **Kündigungsrecht** des Ehemannes, wenn er mit einer durch die Ehefrau eingegangenen Verpflichtung nicht einverstanden war. Der Entwurf zu § 1358 BGB beruhte auf dem Grundsatz der damaligen eingeschränkten Geschäftsfähigkeit der Ehefrau (Mugdan 1899: 1147). Ausführliche Begründungen zum Entwurf dieser Vorschriften sind rar gesät. Auch in Lehrbüchern zum Familienrecht (z.B. Derneburg 1903) wird die Rollenverteilung kaum begründet. Man ging also von der naturgewollten Rollenverteilung aus und es gab keinen Grund, dies umfassend zu diskutieren.

a) Art. 3 Grundgesetz

Nach der Teilung Deutschlands trat mit dem Grundgesetz am 23. Mai 1949 Art. 3 Abs. 2 in Kraft (BGBl. 1949: 1): *»Männer und Frauen sind gleichberechtigt.«*

Damit wurde die folgende Formulierung des Art. 109 der Weimarer Reichsverfassung (RGBl. 1919: 1383) abgelöst: *»Männer und*

---

1 Dabei wurde die Leitung des Haushaltes durch die Ehefrau quasi als Beruf angesehen.

Frauen haben grundsätzlich dieselben staatsbürgerlichen Rechte und Pflichten«.

Selbstverständlich war dies allerdings nicht. Der Verabschiedung des Art. 3 Abs. 2 GG waren heftige Kontroversen vorausgegangen. U.a. wurde die schematische Gleichstellung der Geschlechter befürchtet. Nur Gleiches sollte gleich, Ungleiches aber entsprechend ungleich behandelt werden. Zudem erwartete man ein Rechtschaos, da zahlreiche Bestimmungen des BGB, u.a. das Kündigungsrecht des Ehemannes, verfassungswidrig würden (Müller-List 1996: 25).

Insbesondere der Rechtsanwältin und SPD-Abgeordneten *Elisabeth Selbert*[2] ist es zu verdanken, dass die Formulierung des Art. 3 Abs. 2 GG bereits 1949 Eingang im Grundgesetz fand. Sie brachte den Antrag auf die entsprechende Formulierung des Gleichberechtigungsgrundsatzes in den Parlamentarischen Rat ein, brachte andere weibliche Abgeordnete hinter sich und verstärkte den Druck auf die übrigen Abgeordneten, ihrem Antrag zuzustimmen (Müller-List 1996: 26). Aufgrund der drohenden Verfassungswidrigkeit zahlreicher familienrechtlicher Bestimmungen des BGB wurde eine Übergangsregelung verabschiedet. Art. 117 (BGBl. 1949: 1) sorgte dafür, dass dem Art. 3 Abs. 2 GG entgegenstehendes Recht in Kraft blieb, längstens jedoch bis zum 31. März 1953. Eine ähnlich gelagerte Debatte um die Auslegung des Gleichberechtigungsgrundsatzes hat es in der sowjetisch besetzten Zone nicht gegeben. Am 7. Oktober 1949 trat die Verfassung der DDR mit der Formulierung in Artikel 7 in Kraft: *»Mann und Frau sind gleichberechtigt. Alle Gesetze und Bestimmungen, die der Gleichberechtigung der Frau entgegenstehen, sind aufgehoben.«* (zitiert nach Helwig 1987: 146). Dieser ganzheitlich egalitären Auffassung lagen zwei wesentliche Motive zugrunde: zum einen die marxistisch-leninistische Ideologie, wonach zur Gleichberechtigung der Frau unbedingt deren wirtschaftliche Unabhängigkeit durch Erwerbsarbeit gehörte; zum anderen die Notwendigkeit, Frauen am Produktionsprozess zu beteiligen aufgrund massiven Arbeitskräftemangels (ausführlicher Schmieder 2011: 213).

---

2   *Elisabeth Selbert* gehört neben *Friederike Nadig, Helene Weber* und *Helene Wessel* zu einer der vier sogenannten Mütter des Grundgesetzes; Ein Glücksfall für die Demokratie - Die vier Mütter des Grundgesetzes, Landeszentrale für politische Bildung, 2009 (PDF).

b) Das Gleichberechtigungsgesetz 1957

1952 stieß der vorläufige Entwurf des Gleichberechtigungsgesetzes des Bundesjustizministeriums, der u.a. die Abschaffung des Letztentscheidungsrechts des Ehemannes sowie die der Haushaltsleitung durch die Ehefrau vorsah, in weiten Teilen der Politik und Kirche auf Ablehnung. Die folgenden Jahre wurde um die Auslegung des Gleichberechtigungsgrundsatzes gem. Art. 3 Abs. 2 GG gestritten und um die zivilrechtlichen Formulierungen gerungen (detailreiche Entstehungsgeschichte des Gleichberechtigungsgesetzes mit Zeittafel in Müller-List 1996: 37 ff.). Die in Art. 117 GG vorgesehene Frist für eine Gesetzesänderung bis zum 31. März 1953 konnte nicht eingehalten werden. Das Bundesverfassungsgericht entschied zwischenzeitlich, dass die Gleichberechtigung von Mann und Frau in Ehe und Familie auch ohne Gesetzesanpassung ab dem 1. April 1953 wirksam sei (BVerfGE 3: 225).

Es dauerte noch weitere 4 Jahre bis das Gesetz über die Gleichberechtigung von Mann und Frau auf dem Gebiete des bürgerlichen Rechts verkündet wurde (BGBl. 1957: 609). § 1354 BGB, der bislang das Entscheidungsrecht des Ehemannes in allen das gemeinschaftliche eheliche Leben betreffenden Angelegenheiten vorsah, sollte in dem Entwurf des Bundesjustizministeriums ursprünglich ersatzlos wegfallen. Die Mehrheit der Mitglieder des Bundestages war jedoch der Ansicht, *»dass in solchen Fällen ... im Hinblick auf Artikel 6 GG eine Entscheidungsbefugnis des Mannes nicht entbehrt werden könne.«* (BTDrs. 1/3802: 46). Folglich blieb § 1354 BGB mit der Formulierung bestehen, wenn sich die Ehegatten nicht einigten, der Mann nach wie vor das Letztentscheidungsrecht behielt, unter Berücksichtigung der Auffassung der Frau (BGBl. 1957: 609). § 1356 BGB wurde wie folgt geändert: *»Die Frau ist berechtigt, erwerbstätig zu sein, soweit dies mit ihren Pflichten in Ehe und Familie vereinbar ist.«* (Ebda.). Auf eine explizite Formulierung, die die Ehefrau berechtigte und verpflichtete, das Hauswesen zu leiten, wurde verzichtet, da sie sich bereits aus der *»Verpflichtung der Ehegatten zur ehelichen Lebensgemeinschaft sowie der natürlichen Aufgabentellung zwischen Mann und Frau in der Ehe«* ergebe (BTDrs. 1/3802: 46). Am Leitbild der Hausfrauenehe – das die Natur vorzugeben schien - wurde folglich weiter festgehalten. Auch die Abschaffung des Rechts des Mannes, ein Arbeitsverhältnis der Frau zu kündigen, änderte daran nichts.

Zwar gestand der Gesetzgeber nun der Ehefrau eine Selbstverantwortlichkeit dergestalt zu, dass sie auch das Recht haben müsse, erwerbstätig zu sein, machte jedoch sowohl im Gesetzestext wie auch in der Gesetzesbegründung deutlich, dass es Hauptaufgabe der Ehefrau sei, ihre Pflichten als Hausfrau und Mutter zu erfüllen (BTDrs. 1/3802: 46). Der Frau sei die Aufgabe der *»Selbsthingabe und Selbstverleugnung«* zugewiesen, ein Dienst an *»höheren Zielen«*: Fürsorge für Mann und Kinder (Franz-Josef Würmeling, erster Bundesfamilienminister, zitiert nach Beck-Gernsheim 2008: 26). In der außerhäuslichen Berufstätigkeit der Frau sah man grundsätzlich eine Gefährdung dieser Pflichten, weshalb sie explizit mit diesen vereinbar zu sein hatte. War sie das nicht, erlosch damit auch das Recht zur Erwerbstätigkeit.

Folglich blieb die weibliche Erwerbsquote in den Jahren nach Inkrafttreten des Gleichberechtigungsgesetzes auch konstant gering (Statistisches Bundesamt, Mikrozensus, Tabelle 12211-0001). Unmittelbare Auswirkungen auf die Erwerbstätigkeit verheirateter Frauen hatte das Gesetz somit nicht. Wenngleich rechtlich der Ehemann ein paar Rechte verlor und die Ehefrau einige dazugewann, blieb es doch gesellschaftlich beim status quo.

Die entgegengesetzte Entwicklung (insbesondere die Müttererwerbstätigkeit) in der DDR wurde als »erzwungenes Unheil angesehen, dem mit aller Kraft entgegenzuwirken sei« (Franz-Josef Würmeling a.a.O.).

c) Das 1. Eherechtsreformgesetz 1976

Das 1. Eherechtsreformgesetz vom 14. Juni 1976 führte dann - in Bezug auf das Eheleitbild in § 1356 BGB - zur Formulierung, die bis heute Bestand hat: *»(1) Die Ehegatten regeln die Haushaltsführung im gegenseitigen Einvernehmen. Ist die Haushaltsführung einem der Ehegatten überlassen, so leitet dieser den Haushalt in eigener Verantwortung. (2) Beide Ehegatten sind berechtigt, erwerbstätig zu sein. Bei der Wahl und Ausübung einer Erwerbstätigkeit haben sie auf die Belange des anderen Ehegatten und der Familie die gebotene Rücksicht zu nehmen.«* (BGBl. 1976: 1421)

Der Gesetzgeber begründete die Neuformulierung damit, dass die verbindliche Festlegung der Rollen von Mann und Frau in der Ehe nicht mehr mit dem Grundsatz der Gleichberechtigung zu vereinbaren sei (BTDrs. 7/650: 97). Da sich an der verfassungsrechtlichen Ausgestaltung des Gleichberechtigungsgrundsatzes in Art. 3 Abs. 2 GG nichts verändert hatte, kann dieser Umschwung nur auf eine geänderte gesellschaftliche Anschauung und veränderte wirtschaftliche Verhältnisse zurück zu führen sein.

Einen Beitrag dazu leistete auch die Frauenbewegung der 1960/70er Jahre. Im Rahmen dieser Protestbewegung machten Frauen in Westdeutschland vermehrt auf die Ungleichbehandlung und männliche Bevormundung aufmerksam und forderten Gleichberechtigung in allen gesellschaftlichen Bereichen. Vordergründig ging es darum, die Lebensverhältnisse von Frauen nicht länger zu privatisieren, sondern ein neues gesellschaftliches Bewusstsein dafür zu schaffen (Hertrampf 2008). In der Folge kam es zu verschiedenen Gesetzesänderungen. U.a. wurde der § 218 StGB, der einen Schwangerschaftsabbruch unter Strafe stellte, reformiert (BGBl. 1976: 1213).

Der Gesetzgeber sah die Hausfrauenehe aber nicht als abgeschafft an. Sie war nur nicht mehr das allein verbindliche Eheleitbild. Gleichwohl sollte sie aber keinesfalls zurück gedrängt werden, da sie für bestimmte Ehephasen – *»etwa dann, wenn Kleinkinder oder heranwachsende Kinder vorhanden sind«* – in besonderer Weise weiter ehegerecht sei. In dieser Phase habe die Ehefrau *»in verstärktem Maße auf die Belange der Familie Rücksicht zu nehmen«* (BTDrs. 7/650: 98). Die Betreuung von Kindern habe Vorrang vor jeder Berufstätigkeit der Mutter.[3] Damit wurden zwei Dinge manifestiert: die Hausfrauenehe als Eheleitbild, wenn Kinder da waren sowie ein Muttermythos, der sich bis heute hartnäckig in der Gesellschaft hält.

3. Neutrales Eheleitbild – widersprüchliche Gesetzgebung

Was steckt nun aber hinter dem gesetzgeberischen Eheleitbild? Hält sich der Staat hier heraus? Sollen die Eheleute selbst entscheiden ob sie Hausfrau/-mann, Zuverdiener oder Doppelverdiener sind? Wenn es so wäre, müsste der Gesetzgeber nicht auch die Rahmenbedingungen für eine echte Wahlfreiheit schaffen? Darf der Gesetzgeber am Ende doch noch bestimmte Lebensformen innerhalb der Ehe fördern?

Der Gesetzgeber ist hinsichtlich der Schaffung der Rahmenbedingungen für eine Wahlfreiheit inkonsequent. So wird in § 1570 BGB zunächst das Prinzip der Selbstverantwortung proklamiert. Seit 2008 ist der geschiedene Ehegatte nunmehr nur noch für in der Regel 3 Jahre

---

3   so zahlreiche Autoren_innen der juristischen Literatur nach Verabschiedung des 1. EheRG, nachzulesen in: Limbach 2011: 120.

nach Geburt des Kindes berechtigt, wegen Betreuung desselben Ehegattenunterhalt zu fordern. Hier scheint das Bild des alleinigen Familienernährers verschwunden zu sein. Vielmehr wird der Ehegatte (häufig wird es die Ehegattin sein) dazu angehalten, selbst für ihren Unterhalt zu sorgen.

Konsequent wäre gewesen, wenn der Gesetzgeber auch die weiteren Rahmenbedingungen dafür geschaffen hätte, die für die Erwirtschaftung des Unterhalts nötig sind – Kinderbetreuung. Es soll an dieser Stelle nicht detailliert auf die immer noch unzureichende Betreuungssituation vor allem in Westdeutschland eingegangen werden. Rechtlich besteht zwar ein Anspruch auf Kindertagesbetreuung für ein über 3jähriges Kind gem. § 24 Abs. 1 SGB VIII. Doch auf wie viele Stunden sich der Betreuungsanspruch erstreckt, lässt der Gesetzgeber bewusst offen. Noch prekärer ist die Betreuungssituation ab dem Schuleintritt des Kindes. Eine Vollzeiterwerbstätigkeit, die sicher für viele zum Bestreiten des Lebensunterhalts erforderlich ist, ist jedenfalls mit dem tatsächlichen Betreuungsangebot häufig nicht zu vereinbaren.

Dem Gebot der Selbstverantwortung und Unabhängigkeit stehen jedoch gesetzgeberische Anreize gegenüber, die weiterhin die Hausfrauenehe und damit die wirtschaftliche Abhängigkeit vom (Ehe-)Partner fördern. Sie bestehen im sogenannten Ehegattensplitting, das denjenigen Ehen Steuervorteile verschafft, in der ein Partner nichts oder deutlich weniger verdient; in der beitragsfreien Kranken- und Pflegeversicherung; in der Anrechnung von Kindererziehungszeiten bei der Rente; der Privilegierung des Familienernährers bei der Sozialauswahl im Kündigungsrecht und dem Betreuungsgeld. Letzteres wird ab dem ersten bis zum dritten Lebensjahr an die Familien gezahlt, die keine institutionelle Kinderbetreuung in Anspruch nehmen (BGBl. 2013: 254). Somit wird eine gewisse Verführungskraft traditioneller Rollenbilder erzeugt.

Über dieses Anreizsystem wurde in der Vergangenheit kritisch diskutiert. Einige Autoren ziehen diese Anreize sogar in den Blickpunkt der Verfassung und sehen darin einen Verstoß gegen das Gleichbehandlungsgebot gem. Art. 3 Abs. 2 GG, da es eine bestimmte Familienform besonders fördere, andere hingegen nicht (Schuler-Harms 2011: 129). Der Staat habe aber gem. Art. 6 Abs. 2 GG ein Neutralitätsgebot zu beachten, dass ihn verpflichte, sich in Ehe und Familie nicht einzumischen (Brosius-Gersdorf 2010: 84). Vor allem sei aber auch zur Durchsetzung der Gleichberechtigung gem. Art. 3 Abs. 2 GG eine folgerichtige Gesetzgebung erforderlich (BVerfGE 122: 210). Die Einführung des Elterngeldes war ein wichtiger Meilenstein auf dem Weg zu einer modernen Familienpolitik, die Kinder nicht länger als »Störfall in der Karriere« machen darf. Der Ausbau der Kindertagesbetreuung mit der geplanten Einführung des Betreuungsanspruches für Kinder unter 3 Jahren waren in der Konsequenz erforderlich, wenngleich 6 Jahre nach Einführung des Elterngeldes zu spät. Nur wenn der Gesetzgeber in dieser Konsequenz auch fortfährt kann es eine echte Wahlfreiheit und damit die Durchsetzung eines wirklich neutralen Eheleitbildes geben. Das Betreuungsgeld zählt jedoch nicht zu einer folgerichtigen Gesetzgebung (ausführlich Schmieder 2012: 90).

4. Neutrales Eheleitbild – gesellschaftliche Wirklichkeit

Doch auch die besten äußeren Rahmenbedingungen könnten nicht zu einem neutralen Eheleitbild und gleichberechtigter Teilhabe führen, wenn die Gesellschaft keinen Gebrauch davon macht. Der Modernisierungstrend der Familienpolitik wird nur dann anhalten (und Inkonsequenzen beseitigen), wenn er auch in der Gesellschaft gewollt und gelebt wird.

Im Jugend- und jungen Erwachsenenalter besteht eine hohe Gleichberechtigung der Geschlechter, die von den jungen Frauen und Männern u.a. durch den gleichberechtigten Bildungszugang auch so wahrgenommen wird. Frauen absolvieren in der Regel die besseren Bildungsabschlüsse und haben folglich beste Voraussetzungen für einen sich anschließenden beruflichen Werdegang. Doch sobald Kinder da sind, übernehmen Frauen in Paarbeziehungen den Hauptteil der Familien- und Hausarbeit und stellen berufliche Ambitionen teilweise oder komplett zurück (Gerhard 2008: 8). Der Mutterberuf wird zum Hauptberuf *»und hat höheren Wert als jeder Erwerbberuf. Und niemand kann zwei Hauptberufe gleichzeitig ausfüllen«* (Franz Josef Würmeling a.a.O.).

Diese Einstellung ist in Deutschland noch weit verbreitet. 43,9% der Frauen und 53,5% der Männer in Westdeutschland glauben nach wie vor, dass eine Berufstätigkeit der Mutter einem Kind, das noch nicht zur Schule geht, schade (ISSP 2002).

2010 waren nur etwa ein Drittel der Mütter mit Kindern unter 3 Jahren überhaupt erwerbstätig; zwei Drittel der Mütter mit Kindern über 3 Jahren; die meisten von ihnen in Teilzeit (Statistisches Bundesamt Mikrozensus). Ein Blick auf die Entwicklung der letzten 14 Jahre zeigt, dass der Anteil der erwerbstätigen Mütter mit Kindern unter 3 Jahren mit 5% nur minimal angestiegen ist. Die Erwerbstätigenquote von Müttern mit »Kindergartenkindern« ist mit 11% dagegen etwas mehr angestiegen. Ungebrochen ist jedoch der Trend zu Teilzeitarbeit. Diese hat in den letzten Jahren sogar weiter zugenommen, was u.a. auch auf die allgemeine Arbeitsmarktentwicklung zurückzuführen ist. Dafür spricht, dass diese Entwicklung geschlechterübergreifend stattfindet (Bundesagentur für Arbeit 2012: 9).

Ein modernes männliches Versorgermodell, die Zuverdienerehe hat damit das sogenannte Dreiphasenmodel – Beruf (Vollzeit) – Familiensorge – Wiedereinstieg in den Beruf (Teilzeit) hat die traditionelle Hausfrauenehe abgelöst (Allmendinger u.a. 2008: 23). Ein Ehegatte (überwiegend bleibt es der Ehemann) ist nach wie vor der Hauptversorger der Familie. Der Teilzeittrend ist dabei nicht nur auf äußere Rahmenbedingungen, wie mangelnde Betreuungsmöglichkeiten zurückzuführen, sondern häufig eine persönliche Entscheidung (ISSP 2002 zitiert nach Mühling u.a. 2006: 84). Fremdbetreuung, insbesondere Ganztagsbetreuung wird gesellschaftlich überwiegend mit Skepsis betrachtet.

Dabei birgt eine langfristige Teilzeittätigkeit erhebliche Risiken. Denn sie verringert Sozialleistungsansprüche, Karrierechancen und das Einkommensniveau (Allmendinger u.a. 2008: 23). Häufig führt die Rückkehr in eine Teilzeittätigkeit nach einer längeren Familienphase zu einer beruflichen Dequalifizierung durch die Übertragung weniger attraktiver Betätigungsfelder bzw. Verantwortung (Mühling u.a. 2006: 76). Frauen, die sich einmal für Teilzeitarbeit entschieden haben, gelingt die Rückkehr in einen Vollzeitjob häufig nicht (Allmendinger 2010: 140). Auch wenn die Teilzeittätigkeit für Frauen gegenüber Vollzeittätigkeit oder vollständiger Berufsaufgabe häufig die befriedigendste Alternative ist, Familie und Beruf zu vereinbaren (Mühling 2006: 75), bleibt es doch bei einer gewissen reaktionären Abhängigkeit vom Ehepartner, der den Familienunterhalt hauptsächlich absichert.

Solange die Ehe noch intakt ist, mag diese Tatsache nicht existenzbedrohend sein. Für den Fall der Trennung erhöht sich jedoch das Armutsrisiko für Frau und Kind erheblich. Dieses Risiko sollte in Zeiten steigender Scheidungsraten und instabiler Paarbeziehungen bei der

Entscheidung, wie die Rollen in der Ehe verteilt werden sollen, ganz unromantisch nicht vernachlässigt werden.

Tatsächlich schützt aber auch eine Doppelverdienerehe vor traditioneller Rollenverteilung nicht. Eine Zeitbudgetstudie des Statistischen Bundesamtes hat ergeben, dass Frauen generell mehr Zeit für Haushaltstätigkeiten wie Zubereitung von Mahlzeiten, Haus- und Wohnungsreinigung, Einkaufen oder Wäsche waschen investieren als ihr Partner. Mit der Geburt von Kindern und der damit steigenden Zahl von Haushaltstätigkeit erhöht sich jedoch lediglich der Zeitrahmen von Frauen für diese Tätigkeiten, während der des Mannes relativ konstant bleibt (Statistisches Bundesamt 2003: 25).

Diese Ergebnisse decken sich mit den Erfahrungen der ehemaligen DDR. Obwohl hier Vereinbarkeit von Familie und Beruf weitaus weniger schwierig und das Doppelverdienermodell an der Tagesordnung, vom Staat sogar gefordert, waren, so klagten doch die meisten Frauen über die ungleiche Verteilung der Hausarbeit. Nicht selten kamen zu einer Vollzeiterwerbstätigkeit noch bis zu 40 Stunden wöchentlicher Hausarbeit hinzu, weshalb im DDR-Sprachgebrauch deshalb auch von der »zweiten Schicht« der Frauen gesprochen wurde (Szepansky 1995: 12). Auch hier konnten trotz erleichterter Rahmenbedingungen zur Vereinbarkeit von Familie und Beruf und somit gleichberechtigter Teilhabe am Arbeitsmarkt traditionelle Rollenverteilungen innerhalb von Ehe und Partnerschaft nicht durchbrochen werden.

5. Fazit

Der Deutsche Gesetzgeber hat sich vergleichsweise lange Zeit gelassen, die Hausfrauenehe als eheliches Leitmotiv aus dem Bürgerlichen Gesetzbuch zu entfernen. Seit 1976 sollen die Ehepartner selbst entscheiden, wie sie die Aufgaben, die das gemeinsame Zusammenleben sowie die Familiengründung mit sich bringen, verteilen. Dem widerspricht es, dass die Hausfrauenehe und damit die wirtschaftliche Abhängigkeit vom Ehemann durch gewisse Anreize weiter gefördert wird. Überwiegend bleiben es die Frauen, die diese Anreize zum Anlass nehmen, Beruf und Erwerbstätigkeit zumindest vorübergehend aufzugeben. Das neue Unterhaltsrecht fordert wiederum ökonomische Unabhängigkeit – ein Widerspruch.

Mit der Einführung des Elterngeldes und dem Ausbau der Kindertagesbetreuung geht der Gesetzgeber zwei progressive Schritte auf dem Weg zur Vereinbarkeit von Familie und Beruf und damit der weiteren tatsächlichen Durchsetzung der Gleichberechtigung beider Geschlechter voran. Das Betreuungsgeld ist wieder ein Schritt zurück.

Der Gesetzgeber und letztlich auch die Gesellschaft kann sich offenbar nur schwer von traditioneller Rollenverteilung und konservativem Familienverständnis verabschieden. Doch wie viel Tradition wollen wir uns in Zukunft noch leisten? Der Staat investiert dreimal so viel Geld, um an alten Rollenmustern festzuhalten wie in die Förderung gleichberechtigter Rollenverteilung, obwohl er damit beide Geschlechter benachteiligt. Frauen, die verleitet werden, berufliche Erwerbs- und Entwicklungsmöglichkeiten aufzugeben. Männer, die die überwiegende ökonomische Verantwortung für die Familie zu tragen haben und dabei möglicherweise um familiäre Teilhabe gebracht werden.

Von traditionellen Rollenmustern, die eine gleichberechtigte Teilhabe verhindern, kann man sich jedoch nur lösen, wenn man sie nicht als gegeben annimmt. An dieser Stelle rückt auch die Soziale Arbeit in den Blickpunkt.

Die Vereinbarkeitsfrage ist immer noch im Wesentlichen ein individuelles Organisationsproblem der Familien. Es wird zuweilen das Argument vorgebracht, der Staat dürfe nicht die Hoheit über die Kinderbetten erlangen. Freilich sollen Familien gem. Art. 6 Abs. 2 des Grundgesetzes frei von jeglicher staatlicher Bevormundung bzgl. ihrer Erziehung sein. Das darf aber nicht dazu führen - und dazu hat es bereits geführt - dass die Erziehung von Kindern Privatsache bleibt, sondern Eltern hierbei hinreichend unterstützt werden.

Wie oben aufgezeigt, sind es immer noch weit überwiegend die Mütter, die sich die Vereinbarkeitsfrage stellen müssen. Damit rückt die Situation von Frauen wieder ins Private. Das stellt eine hohe Belastung dar, die auch der Unterstützung durch die Soziale Arbeit bedarf, nicht nur hinsichtlich der Beratung und Vermittlung von Betreuungsangeboten, sondern auch hinsichtlich der Ausgestaltung der Paar- und Familienbeziehung. Angesichts wachsender Instabilität von Paarbeziehungen sollten sich Frauen und Männer, Mütter und Väter gleichermaßen vor Augen führen, was eine Trennung vom/von der Partner_in bedeuten kann. Auch hier kann die Soziale Arbeit einen Beitrag leisten.

Die aktuelle Situation führt zu einer ungleichen Teilhabemöglichkeit von Frauen und Männern am Arbeitsmarkt und der Gesellschaft. Aufgabe der Sozialen Arbeit ist es insoweit, sich dafür stark zu machen, diese sozialen Ungleichheiten zu beseitigen. Schließlich bringen die aufgezeigten Verhältnisse auch eine seit Jahrzehnten sehr niedrige Geburtenrate in Deutschland mit sich, mit der wir im europäischen Vergleich den letzten Platz belegen. Reproduktion liegt jedoch im ureigenen Interesse jeder Gesellschaft. Das deutsche Sozialsystem ist auf Reproduktion angewiesen. Der demographische Wandel führt jedoch dazu, dass immer mehr alte Menschen immer weniger jungen Menschen gegenüber stehen. Auch das wird die Soziale Arbeit in Zukunft hinsichtlich des Anforderungsprofils verändern.

Literatur

Allmendinger, Jutta (2010): Verschenkte Potenziale? Lebensverläufe nicht erwerbstätiger Frauen. Frankfurt am Main. Allmendinger, Jutta/Leuze, Kathrin/Blanck, Jonna M. (2008) 50 Jahre Geschlechtergerechtigkeit und Arbeitsmarkt. In: APuZ, S. 18-25.

Beck-Gernsheim, Elisabeth (2008): Störfall Kind: Frauen in der Planungsfalle. In: APuZ, S. 26-30.

Brosius-Gersdorf, Frauke (2010): Betreuungsgeld: Barleistung für Alleinverdienerfamilien und Gutscheine für »Hartz IV-Familien«. In: ZRP, S. 84-86.Bundesagentur für Arbeit (Hrsg.) (2012): Arbeitsmarktberichterstattung: Der Arbeitsmarkt in Deutschland, Frauen und Männer am Arbeitsmarkt im Jahr 2011. Nürnberg.

Derneburg, Heinrich (1903): Das bürgerliche Recht des Deutschen Reichs und Preußens, 4. Band, Deutsches Familienrecht. Halle an der Saale.Diwell, Margret (2011): Verfassungsrecht und Chancengleichheit, DJBZ, S. 125-130.

Duncker, Arne (2003): Gleichheit und Ungleichheit in der Ehe. Köln.

Gerhard, Ute (2008): 50 Jahre Gleichberechtigung – eine Springprozession. In: APuZ, S. 3-10.

Helwig, Gisela (1987): Frau und Familie. Bundesrepublik Deutschland – DDR. Köln.

Hertrampf, Susanne (2008): Ein Tomatenwurf und seine Folgen, http://www.bpb.de/themen/E25KCE. html, Stand: 08.09.2008 (letzter Abruf: 06.03.2012).

Limbach, Jutta (2001): Mit Recht für Frauen: Ihre Beteiligung am Rechts- und Wirtschaftsleben ohne Rücksicht auf Herkunft und Geschlecht, DJBZ, S. 118-120.

Mühling, Tanja/Rost, Harald/Rupp, Marina/Schulz, Florian (2006): Kontinuität trotz Wandel. München.

Mugdan, Benno (Hrsg.) (1899): Die gesammten Materialien zum Bürgerlichen Gesetzbuch für das Deutsche Reich. Berlin.

Müller-List, Gabriele (1996): Gleichberechtigung als Verfassungsauftrag. Düsseldorf.

Schmieder, Christiane (2011): Familienpolitische Maßnahmen zur Vereinbarkeit von Beruf und Familie in der DDR. In: Schwendemann, Wilhelm/Puch, Hans-Joachim (Hrsg.), Evangelische Hochschulperspektiven, Band 7. Freiburg, S. 213-221.

Schmieder, Christiane (2012): Zwei Schritte vor einer zurück – Das Betreuungsgeld bremst den familienpolitischen Fortschritt. In: KiTa aktuell Recht, Heft 3, S. 90-92.

Schuler-Harms, Margarete (2011): Verfassungsrechtlich prekär: Expertise zur Einführung eines Betreuungsgeldes. Berlin.

Statistisches Bundesamt (Hrsg.) (2003): Wo bleibt die Zeit? Wiesbaden.Szepansky, Gerda (1995): Die stille Emanzipation – Frauen in der DDR. Frankfurt am Main.

Claudia Schulz

»Blessing the Poor« mit Good King Wenceslas. Oder: Von frommen Menschen, guten Taten und der Unmöglichkeit eines widerspruchsfreien diakonischen Konzepts

Wer sich wissenschaftlich und pädagogisch im Kontext von Kirche, Diakonie und Sozialer Arbeit bewegt, sollte sich ab und zu von den großen Geschichten der christlichen Nächstenliebe bewegen lassen und sich auf der Suche nach klaren Begründungen und Konzeptionen für das Hilfehandeln auf die Vielfalt möglicher Deutungshorizonte einlassen. Der barmherzige Samariter bietet sich hier an – einer, der nicht auf die Herkunft sah und sich vor Schmutz und einem finanziellen Verlust nicht fürchtete. Aber ganz gleich, welche Geschichte diesen Zugang zum christlichen Helfen aufschlüsseln oder begründen soll: Immer wieder zeigt sich eine gewisse Aporie, daraus ein für die aktuelle Zeit schlüssiges Konzept tätiger Nächstenliebe zu entwickeln. Dabei geraten üblicherweise Begründungsmuster und Hilfelogiken miteinander in Konflikt, was in der Theorieentwicklung ebenso viele Probleme bereitet wie in der Praxis und der kirchlich getragenen Ausbildung von Professionellen. Es gibt keinen Königsweg, sondern nur einen realistischen Überblick über die Aporien der Suche nach einem widerspruchsfreien Konzept, an dem Christinnen und Christen sich im Umgang mit der Bedürftigkeit ihrer Mitmenschen orientieren können. Dass und warum kirchliche Konzepte der Nächstenliebe mit der Entwicklung des Christentums, vor allem in einem Sozialstaat, unmöglich geworden sind, soll hier im Mittelpunkt stehen, ausgehend von einer Legende, die vom christlichen Interesse an der guten Tat erzählt.

Seit vielen Jahren sind die verschiedenen Begründungen und Konzeptionen des staatlichen und zivilgesellschaftlichen sozialen Handelns immer stärker in den Fokus des Interesses gerückt. Wer sich in Sozialer Arbeit oder Diakoniewissenschaft engagiert, erlebt solche Debatten in großer Zahl. Ebenso stehen die Bedeutung der Diakonie als Bestandteil kirchlichen Lebens und die Frage, in welchem Verhältnis sich Diakonie und Kirche miteinander sinnvollerweise bewegen sollten, zur Diskussion.[1] In der Praxis ist so manches Mal nicht klar entschieden, welche Rolle die Taten der christlichen Nächstenliebe für die Kirchen tatsächlich spielen sollen oder dürfen, wie wichtig also die Zuwendung zu Bedürftigen, das Engagement für Inklusion oder auch nur die Sensibilität für soziale Unterschiede sind, wo kirchliche Verantwortliche die breite Handlungspalette vom Gottesdienst bis hin zur kirchlichen Bildungsarbeit »bespielen« wollen.

Fachleute der Diakoniewissenschaft beklagen, dass das diakonische Engagement in den Gemeinden allzu häufig nur eine Nebenrolle spielt und eine entsprechend große Unsicherheit darüber besteht, wie ein solches Engagement einschließlich der dafür notwendigen Motivation der Gemeindemitglieder und der fachlichen Grundlagen zu verstärken wäre.[2] Umgekehrt herrscht unter Kirchenmitgliedern und selbst in den leitenden Gremien der Kirche eine große Unsicherheit darüber, wo und in welcher Form das helfende Handeln von Christinnen und Christen tatsächlich im Mittelpunkt kirchlicher Aktivitäten steht oder stehen müsste. Denn vielfach handeln die Kirchen ganz schlicht in Form diakonischer Einrichtungen.[3] Fachleute haben längst spezifische Hilfen etwa für Menschen mit Hilfebedarfen im körperlichen oder seelischen Bereich entwickelt, die sich seit der zweiten Hälfte des 19. Jahrhunderts auch räumlich vielfach von Kirchengemeinden entfernt haben oder schlicht in einer völlig anderen Logik als der einer Kirchengemeinde funktionierten. In Kirchengemeinden gibt es in der Regel kaum ein Bewusstsein dafür, dass diakonische Werke in der Region oder auch diakonische Bezirksstellen mit Beratungsangeboten auf Landkreisebe-

---

1   Dies geschieht bis hin zu einer Auseinandersetzung über sinnvolle verbandliche oder frei-gewerbliche Strukturen diakonischer Arbeit. Vgl. beispielhaft Eurich 2005.

2   Mit dieser Problematik setzen sich zahlreiche Fachleute aus Theologie und Sozialethik auseinander, paradigmatisch Huster 2010, v.a. 400-402. Die Diakonie enthält sich in ihren Handreichungen der Schelte für die Kirche und ihre Gemeinden, jedoch sind hier zu Beginn des 21. Jahrhunderts zahlreiche Veröffentlichungen erstellt worden mit dem Ziel, Gemeinden und kirchliche Gremien zu einer erhöhten Aufmerksamkeit für die soziale Problematik zu sensibilisieren und zu vermehrtem Engagement anzuregen. Vgl. etwa Diakonisches Werk der Evangelisch-lutherischen Landeskirche Hannovers e.V. 2006, Grosse 2007 oder Diakonisches Werk Württemberg 2010.

3   Damit ist auch die Unterscheidung von Kirchengemeinden und diakonischen Einrichtungen zuweilen wenig trennscharf und in diesem Beitrag nicht weiter bearbeitet.

ne Funktionen der Kirchengemeinde übernommen haben und darin mit dem Anspruch auftreten, stellvertretend für diese ihre Arbeit zu leisten.[4]

So ist das Verhältnis der guten Taten frommer Menschen zur allgemeinen Sozialen Arbeit in der Gesellschaft unübersichtlich geworden, weil spontanes und professionelles Helfen, privates und organisational gebundenes Helfen, voraussetzungsloses und kommerzielles Helfen sowie weltanschaulich und säkular verstandenes Helfen in der Regel sehr dicht beieinander zu finden sind, sich manchmal gegenseitig durchdringen und beeinflussen. Um dieses Dickicht zumindest so weit zu lichten, dass die dahinterstehenden Aporien des heutigen christlichen Helfens deutlich werden können, wähle ich den Weg einer (multiperspektivischen?) Deutung der Legende eines Regenten, der der Überlieferung zufolge vom christlichen Glauben und der Not der Menschen bewegt war: die Legende des Herzogs Wenzel, der im englischsprachigen Raum als »Good King Wenceslas« bekannt geworden ist. In dieser Geschichte und vor allem im Versuch, sie für die Gegenwart nutzbar zu machen, zeigen sich am Beispiel der Armutsproblematik die Unmöglichkeit eines in sich stimmigen christlichen Hilfehandelns in der Gegenwart ebenso wie die Chancen für eine Inspiration derjenigen, die sich um soziale Gerechtigkeit mühen. Nach dem Liedtext im englischen Original und einer knappen Nacherzählung differenziere ich die unterschiedlichen Hilfelogiken, die sich mit der Rezeption der Geschichte und im Versuch, das heute vorfindliche Helfen mit ihr zu erschließen, ergeben.

Good Kind Wenceslas[5]

Good King Wenceslas looked out on the Feast of Stephen,
When the snow lay round about, deep and crisp and even.
Brightly shone the moon that night, though the frost was cruel,
When a poor man came in sight, gathering winter fuel.
«Hither, page, and stand by me, if you know it, telling,
Yonder peasant, who is he? Where and what his dwelling?«

---

4 Wiederum wird in vielen diakonischen Einrichtungen ebenso erst in den vergangenen Jahren wieder neu das Bewusstsein gestärkt, ein Teil der Kirche zu sein und sich in einem Feld des kirchlichen Handelns zu bewegen.
5 Traditionell überliefert, hier zitiert nach Englander/Richardson 1991: 30 f.

«Sire, he lives a good league hence, underneath the mountain,
Right against the forest fence, by Saint Agnes› fountain.«
»Bring me flesh and bring me wine, bring me pine logs hither,
You and I will see him dine, when we bear them thither.«
Page and monarch, forth they went, forth they went together,
Through the cold wind›s wild lament and the bitter weather.
«Sire, the night is darker now, and the wind blows stronger,
Fails my heart, I know not how; I can go no longer.«
«Mark my footsteps, good my page, tread thou in them boldly,
You shall find the winter›s rage freeze your blood less coldly.«
In his master›s steps he trod, where the snow lay dinted;
Heat was in the very sod which the saint had printed.
Therefore, Christian men, be sure, wealth or rank possessing,
Ye who now will bless the poor shall yourselves find blessing.

1. Good King Wenceslas und die Grundmotive christlichen Helfens

Die Geschichte vom »guten König Wenzel« geht zurück auf Legen-
den über den Herzog Wenzel von Böhmen, der in den 20er-Jahren des
10. Jh. n. Chr., bis ins Jahr 929 oder 935 regierte (Madey 2000).[6] Sie
ist im europäischen Raum tradiert und im 19. Jahrhundert von John Ma-
son Neale, einem anglikanischen, diakonisch engagierten Theologen und
Liederdichter, mit einer aus Skandinavien stammenden Melodie zu einem
berühmten Lied gestaltet worden.[7] Der Überlieferung zufolge hatte sich das
Geschehen, von dem die Geschichte des als Märtyrer und tschechischer
Nationalheiliger verehrten und später heiliggesprochenen Herzog Wenzel
von Böhmen berichtet, am Stephanstag zugetragen. An diesem Tag stehen
(vor allem) in der katholischen Kirche in der Nachfolge des Stephanus in
der Jerusalemer Urgemeinde, die Armen und Bedürftigen im Mittelpunkt.
Um sie kümmerte sich nach biblischer Überlieferung Stephanus als einer

---

6   An dieser Stelle steht die Tradition und volkstümliche Interpretation der Legende
    im Vordergrund, weshalb ich für diesen Beitrag den Liedtext, nicht die ursprüng-
    liche Heiligenlegende in ihren verschiedenen Überlieferungsformen als Grund-
    lage wähle.

7   Von Neale stammt beispielsweise auch das Lied »O come, O come, Emmanuel«, das
    in deutscher Fassung im Evangelischen Gesangbuch aufgenommen ist (Lied 19,
    übersetzt von Otmar Schulz).

der sieben Diakone und Verkündiger des Evangeliums von Jesus Christus (Apg 6,1-7). Weil der Stephanstag traditionell in der katholischen Kirche am 26. Dezember begangen wird, wurde das Lied zu einem beliebten Weihnachtslied und fand auf diese Weise seit dem 19. Jahrhundert Eingang in wichtige gängige Liederbücher des englischen Sprachraums.

König Wenzel, wie er im Lied genannt wird, schaut der Legende zufolge am Stephanstag abends aus dem Fenster seines Palastes und nimmt wahr, wie ein armer Mann im Schnee nach Brennholz sucht. Der König ruft nach seinem Pagen und erkundigt sich nach diesem Mann. Der Page weiß, dass er ein Bauer ist, der einige Meilen vom Königspalast entfernt am Fuß des Gebirges lebt. Der König befiehlt, Fleisch und Wein sowie Brennholz zu bringen und macht sich mit seinem Knappen auf den Weg zu dem armen Mann und seiner Familie. Die beiden wandern durch Eis und Schnee, der Wind erschwert ihnen den Weg. Nach einiger Zeit verlassen den Pagen die Kräfte. Aber König Wenzel rät seinem Pagen, unmittelbar hinter ihm zu gehen und in seine Fußstapfen zu treten. Als der Page diesen Rat befolgt, gewinnt er auf wundersame Weise neue Kraft, Wärme scheint ihm von den Spuren des Königs auszugehen. So hilft der König, der Heilige, seinem Pagen auf dem Weg, wodurch der Page nun dazu beitragen kann, den Armen Essen und Brennholz zukommen zu lassen.

Die Geschichte ist zur Heiligenlegende geworden, indem sich der Kreis an dieser Stelle schließt: Nicht nur die Armen kommen in den Genuss der Hilfe, sondern auch der Page, wie es das Lied umschreibt: »Heat was in the very sod which the saint had printed«.[8] Wärme mitten in der kalten Winternacht wird schließlich zum Sinnbild für einen Kreislauf der Zuwendung, der für die Glaubenden zugleich die Zuwendung Gottes bedeutet: »Therefore, Christian men, be sure (...): Ye who now will bless the poor shall yourselves find blessing.«[9] Entscheidend ist an dieser Figur, dass hier nicht die Zuwendung zum armen Menschen zur Bedingung oder zum Wirkfaktor dafür wird, selbst von Gott gesegnet zu werden. Vielmehr steht der Prozess der Zuwendung, der Weg zum Armen im Mittelpunkt: Wer ihn geht, so die Pointe der Geschichte, erfährt unterwegs selbst auf wundersame Weise Hilfe, hier: Segen von Gott.

---

8   Zitate des von Neale gedichteten englischen Liedes (s.o.), dt.: Wärme war im Boden, in dem der Heilige seine Spuren hinterlassen hatte.

9   Dt.: Darum, Christen, seid gewiss (...): Ihr, die ihr nun die Armen segnet, sollt selbst gesegnet sein.

Dafür changiert hier das Bild vom König und seinem Pagen: Wo es zuerst scheint, als brauchte der König seinen Pagen, um die grobe Arbeit zu verrichten und die Gaben zu transportieren, wird bald klar, dass der Page selbst erheblich beschenkt wird, indem er Anleitung zum Helfen erfährt und schließlich noch die überwältigende Erfahrung macht, dass sich gegen die Natur eigene Kräfte mehren und Wege durch den Schnee wärmen können.

Wo nun, in welchem Stadium der Überlieferung dieser Legende auch immer, diese Erfahrung als Segen interpretiert ist und der beschriebene Prozess in den Deutungskontext der christlichen Nächstenliebe gerückt wurde, lassen sich Grundfiguren christlichen Hilfehandelns an der Geschichte ablesen: Zunächst schaut der König genau hin und nimmt den Armen wahr. Das ist nach alltäglicher Erfahrung sowie nach biblischer Überlieferung durchaus nicht selbstverständlich, und über die Geschichte des armen Lazarus (Lk 16,19-31) hat das Wahrnehmen als Grundelement christlicher Nächstenliebe Eingang in den christlich-sozialkritischen Diskurs gefunden.[10] Von Armut betroffene Menschen müssen als solche und mitsamt ihrem Lebenskontext überhaupt erst einmal wahrgenommen werden, sonst kann keine wirksame Hilfe stattfinden.[11] Außerdem findet sich das Helfen hier nicht in Form eines schlichten Almosens – der König hätte dem Armen ja auch schlicht ein Lebensmittelpaket schenken oder einen Sack Brennholz liefern lassen können. Vielmehr macht der König sich selbst auf den Weg, und der gemeinsame Weg zum Armen wird zum wesentlichen Teil des Geschehens –»forth they went together«. Darüber hinaus nimmt auf diese Weise der König die Armut nicht nur von Ferne, sondern in der persönlichen Begegnung in den Blick. Die Tradition hat sich diese Begegnung ausgemalt und sie darin zu einem zentralen Moment in der Geschichte erhoben. So ist im Bilderbuch »Stephen's Feast« (Englander/Richardson 1991) der König zu sehen, wie er unerkannt inmitten der großen Familie in der Holzhütte sitzt, fröhlich am Leben der Armen

---

10 In dieser Geschichte findet sich ein reicher Mann, der sich Zeit seines Lebens nicht um die Armen vor seiner Haustür gesorgt hatte, in der Hölle wieder und bittet Abraham, seine noch lebenden Brüder auf den »nahe liegenden« Hilfebedarf aufmerksam zu machen. Für den Diskurs um die Wahrnehmung von Armut vgl. Schulz 2010.

11 Diese Einsicht berücksichtigen kirchliche Anleitungen zur Gemeindediakonie und schalten eine Bestandsaufnahme der Planung von Hilfeleistung voraus; vgl. Diakonisches Werk Württemberg 2010: 35.

teilhat, mit ihnen zu Tisch sitzt und dabei kleine Kinder auf dem Schoß hält.[12] So gerinnt die spontane gute Tat des Königs zu einem Gemeinschaftserlebnis, in dem der Page des Königs und der älteste Sohn des armen Bauern zu Freunden werden. Dass der arme Mann und seine Familie diesen Besuch des Königs als ein freudiges Ereignis bewerten, setzt die Legende voraus.

König Wenzel im Kreis der armen Familie[13]

2.   Hilfelogiken und die Dilemmata des christlichen Helfens

Viele Dilemmata der Kirchen in Deutschland und ihrer Diakonie oder Caritas im Umgang mit der Armut und vor allem mit den von Armut betroffenen Menschen finden sich nun auf einen Blick in der Geschichte vom guten König Wenzel. Oder anders ausgedrückt: Wollte man jemandem erzählen, warum es aktuell höchst schwierig oder auch ganz unmöglich ist, stimmige Konzepte des christlichen Helfens (nicht nur in Armutsfragen) im Kontext des bundesdeutschen sozialstaatlichen Gefüges zu entwickeln, dann nützt es, diese Geschichte zu betrachten. Einige solcher Dilemmata entfalte ich, auch in ihrer Dynamik für Hilfeprozesse, anhand der Rollenmuster und Hilfelogiken, die sich in der Geschichte finden.

---

12   Die deutsche Fassung des Bilderbuchs erschien unter dem Titel »König Wenzel und sein Page« (Englander/Richardson 1991). Die folgende Abbildung zeigt die Szene.
13   Quelle: Englander/Richardson 1991: 25.

Zunächst stellt sich die Frage: Wer ist zuständig für den armen Brennholz-Sammler und seine Familie? Wer ist dafür verantwortlich, dass diese Menschen im kalten Winter noch Feuerholz und ausreichend Lebensmittel haben? In der vormodernen Zeit, konkret in der Zeit vor der Erfindung der verschiedenen europäischen Sozialstaatsmodelle, ist die Antwort klar: Niemand außer der Familie selbst trägt hier die Verantwortung. Die kleinste soziale Einheit der Gesellschaft muss sich selbst tragen. Helfen sich die Mitglieder dieser sozialen Einheit, dann geschieht dies in der Logik einer familialen Hilfe auf Gegenseitigkeit.[14] Die Beteiligten gehen dabei grundsätzlich davon aus, dass es hier kontinuierliche Wechselbeziehungen gibt, dass also alle irgendwann in den Genuss einer Zuwendung kommen, als Kinder, als unterstützungsbedürftige Eltern oder als ältere und weniger leistungsstarke Mitglieder der Familie oder des engen sozialen Netzwerks. Im quasi-familiären, nachbarschaftlichen Nahraum findet sich diese Hilfelogik ebenso im gegenseitigen Blumengießen oder in kleinen Besorgungen im Krankheitsfall.

Wenn nun das System als Ganzes nicht mehr leistungsfähig ist, so wie die Familie des Brennholz-Sammlers im tiefen Winter, dann tritt eine Situation der existenziellen Bedrohung ein, für die eine andere Hilfelogik notwendig wird. Sie tritt in der Person des guten Königs Wenzel zutage: Königliche Pflicht, also eine nicht gesetzlich verankerte Pflicht – oder: eine Christenpflicht – ist es, in der Position des Herrschers dort eine gewisse Verantwortung zu übernehmen, wo existenziell bedrohliche Not herrscht. In dieser Logik der Hilfe aus Glaubens- oder Gewissensgründen[15] spielt eine mögliche Gegenseitigkeit keine Rolle. Es wird keine Gegenleistung erwartet, und die Helfenden gehen bei ihrem Handeln in der Regel nicht davon aus, einmal in die Rolle der Bedürftigen zu geraten. Solche Hilfe kann in der persönlichen Begegnung stattfinden. Dass hier jedoch wegen der nicht erwarteten Gegenseitigkeit ein starkes Gefälle entsteht, wirkt einerseits motivierend zum Hilfehandeln (»Reichtum verpflichtet«),[16] andererseits empfinden viele

---

14   Diese Hilfelogiken beschreibt Eberhard Hauschildt ausgehend von der Analyse Niklas Luhmanns als »Kulturen des Helfens« (2008: 51 f.).

15   Hauschildt 2008: 52 f. In dieser Hilfelogik bekommt die Religion eine wichtige Rolle: Sie gleicht aus, was durch die Hilfe an Ungleichgewicht entsteht, und begründet die Notwendigkeit, den Armen zu helfen, mit dem Gotteslohn – alternativ mit der Denkfigur, dass im Armen Christus selbst zu erkennen ist.

16   Diese Hilfelogik entspricht darin der grundsätzlichen Logik der mittelalterlichen Ständegesellschaft. Das heute an dieser Stelle empfundene Gefälle wurde im da-

Menschen eine solche Hilfe »von oben nach unten« als belastend, wenn sie im direkten Kontakt als Gebende auftreten müssen. So erfolgt die Hilfe in dieser Logik oft indirekt, als Spende.

Und diese Hilfe aus Glaubens- oder Gewissensgründen erfolgt ebenso häufig – wenn auch nicht immer – punktuell. König Wenzel ist ein »Feiertagshelfer«, er tut einmalig Gutes, wie es als »Brot für die Welt«-Spende zu Weihnachten vertraut ist. Das punktuelle Helfen ist grundsätzlich nicht defizitär – die einmalige oder regelmäßige, aber in großen zeitlichen Abständen erfolgende Großtat ist ein wichtiger Bestandteil des religiösen Helfens, in der jüdisch-christlichen Tradition ebenso wie etwa im Islam, wo zu hohen Festen oder im Rahmen der religiösen Pflichtabgaben Nahrungsmittel oder Geldbeträge in zuweilen erheblichem Umfang gegeben werden. Hier geht es deshalb (in der Regel) gerade nicht um eine kontinuierliche Existenzsicherung, um eine dauerhafte Überwindung der Armut in Form eines nachhaltigen Ausgleichs zwischen Arm und Reich. Dem König Wenzel wäre eine dauerhafte Existenzsicherung für die arme Familie ein Leichtes gewesen. Hier geht es aber um das mildtätige Vermeiden der totalen Katastrophe und vor allem um das Prinzip »Helfen bringt Segen«.

Der Vollständigkeit halber: Im Modus der Hilfe aus Glaubens- und Gewissensgründen ist mit der indirekten Hilfe (Spende) nun auch das anonyme Helfen möglich. Das erleichtert einerseits den Helfenden die Zuwendung, wenn sie nicht in Erscheinung treten möchten. Das erspart diesen Helfenden jedoch ebenso die Begegnung mit den Empfängerinnen und Empfängern der Hilfe, was ein zusätzlicher Anreiz zum Spenden sein mag. Außerdem ist mit dieser Hilfeform, indem beim indirekten Helfen die Rolle der Ausführenden vakant geworden ist, der erste Schritt hin zu einer Professionalisierung der Hilfe getan: Es braucht Menschen, die über ausreichend Kenntnisse des theoriegeleiteten und methodenbasierten Helfens verfügen, damit die Gaben wirksam eingesetzt werden können.

Seit dem ausgehenden 19. Jahrhundert bis hin zur Gegenwart ist eine weitere Hilfelogik prägend geworden, nämlich die Hilfe, die durch

---

maligen Verständnis dadurch ausgeglichen, dass die Armen theologisch als Lieblinge Gottes galten und durch ihren geistlichen Verdienst des Lebens in Armut erstens im Jenseits einen Vorteil zugesprochen bekamen und zweitens fürbittend bei Gott für die wohltätigen Reichen eintreten konnten; vgl. Haslinger 2009: 55-59. Dieser Logik entspricht die Pointe der Geschichte, nach der die Hilfe den Helfenden zum Segen wird.

den Rechtsanspruch der Bedürftigen motiviert ist (Hauschildt 2008: 53). An dieser Stelle geraten sowohl die enge Gemeinschaft (Familie/Nachbarschaft/Netzwerk) als auch die Nächstenliebe aus dem Fokus. Hier ist es nun unerheblich, ob jemand Mitleid empfindet mit einer Familie, die im Winter ihre Wohnung nicht ausreichend beheizen kann, oder ob jemand bereit ist, sich um deren existenzielle Nöte zu kümmern. Es ist auch nicht mehr nötig, dass die Bedürftigen als »würdige Arme« den Spenderinnen und Spendern plausibel darlegen, dass sie schuldlos in Not geraten sind oder selbst viel Initiative zeigen, ihre Situation zu überwinden.[17] Der Sozialstaat und seine Sozialgerichte schützen dieses Recht auf eine gesicherte Existenz – zumindest in der Theorie – und arme Menschen haben das Recht, ihr Geld in große Flachbildschirme, in Alkohol und Zigaretten umzusetzen, wenn ihnen das sinnvoll scheint. In dieser Hilfelogik erhalten nun die professionellen Helferinnen und Helfer ihren festen Platz. Hier wird aus dieser Art des professionellen Helfens ein eigener Wirtschaftszweig – der paradoxerweise heute den größten Anteil hat an der institutionalisierten christlichen Nächstenliebe der Evangelischen Kirche, der Diakonie.

Die Umsetzung dieser Hilfelogik hat der Kirche und ihrer Diakonie das heute zentrale Dilemma beschert: Indem diakonische Einrichtungen als Akteure auf dem Sozialmarkt auftreten und mit staatlichen Mitteln eine soziale Grundversorgung bieten, auf die nun ein Rechtsanspruch besteht, haben sie als diejenigen, die christliche Nächstenliebe üben, streng genommen vor allem staatliche Aufgaben übernommen. Dieser Grundversorgung nun ein diakonisches Profil zu geben und sie vor allem als zwischenmenschliche Hilfe zu verstehen, ist sicherlich im individuellen Fall möglich, in der strukturellen Anlage jedoch eine wahre Herausforderung. Betrachtet man jedoch nicht nur die strukturelle Anlage der Hilfe im deutschen Sozialstaat, sondern analysiert man, wie es das Anliegen dieses Beitrags ist, die Verwobenheit der von Individuen gelebten christlichen Nächstenliebe mit dem Gesamtkomplex der aktuell wirksamen Hilfelogiken, so zeigen sich weitere Paradoxien, die ich im Folgenden entschlüsseln möchte.

---

17 Zugleich bauen neue Konzepte, etwa die Umgestaltung der deutschen Sozialgesetzgebung zu Anfang des 21. Jahrhunderts mit ihrem Grundsatz des »Fördern und Fordern«, auf eine Selbstrechtfertigung bedürftiger Menschen als Gegenmodell zum unbedingten Recht auf Existenzsicherung.

3. Paradoxien gegenwärtigen christlichen Helfens

Hiermit ist nun der Kreis geschlossen und der Boden bereitet, um die Paradoxie des christlichen Helfens zu verstehen: Der gute König Wenzel hilft auf spontan-persönliche, quasi familiäre Weise, er begegnet den betroffenen Menschen und isst mit ihnen. Aus Helfenden und Hilfe Empfangenden werden Freundinnen und Freunde. Ausdrücklich ist in der Legende – geradezu als Bestandteil des Heiligen, das die Erzählung vermitteln soll – das soziale Gefälle zwischen König und Bauer ausgeblendet. Zugleich hilft Wenzel (gemäß der Tradierung der Heiligenlegende) als Christ aus einem Impuls der Nächstenliebe heraus, er nimmt die Armen wahr, fragt nach ihnen und gibt ihnen von seinem Reichtum etwas ab, ohne auf eine Wechselbeziehung zu hoffen. In der Interpretation der Geschichte durch die Jahrhunderte lässt sich aus ihr herauslesen, dass Wenzel um die Chance der Nächstenliebe auch für sein eigenes Seelenheil weiß – oder modern gedacht so etwas wie einen ungeschriebenen Rechtsanspruch der Bedürftigen auf die Hilfe ihres Landesherrn in der Notsituation erkennt und akzeptiert.

Auch wenn die beschriebenen Hilfelogiken sich in historischer Abfolge entfaltet haben, sind sie im deutschen Sozialsystem bis heute alle weiterhin präsent (Luhmann 1973: 37-43). Zu beachten ist heute jedoch das System von Vor- und Nachrangigkeiten, danach ist der gegenwärtige Umgang mit einer notleidenden Familie primär derjenige, in dem diese Familie gemäß ihrem Rechtsanspruch nach SGB II oder SGB XII Hilfe erhält. Für den Lebensunterhalt und ebenso für alle Hilfen, die eine Teilhabe am gesellschaftlichen Leben fördern, tragen staatliche Institutionen die Verantwortung.

Die Verwirrung entsteht nun dort, wo professionell helfende Menschen die Hilfe ermöglichen, in Sozialämtern oder Beratungsstellen, in kirchlichen oder nicht konfessionell gebundenen Organisationen. Frage ich Studierende der Sozialen Arbeit oder der Diakoniewissenschaft nach ihren Motiven für ihre Studienwahl, so steht die »Arbeit mit Menschen« und »für Menschen« im Vordergrund. Dass jemand hier angetreten wäre, um sich zentral um die sachgemäße Umsetzung eines Rechtsanspruchs zu kümmern, ist zumindest mir noch nicht zu Ohren gekommen.[18] Den (zukünftigen wie gegenwärtigen) Professionellen

---

18 So bietet es einen wichtigen fachlichen Impuls, wenn Hans-Ulrich Weth sich im Sommer 2013 nach langer Lehrtätigkeit an der Evangelischen Hochschule Lud-

geht es um die Menschen und ihre Bedürfnisse, um die Wahrnehmung des Alltagslebens und oft auch um eine Nähe, mit der so manches Hilfehandeln erst möglich wird, etwa indem Vertrauen aufgebaut wird und Spannungen ausgehalten werden können. Manche Studierenden verweisen hier nun wiederum auf explizit religiöse Motivationen, andere auf säkular formulierte, humanistische Motive, die über das Gefühl der Mitverantwortung oder Verweise auf Menschenwürde und Menschenrecht in den Bereich des weltanschaulich geprägten Helfens gezählt werden mögen.

Auch im Bereich der Evangelischen Kirche ist die Nächstenliebe und mit ihr die Hilfelogik des Glaubens- oder Gewissensgrundes enorm prägend. Der zentrale Impuls ist auch hier das Geben, die biblisch fundierte »Option für die Armen«[19] und die liebevolle Zuwendung, beispielsweise als implizite Kommunikation des Evangeliums, nicht das Sichern eines Rechtsanspruchs. In vielen Fällen bekommt, vor allem dort, wo Ehrenamtliche tätig werden, die Zuwendung etwas sehr Persönliches, und es werden bewusst quasi-familiäre Settings gewählt wie Vesperkirchen oder Mittagstische, wo das gemeinsame Leben zur Grundform der Hilfe wird. Kompliziert wird es dort, wo diese Taten der christlichen Nächstenliebe eine Doppelstruktur bilden zu dem, was bereits durch den Rechtsanspruch der Betroffenen abgedeckt ist. Wo Tafeln für Bedürftige verbilligte Lebensmittel zur Verfügung stellen, während die Bedürftigen ja grundsätzlich (also: theoretisch) aufgrund ihres Rechtsanspruchs ausreichend finanzielle Mittel zur Verfügung gestellt bekommen, um ihre Lebensmittel zu Normalpreisen kaufen zu können, da entsteht nicht nur eine gesellschaftliche Schieflage, sondern auch eine Paradoxie der Hilfelogiken. Oder anders ausgedrückt: Wo für viele Bedürftige die Deckung ihres tatsächlichen Bedarfs durch staatliche Mittel offensichtlich nicht gegeben ist und diese Bedürftigen eine Unterversorgung empfinden, da leisten mildtätige und häufig christliche Organisationen streng genommen eine Hilfe, zu der zugleich ein Rechtsanspruch bestünde und zu der sie sich jedoch aus den verschiedenen weltanschaulichen Gründen gerufen fühlen.[20]

---

wigsburg und ihren Vorgängereinrichtungen mit einem Vortrag über die »Rechtsverwirklichung als Aufgabe der Sozialen Arbeit« verabschiedet.

19   Beispielhaft die Handreichung aus dem Diakonischen Werk Württemberg 2010: 5 f., hier dargelegt in Form einer biblischen Fundierung der diakonischen Sensibilität für das Problem der Armut.

20   Im internationalen Vergleich der Hilfesysteme fällt dann wiederum umgekehrt

Nun mag sozialarbeitstheoretisch zu diskutieren sein, ob beispielsweise die Tafeln viel eher die Problematik der Armut oder eine Spaltung der Gesellschaft befördern statt diese zu überwinden.[21] Mit Blick auf die Logik des christlichen Helfens ist jedoch zu bemerken, dass dieses Helfen in eine offensichtliche Schieflage geraten ist: In der Tradition großer diakonischer Gestalten des 19. Jahrhunderts, die in einer Zeit gewirkt haben, als Rechtsansprüche auf Sozialleistungen noch nicht oder nur ansatzweise umgesetzt waren, arbeiten viele Gemeinden, Diakoniekreise und selbst manche größeren diakonischen Initiativen bis heute – oder heute erst recht – in der Logik der Hilfe aus Glaubens- und Gewissensgründen, auch wenn ihre Klientel eigentlich einen Rechtsanspruch auf die Hilfe besitzt, die gerade aus Glaubens- und Gewissensgründen geleistet wird. Da hat eine Kirchengemeinde eine Diakoniekasse, einen Fonds, aus dem sie bedürftigen Kindern den Aufenthalt im Schullandheim mitfinanziert. Und damit übernimmt diese Gemeinde – oft unhinterfragt – eine staatliche Aufgabe, ohne jedoch bei den örtlichen Schulen mit Nachdruck dafür einzutreten, dass Bildungsgerechtigkeit sich auch auf die Einkaufslisten für den Schulunterricht und die Nebenkosten für Ausflüge und Schullandheime auswirken muss. Kirchengemeinden, christliche Initiativen und selbst Diakonische Werke oder Bezirksstellen treten auf als Helfer in der Not, als verantwortliche Nächste, als mildtätige Regenten und ihre Pagen. Wo staatliche Antragsformulare zu kompliziert geraten sind und der Eindruck entsteht, dass staatliche Stellen nicht allen die ihnen zustehende Hilfe auch zukommen lassen, da helfen wohlmeinende Christen und andere Menschenfreundinnen und -freunde in ihren Beratungsstellen und vielfältigen Initiativen. Warum?

Möglicherweise ist das so, weil der urmenschliche Impuls der Zuwendung zum Mitmenschen stärker ist als das Bedürfnis, auch im Privatbereich (beim Spenden) oder dort, wo persönliche Motivation gefragt ist (in der Sozialen Arbeit) zunächst die Logiken der Hilfe abzuwägen. Sicher ist es auch so, dass das mitfühlende Hinsehen und Hingehen bis hin zum echten Miteinander im Essen wie beim König Wenzel in

---

das Dilemma ins Auge, dass sich diakonische Organisationen in Deutschland hohen Erwartungen gegenüber ihren sozialen Leistungen gegenüber sehen, während die Wertschätzung für christliche Kirchen und Gemeinden insgesamt stark zurückgeht (vgl. Leis-Peters 2010).

21   Vgl. den von Stefan Selke (2009) initiierten Diskurs.

der Tiefe etwas viel Wichtigeres für die Gesellschaft erreicht als das Erfüllen eines Rechtsanspruchs, indem damit zumindest punktuell Inklusion möglich wird. Vermutlich ist es für so manche Kirchengemeinde mit ihrer ureigenen Nähe zur bürgerlichen Gesellschaft auch um einiges leichter, einen Notfallfonds zu bestücken, als mit den örtlichen Verantwortlichen für Rahmenbedingungen der Bildung über Beiträge und Gebühren zu streiten – zumal die Aktiven in den Kirchengemeinden selten eigene Erfahrung mit Bedürftigkeit und existenzieller Bedrohung gemacht haben, wie auch die Mehrzahl der Abgeordneten in den Landtagen und im deutschen Bundestag.

So kommt es zu der paradoxen, aber bereits über viele Jahre andauernden Situation, in der diakonische Initiativen davon ausgehen, dass Menschen mit ALG-II-Bezug arm sind (Diakonisches Werk Württemberg 2010: 12), während staatliche Stellen selbstverständlich davon ausgehen, dass der ALG-II-Bezug ja gerade verhindert, dass Menschen in Armut geraten (Bundesministerium für Arbeit und Soziales 2013: 118 f.). Statt hier einen öffentlichen, heftigen Streit um die Deutungshoheit über die soziale Lage zu beginnen und vorrangig darauf hinzuwirken, dass Rechtsansprüche auf umfassende Versorgung auf dem Weg der Gesetzgebung und Rechtsprechung auch vollständig umgesetzt werden, pflegen diakonische Einrichtungen vor allem die Zuwendung zu den Bedürftigen – was wiederum kein Fehler ist, sondern ihr zentrales Geschäft.

Zudem befördern christliche Traditionen der Nächstenliebe nach dem Vorbild Jesu gerade nicht das politische Engagement, sondern das menschliche Teilen. Und es würde den christlichen Kirchen und diakonischen Initiativen wohl kaum gelingen, derart viele Menschen für freiwillige Arbeit zu gewinnen, wenn diese nicht im schlichten Handeln, sondern vor allem im Bemühen um eine noch angemessenere Umsetzung sozialer Rechte von armen Menschen auf politischer Ebene bestehen würde. Nicht zuletzt liegt die Grundaussage des christlichen Glaubens ja nicht in einer sozialpolitischen Utopie, sondern in einer Heilsaussage für die Menschen, die sich deutlich leichter in persönlicher Zuwendung und Liebestaten als im Bemühen um sozialstrukturelle Veränderungen zum Ausdruck bringen lässt.

Manche scharfen Zungen behaupten mittlerweile, die christlichen Kirchen brauchten die Armen, sie hätten, böse gesagt, ein gewisses Interesse am Fortbestand der Problematik – mehr als an ihrer Lösung, unter anderem weil die Logik des Sozialmarkts sich als eine weitere Logik in Hilfeprozessen aufdrängt.[22] In der biblischen Geschichte vom barmherzigen Samariter ist – übertragen auf heutiges Geschehen von Ausbeutung und Pflege der Opfer sozialer Schieflagen – die Diakonie vor allem in der Rolle derer, die kommerziell die Opfer räuberischer Übergriffe versorgt oder die Räuber selbst resozialisiert.

4. Lerneffekte? Ein Ausblick

Sich als Lehrende und Lernende an einer Hochschule in christlicher Trägerschaft mit der Ausdeutung einer biblischen Geschichte oder zumindest einer Heiligenlegende zu bemühen, könnte die Reflexion der Diakonie und ihres Engagements für Menschen, die von Armut betroffen sind, durchaus bereichern. Schwer zu sagen ist zunächst, welche Rolle in der Legende des Heiligen Wenzel für Professionelle in Sozialer Arbeit und Diakonie passend sein könnten. Vom finanziellen oder auch allgemeinen sozialen Gefälle müssten sich die einen oder anderen durchaus in der Rolle des Königs wiederfinden. Für Verantwortliche in der Umsetzung der Hilfe, für die Wegstrecken zur Überwindung sozialer Distanzen sollte sich die Rolle des Pagen anbieten. Faktisch tragen alle, die in der Legende eine Rolle spielen, eine Mitverantwortung am Prozess. Mit dem heutigen deutschen Rechtsanspruch der Betroffenen auf Hilfe sind die Verantwortlichen aber im Vergleich zu den Helfenden in der Legende faktisch eine Stufe zurückgesetzt: Im deutschen Sozialstaat kann nicht von einer grundlegenden Verantwortung der mildtätig Helfenden für die Existenzsicherung der Armen die Rede sein.

Wie ist nun aber eine solche Verantwortung zu fassen? Sie ist aus sozialethischen, theologischen oder humanistischen oder noch ganz anderen Denkmodellen heraus zu formulieren und sorgfältig im Gefüge der rechtsstaatlichen Absicherung von individuellen Ansprüchen zu verorten. Die Herausforderung besteht dann vermutlich hauptsächlich darin, fachlich stimmige Konzeptionen mit den jeweils ganz persönlichen Motivationen abzugleichen, die sich durchaus nicht immer widerspruchsfrei zueinander verhalten: So manche Professionelle finden sich mühelos in der Rolle des Königs oder seines Pagen wieder,

---

22 Diese Beobachtung findet sich zuweilen am Rand der zentralen Armutsdiskurse; vgl. etwa Gerstlauer 2009, der die Geschichte vom Barmherzigen Samariter aus der Perspektive des Fuhrunternehmers interpretiert.

tun sich aber schwer damit, ein Selbstverständnis einer (in Bezug auf die Existenzsicherung) nachrangigen Hilfeleistung zu entwickeln. Dies mag auch dadurch erschwert sein, dass im deutschen Sozialsystem ja die staatliche Garantie der Existenzsicherung als eine ihrerseits nachrangige Hilfe gegenüber dem familialen Nahraum der Bedürftigen entwickelt worden ist.

Ein Lerneffekt liegt sicher auch in der theologischen oder auch nur spirituellen Dimension des Helfens, wie sie in der Geschichte von Good King Wenceslas zu gewinnen ist: Wie auch immer Konzeptionen die unterschiedlichen Hilfelogiken einander zuordnen oder auch miteinander versöhnen, so bleibt der persönliche Zugang der Beteiligten davon oft unberührt. Denn es gibt einen durchaus heilsamen, segensreichen Aspekt der Hilfe für diejenigen, die sie leisten oder ermöglichen. Es gibt eine Erfüllung in der Gemeinschaft der Engagierten oder Gutwilligen, einen unglaublichen Kraftzuwachs, der in der Legende als Aufsehen auf Christus, vermittelt durch die Gestalt des Heiligen, beschrieben ist. Das Gehen in den Fußstapfen Jesu ermöglicht in der Deutung vieler Menschen mehr als das eigentlich Mögliche, das wundersame Betreten von Neuland, was den Umfang der Kräfte oder auch die Reichweite eigener Visionen anbetrifft.

Geradezu aufregend scheint mir schließlich auch eine Positionierung der Engagierten oder Helfenden im Kontext des sozialpolitischen Systems insgesamt. Wo der Page gewissermaßen fraglos im Windschatten der Macht helfen mochte, positionieren sich im deutschen Hilfesystem die meisten Professionellen der Sozialen Arbeit oder Diakonie nicht als Teil des Hilfesystems, sondern als dessen Korrektur oder kritisches Potenzial, als Gegengewicht oder auch als Gegenbewegung.[23] Im übertragenen Sinn sind die heutigen Pagen - und vermutlich ebenso die Könige - eingebunden in ein komplexes System der wechselseitigen Abhängigkeiten. Soziale Fachkräfte stehen zumeist im Dienst einer Einrichtung und haben es mit deren Konzeption zu tun, Lehrende an Hochschulen sind eingebunden in wissenschaftliche Diskurse und häufig ebenso eng in Kooperationen mit Trägern der Sozialen Arbeit, mit Diakonischen Werken oder Landeskirchen.

---

23 So bietet die Handreichung des Diakonischen Werks Württemberg eine Selbstpositionierung der kirchliche-diakonischen Fachkräfte als diejenigen, die »den Sozialstaat weiterentwickeln«, als kritisches Gegenüber und fachliche Beratung für die sozialpolitische Gesetzgebung; Diakonisches Werk Württemberg 2010: 29-32.

Hier sind Überlegungen zur strukturellen und konzeptionellen Gestaltung von Hilfeprozessen bereits in übergeordnete weltanschauliche Gebäude eingepasst, der Vorrang der einen vor einer anderen Hilfelogik ist häufig bereits entschieden. Weder mag der Page seine Stellung beim König riskieren noch kann er das ihn umfassende - und auch sein soziales Leben stabilisierende - System, in dem er lebt, ohne weiteres in Frage stellen. So müssen die modernen Pagen, ob sie nun professionell oder aus privatem Engagement an Hilfen für Bedürftige beteiligt sind, beispielsweise kirchlichen Gremien dabei zusehen, wie darüber gestritten wird, ob in einer öffentlichen Stellungnahme die Armut als »Skandal«, als »Problem« oder als »Herausforderung« beschrieben werden darf oder sollte, und darüber, ob sie - je nach Lesart - zu »bekämpfen« oder nur zu »lindern« ist, damit die Stellungnahme noch ein Konsenspapier sein kann.[24]

Was lehrt in diesem Sinn die Geschichte des guten Königs Wenzel und seines Pagen? Zuerst beschert sie den Lesenden bei näherem Hinsehen einen Überblick über Hilfelogiken und die Aporie des christlichen Helfens auf dem Weg zu einer plausiblen Hilfelogik. Und sie zeigt, was es bedeutet, vor allem persönlich, aber auch strukturell die eigene Funktion nicht genau bestimmen zu können und in vieler Hinsicht quer zu plausiblen Hilfelogiken zu arbeiten. Oder sie regt an, im Feld von Kirche, Diakonie oder auch der nicht konfessionell gebundenen Sozialen Arbeit eigene Motive und organisationale Ziele zu überdenken und sich im Feld der Nächstenliebe klar zu positionieren.

Literatur:

Bundesministerium für Arbeit und Soziales (2013): Lebenslagen in Deutschland. Der Vierte Armuts- und Reichtumsbericht der Bundesregierung. Bonn.
Diakonisches Werk Württemberg (Hrsg.) (2010): Armut überwinden - Teilhabe ermöglichen. Handreichung für Kirchengemeinden und Einrichtungen. Stuttgart.
Diakonisches Werk der Evangelisch-lutherischen Landeskirche Hannovers e.V. (Hrsg.) (2006): Armut überwinden. Diakonische Projekte stellen sich vor. Hannover.
Englander, Alice/Richardson, Jean (1991): König Wenzel und sein Page. Stuttgart 1991. Englische Ausgabe: Dies. (1991): Stephen(s Feast. London.Eurich, Johannes (2005): Nächstenliebe als berechenbare Dienstleistung. In: ZEE 49/2005, S. 58-70.Gerstlauer, Heinz (2009): Der gute Mensch aus Samaria. In: Schulz, Claudia/Wegner, Gerhard (Hrsg.): Wer hat, dem wird gegeben. Biblische Zumutungen über Armut und Reichtum. Neukirchen-Vluyn, S. 31-35.
Grosse, Heinrich (2007): »Wenn wir die Armen unser Herz finden lassen ...«. Kirchengemeinden aktiv gegen Armut und Ausgrenzung. Ergebnisse einer empirischen Untersuchung des Sozialwissenschaftlichen Instituts (SI) der Evangelischen Kirche in Deutschland, epd-Dokumentation 34/2007.

---

24 So zu verfolgen etwa in den aktuellen Denkschriften und Stellungnahmen: Kirchenamt der EKD 2007 oder auch Württembergische Evangelische Landessynode 2010.

Haslinger, Herbert (2009): Diakonie. Grundlagen für die soziale Arbeit der Kirche. Paderborn.

Hauschildt, Eberhard (2008): Kulturen des Helfens. In: Kottnik, Klaus-Dieter K./Hauschildt, Eberhard (Hrsg.): Diakoniefibel. Grundwissen für alle, die es mit Diakonie zu tun haben. Gütersloh/Rheinbach, S. 51-55.

Huster, Ernst-Ulrich (2010): Armut und Ausgrenzung als Herausforderung der christlichen Kirchen. In: Eurich, Johannes/Barth, Florian/Baumann, Klaus/Wegner, Gerhard (Hrsg.): Kirchen aktiv gegen Armut und Ausgrenzung. Theologische Grundlagen und praktische Ansätze für Diakonie und Gemeinde. Stuttgart, S. 395-407.

Kirchenamt der EKD (Hrsg.) (2007): Gerechte Teilhabe. Befähigung zu Eigenverantwortung und Solidarität. Eine Denkschrift des Rates der EKD zur Armut in Deutschland. Mit einer Kundgebung der Synode der EKD. Gütersloh.

Leis-Peters, Annette (2010): The German Dilemma. Protestant Agents of Welfare in Reutlingen. In: Bäckström, Andreas/Davie, Grace (Hrsg.): Welfare and Religion in 21st Century Europe, Bd. 1. Farnham/Burlington, S. 95-112.

Luhmann, Niklas (1973): Formen des Helfens im Wandel gesellschaftlicher Bedingungen. In: Otto, Hans-Uwe/Schneider, Siegfried (Hrsg.): Gesellschaftliche Perspektiven der Sozialarbeit. Bd. 1. Neuwied/Berlin, S. 21-43.

Madey, Johannes (2000): Art. VÁCLAV (Wenzel, Wenzezlaus, Venceslaus), Herzog von Böhmen. In: Biographisch-Bibliographisches Kirchenlexikon, Bd. XVI, Sp. 1499-1501.

Schulz, Claudia (2010): Was soll ich reden mit dem armen Lazarus? Der Umgang mit Armut und der Traum von der Inklusion inmitten der Milieus. In: Schulz, Claudia/Hauschildt, Eberhard/Kohler, Eike: Milieus praktisch II. Konkretionen für helfendes Handeln in Kirche und Diakonie. Göttingen, S. 241-260.

Selke, Stefan (2009): Tafeln in Deutschland. Aspekte einer sozialen Bewegung zwischen Nahrungsmittelumverteilung und Armutsintervention. Wiesbaden.

Württembergische Evangelische Landessynode (2010): »Reichtum braucht ein Maß, Armut eine Grenze«. Herausforderungen zum Handeln. Entschließung der Württembergischen Evangelischen Landessynode vom 16. Juli 2010. Verfügbar unter: http://www.elk-wue.de/fileadmin/mediapool/elkwue/dokumente/landessynode/10_sommertagung/2010_SoSyn_ErklaerungArmundReich.pdf (Zugriff am 30.04.2013).

Gabriele Weiß

Unsichtbares sichtbar machen: Ist Malen als Methode noch zeitgemäß?

Zugänge

Als Dozentin für Kunst und Gestaltung hat mich diese Fragestellung in den letzten Jahren immer wieder begleitet, in der Schulpraxis Religionsunterricht Sekundarstufe 1 Hauptschule, in der Praxisbegleitung Studierender, bei Bachelorarbeiten, die ich betreut habe, bei Lehrveranstaltungen im Bereich Religionspädagogik im Modul: »Religion wahrnehmen und zeigen«, im Modul Ästhetik und Kommunikation an der Evangelischen Hochschule: Malen als Herausforderung. In meinen Seminaren werde ich immer wieder mit der Aussage von Studierenden konfrontiert: Ich kann doch gar nicht malen! Meist ist das die Folge der schlechten Bewertung der gestalterischen Arbeiten im Laufe der Schulzeit. Obwohl alle bestätigen, dass sie in der Familie und im Kindergarten noch mit Begeisterung mit Farben und Materialien experimentiert haben, verringert sich die Freude daran schon in der Grundschule und stagniert bei vielen beim Eintritt in die weiterführenden Schulen, also in der Pubertät. Das führt dazu, dass die ursprünglich erworbenen Fähigkeiten in diesem Bereich nicht mehr geübt und weiterentwickelt werden und bald die Angst überwiegt, es gar nicht zu können. Im Folgenden werde ich Malen als Synonym für alle zweidimensionalen künstlerischen Techniken verwenden wie zum Beispiel Zeichnen, Malen, Drucken, Collagieren und so weiter.

Bildnerisches Gestalten heute

Heute kommt noch dazu, dass sich die Kinderzeichnung zu verändern scheint. Gerstenberger (2010) hat zu Veränderungen der Kinderzeichnung geforscht und kommt zu folgenden Erkenntnissen: Kinder zeichnen nach individuellem Wissen und Vorstellungen. Allerdings prägt der Zeitgeist, die in der Zeichnung herrschenden Motive. Veränderungen in der Gestaltung lassen sich speziell am Menschenzeichen aufzeigen. Außerdem gibt es Veränderungen in der materiellen Realisation. Der Wunsch sich bildnerisch auszudrücken, bleibt unverändert. Die Bildsprache hat sich verändert. Es ist ein qualitativer Verlust im bildnerischen Ausdruck nachzuweisen. Dies schlägt sich auf verschiedenen Gestaltungsebenen nieder zum Beispiel in der Erkennbarkeit der Handlung, in der Ausdifferenzierung der Menschendarstellung und im Detailreichtum der Bildgegenstände. Die gestalterische Reduktion zeigt sich im Farbgebrauch, in der Formenbildung und im Verzicht auf Details und Ausschmückungen. Heutige Kinder malen nicht weniger gern, sie malen allerdings nur kurz an einem Bild und fertigen dann noch mehrere an. Sie neigen nicht zum Experimentieren und es fehlt ihnen an Übung, um eigene Formen zu erfinden. Mögliche Ursachen sieht Gerstenberger in der weitgehenden Fremdbestimmung der Kinder, passiver Medienkonsum, Verhäuslichung, Pädagogisierung, Monofunktionalisierung der Kinderspielzeuge (vgl. Gerstenberger 2010).

Das Abnehmen zeichnerischer Qualität wird mit dem Medienkonsum begründet und mit der mangelnden Zeit und Geduld, sich auf eine Sache zu konzentrieren. Ein hoher Fernsehkonsum korrespondiert mit der deutlichen Zunahme immer weniger zeichnerisch ausformulierter Körperteile. Ausschlaggebend hierfür ist u.a. die schnelle Bildfolge des Fernsehens, die zu visuellen Beeinträchtigungen und Beeinträchtigungen des inneren Bildaufbaus führt (vgl. Gerstenberger 2010: 10).

Bevor Menschen schreiben, malen sie. Vieles, was sprachlich nicht fassbar ist, kann bildhaft ausgedrückt werden. Jüngere Kinder sind entwicklungspsychologisch noch nicht in der Lage, sich über Worte adäquat auszudrücken, sich mitzuteilen. Das kleine Kind denkt in Bildern. Malen unterstützt diese Ausdrucksform und hilft Kindern ihre Vorstellungen zu artikulieren (vgl. Weiß 2005: 142).

Praxis

Durch bildnerisches Gestalten kann man SchülerInnen einen Zugang und zu ihren eigenen religiösen Vorstellungen und ihrer Kreativität eröffnen. Das Besondere daran ist, die Weiterentwicklung der nonverbalen Kommunikationsfähigkeit, die oft in der Schule zu kurz kommt. Gerade SchülerInnen, die im sprachlichen Bereich, aus welchen Gründen auch immer, Schwierigkeiten haben, können hier Möglichkeiten entdecken, sich bildnerisch auszudrücken. Die entstandenen Bilder sind Grundlage und Sicherheit für einen verbalen Austausch, liefern Gesprächsanlässe, die Möglichkeit Fragen zu stellen und Antworten zu provozieren. Sie können Vergangenheit, Gegenwart und Zukunft beinhalten. Außerdem fließen unbewusst eigene Erfahrungen, Wissen und Überzeugungen in die Darstellung, hier ist der Lebensweltbezug des Dargestellten zu erkennen und zu entdecken. Bildnerische Gestaltungen sind bleibend, man kann sie immer wieder anschauen, verändern. Für das Gestalten braucht man Ruhe und Zeit und die Bilder müssen anschließend reflektiert, gewürdigt oder wenigstens angeschaut werden. Die Qualität der Arbeit kann man durch die Auswahl des Materials, der Farben und der Techniken weiterentwickeln, wobei es nicht auf Schönheit ankommt. Die Schulung der Wahrnehmung führt vom Sehen über die Erschließung des Sachverhalts zum Wissen. Eine Weiterentwicklung der Fähigkeiten im gestalterischen Bereich, das Wissen um die Dinge, die Darstellungsmöglichkeiten, die eigenen Vorlieben, Ausdrucksmöglichkeiten sind zu entdecken und zu erweitern.

Malen, das Bild ist neben dem Wort ein Mittel Wirklichkeit darzustellen, es trägt zur Identitätsstiftung bei, beziehungsweise beim Darstellen werden immer wieder Entscheidungen getroffen, findet eine Auseinandersetzung mit dem Thema auf anderer emotionaler, intuitiver und persönlicher Ebene statt (welche Szene, welche Farben, wie, welches Format, Technik und so weiter). Malen zeigt eine subjektive Momentaufnahme des Erlebens, des Fühlens persönlicher Vorstellungen und Überzeugungen. Durch die mögliche Distanzierung, Gegenüberstellung vom Bild kann das in der Gestaltung wahrgenommene vertieft, erklärt, verarbeitet und vollendend werden. Es ist eine Auseinandersetzung mit dem Erlebten möglich. Ein Bild kann nur in Ansätzen Gefühle, Erfahrungen und Überzeugungen ausdrücken, deshalb werden die SchülerInnen sensibilisiert, eigene Ausdrucksmöglichkeiten und Symbole zu entwickeln und mehrdimensionale Aspekte eines Bildes zu erkennen.

Leeres Blatt

Nicht nur bei Studierenden und SchülerInnen sondern auch bei KünstlerInnen löst ein weißes Blatt oft Ängste aus, dass man keine Idee hat, dass das, was man darstellen möchte nicht gelingt etc. Bei

SchülerInnen habe ich oft beobachtet, dass sie dauernd am Radieren sind. Meist beginnen sie mit Menschendarstellungen und die gelingen oft nicht, deshalb wird jeder Strich radiert und so ein Bildaufbau sehr langwierig. Auf Unterstützung bedacht, gebe ich Farben vor, die nicht radierbar sind und versuche eine einfache Lösung für den Bildhintergrund anzubieten.

Techniken

Eine einfache Monotypie mit Frischhaltefolie und wasserlöslichen Farben (Wasser-, Aquarell-, Abtön-, Acrylfarben) herstellen oder ich lasse das Blatt ganz frei mit Farben bemalen, die den SchülerInnen im Moment für sie passend sind. Das löst die Spannung und die ersten Schritte zum Bild sind spielerisch gemacht. Oft entstehen dadurch dann Bildanreize beziehungsweise Bildideen. Jüngere SchülerInnen können dann mit Stiften: Filz-, Ölpastellkreiden oder mit Wasserfarben und Pinsel weiterarbeiten. Bei älteren SchülerInnen bietet sich an, in Collagiertechnik weiterzuarbeiten, diese Vorgehensweise bietet viel Sicherheit, da die Bilder, die aus Illustrierten ausgeschnitten werden schon »anerkannt«, weil sie öffentlich sind und deshalb nicht »peinlich« sein können. In Untersuchungen zum gestalterischen Verhalten von Jugendlichen hat sich erwiesen, dass die Collage die Technik ist, die Jugendliche bevorzugen, weil sie zu ihrer Lebensrealität passt. Man kann ausprobieren, aufkleben, überkleben, abreißen übermalen und so weiter (vgl. Schiebel 2010).

Würdigung

Alles was entsteht, sollte gewürdigt werden. Die Atmosphäre soll wertschätzend und nicht bewertend sein. Zumindest sollten die Bilder an der Tafel ausgestellt werden. Oft bieten sie Anlass zu Fragen, zum Sortieren, zum Vergleichen (was wurde dargestellt, warum?) zum Weiterarbeiten. Wenn die einzelnen Bilder auf farbige Kartons geklebt werden, wirken sie ganz anders, bekommen einen Rahmen, so kann man sie auch im Klassenzimmer aufhängen. Von Tischgruppe zu Tischgruppe gehen wie in einer Ausstellung und die Möglichkeit geben, etwas zu ihren Bildern zu sagen. Durch das Sammeln der Bilder in Mappen pro Kind zeigen sie, dass sie wichtig sind. Möglich ist nun alle Bilder für jedes Kind am Ende des Schuljahres der Grundschulzeit einzuscannen um ein gleichmäßiges Format zu bekommen und daraus eine ganz persönliche Bibel zu gestalten. Dazu sollten die Schülerinnen auf jedes Bild das Datum, den Namen, die Bibelstelle, den ganz persönlichen Titel des Bildes und eventuell eigene Gedanken schreiben.

Eltern

Informieren, damit die Eltern verstehen, was das Besondere am Malen im Religionsunterricht ist. Dass es darum geht, Unterrichtsinhalte ganz persönlich nonverbal darzustellen, sich anzueignen, Stellung zu beziehen, Überzeugungen zu entdecken, eigene Darstellungsformen weiterzuentwickeln und darüber sprachfähig zu werden. Dass diese Bilder nicht benotet werden und dass es nicht darum geht besonders schön zu malen, sondern dass es auf den ganz persönlichen Eindruck ankommt. Deshalb sind Bilder auch nicht als Hausaufgabe oder über die Ferien geeignet.

Praxisbeispiel aus der Gemeindearbeit: Ein Kreuz für den renovierten Gemeindesaal

Ein Beispiel aus der Erwachsenenbildung soll aufzeigen, wie diese Methode in der Gemeindepädagogik eingesetzt werden kann und was sie bewirken kann. Ein Kreuz für den Gemeindesaal. Die Idee ist, ein Kreuz bestehend aus sieben Leinwänden (DIN A4) von Vertretern unterschiedlicher Gruppen der Kirchengemeinde gemeinsam zu gestalten (Posaunenchor, Kinderkirche, Frauenkreis, Jungschar, Konfirmanden etc.), als Thema die: »Ich bin Worte«, aus dem Johannesevangelium. Auf jeder der Leinwände soll ein Symbol dargestellt werden (Weg, Licht, Weinstock, Brot, Hirte etc.).

Als Einstieg werden die Leinwände ganz nach Geschmack farbig gestaltet. Darauf werden Teile aus Illustrierten aufgeklebt und farblich mit dem Hintergrund verbunden beziehungsweise malerisch oder grafisch ergänzt, dann überspachtelt und nur die wichtigsten Dinge herausgearbeitet.

Es hat sich gezeigt, dass die TeilnehmerInnen sich in dieser Phase sehr konzentriert mit dem biblischen Text, aber auch mit ihrem ganz persönlichen Verständnis auseinandersetzen. Meist geht es sehr ruhig zu, es wird wenig gesprochen, die TeilnehmerInnen sind sehr in sich gekehrt. Sie suchen nach Formen, Bildern, Symbolen, bildnerischen Ausdrucksmöglichkeiten. Oft entstehen in dieser Phase auch ganz spontane bzw. zufällige Gestaltungen, die dann aber möglicherweise erkannt und für die Bildaussage genützt werden.

Die bewusst einfachen Techniken ermöglichen es den TeilnehmerInnen, angstfrei zu experimentieren, ihre Gestaltungs- und Ausdrucksmöglichkeiten zu erweitern und zu einer anspruchsvollen Darstellung zu kommen. Beim gemeinsamen Betrachten kommt es ganz selbstverständlich zu Gesprächen, über ganz persönliche Überzeugungen und Glaubensinhalte, die aufgrund der vorhergehenden ganzheitlichen Auseinandersetzung mit den Themen erst möglich werden. Erstaunlich schnell finden die TeilnehmerInnen ihr Thema. Im vorgestellten Beispiel sind auf diese Weise kleine Texte entstanden, die Grundlage von Andachten wurden.

Resümee

Um nochmal auf meine eingangs gestellte Frage zurückzukommen, ist Malen als Methode und im Speziellen in der Religionspädagogik noch zeitgemäß?

Ich meine ja, wenn man um die veränderten Vorrausetzungen, die Kinder, Jugendliche und Erwachsene mitbringen weiß, sich didaktisch-methodisch darauf einstellt und bewusst die Möglichkeiten dieser Methode nutzt und übt. Diese Methode provoziert Aktivität und ganz nebenbei setzt man sich mit Grenzen (des Blattes, der eigenen Gestaltungsfähigkeiten) auseinander, und muss sich ständig entscheiden (Farbe, Form, Inhalt). Malen bedeutet Entschleunigung, die TeilnehmerInnen haben Zeit, sich mit einen Thema ganzheitlich auseinanderzusetzen). Malen bedeutet eine nonverbale Auseinandersetzung mit einem biblischen, religionspädagogischen Thema, Vorsprachliches wird sichtbar, wahrnehmbar und bewusst gemacht. Durch das Malen können die TeilnehmerInnen eigene bildnerische Ausdrucksmöglichkeiten erproben. Sie erkennen über das Bild ihre Überzeugungen, sie werden dazu angehalten, auch bildnerisch sprachfähig zu werden. Über die Kunst kann im hier genannten Beispiel ein Zugang zu eigenen Glaubensüberzeugungen gelingen, die TeilnehmerInnen sind schöpferisch tätig, sie arbeiten mit Gestaltungen, die dauerhaft sind und auf die man stolz sein kann.

Literatur

Gerstenberger, Martin (2010): Zeichnen Kinder heute anders? In: Kirchner, Constanze/Kirschenmann, Johannes/Miller, Monika (Hrsg.): Kinderzeichnung und jugendkultureller Ausdruck. München, S. 101-112.

Goecke-Seischab, Margarete (2007): Bildnerisches Gestalten mit Farben, Formen, Materialarbeit. In: Rendle, Ludwig (Hrsg.) Ganzheitliches Gestalten im Religionsunterricht. München, S. 207-217.

Schiebel, Wolfgang (2010): Collagierte Lebenswelten Jugendlicher. In: Kirchner, Constanze/Kirschenmann, Johannes/Miller, Monika (Hrsg.): Kinderzeichnung und jugendkultureller Ausdruck. München, S. 197-209

Rendle, Ludwig (Hrsg.) (2007): Ganzheitliche Methoden im Religionsunterricht. München.

Weiß, Gabriele (2005): Künstlerisches Gestalten als Aneignung. In: Collmar, Norbert (Hrsg.): Wenn dein Kind dich fragt ... Arbeitsbuch zum Erzählen und Aneignen von biblischen Geschichten in Kirchengemeinde, Jugendarbeit und Religionsunterricht. Neukirchen-Vluyn, S. 142-151.